NINA HORTA
NÃO É SOPA

*Credo,
que livro bom!
Bom mesmo.
Leia puladinho para
não se cansar.
Não saberia fazê-lo
outra vez.*

NINA HORTA

NÃO É SOPA

CRÔNICAS E RECEITAS DE COMIDA

COMPANHIA DE MESA

Copyright © 1995 by Nina Horta

Companhia de Mesa é um selo da Editora Schwarcz S.A.

Grafia atualizada segundo o Acordo Ortográfico da Língua Portuguesa de 1990, que entrou em vigor no Brasil em 2009.

Capa
Elisa von Randow

Ilustrações
Maria Eugênia

Desenvolvimento de fonte e composição
Américo Freiria

Preparação
Andressa Bezerra Corrêa

Revisão
Isabel Cury
Angela das Neves

Dados Internacionais de Catalogação na Publicação (CIP)
(Câmara Brasileira do Livro, SP, Brasil)

Horta, Nina
   Não é sopa : Crônicas e receitas de comida / Nina Horta. — 1ª ed. —
São Paulo : Companhia de Mesa, 2020.

   Bibliografia.
   ISBN 978-65-86384-01-7

   1. Crônicas brasileiras 2. Receitas (Culinária)
   I. Título.

20-40715   CDD-641.5

Índice para catálogo sistemático:
1. Receitas : Culinária   641.5

Cibele Maria Dias — Bibliotecária — CRB-8/9427

[2020]
Todos os direitos desta edição reservados à
EDITORA SCHWARCZ S.A.
Rua Bandeira Paulista, 702, cj. 32
04532-002 — São Paulo — SP
Telefone: (11) 3707-3500
www.companhiadasletras.com.br
instagram.com/companhiademesa

A Silvio Horta, pela crítica e paciência.
A Arthur Guimarães, pelos horizontes que abriu.

A Sofia Carvalhosa e Josimar Melo, que acreditaram em mim e me introduziram no jornal.
A Maria Emilia Bender, a verdadeira mãe do livro, hábil parteira; sem ela, nada feito.
A Sérgio Dávila e Teté Ribeiro, amigos da Folha.

Sumário

Cuidado, não é um livro de receitas. É de pessoas, lugares, manias, modas, costumes.

Com algumas receitas representativas tiradas de vários lugares. Principalmente de um velho caderno meu que Maria Emilia achou em Paraty.

Apresentação   11

OPINIÕES   17

    Comida de alma   19
    Comedores solitários e suas batatas   26
    Na Santa Croce sem o *Baedeker*   31
    Simples prazeres   35
    Cozinhar é um modo de se ligar   38
    Etiqueta vai, etiqueta vem   42
    Mingau, nossa papinha   44
    Comida perversa   48
    Café da manhã   53
    Ai, que implicância!   58
    Cozinhas   60
    A Encantada   65

MESTRAS   69
    Martha Kardos   71
    Meeta Ravindra   82

INGREDIENTES   91
    O gênio da abobrinha   93
    Limões, cuscuz e marzipã   96
    O ovo   99
    Cozinhando com uísque   104

ESCRITORES E LIVROS   109
    Elizabeth David   111
    "Hot Ziggetty!"   119
    Elizabeth Bishop   123
    Lillian Hellman e Paul Prudhomme   127
    Gertrude, Toklas, Woolf   135
    Missionários da cozinha francesa   140
    Portugal   146
    Acqua toffana   152
    Retorno a Brideshead   157
    Frutas Brasil frutas   163
    Paloma   168
    Papillotes   173
    Madame de Sévigné   176

REMINISCÊNCIAS   179
    Banzo   181
    Fins dos anos 1940   184
    1950 e 1960   187
    Nouvelle cuisine — 1970, 1980   203

FILMES   213
    As galinhas de Hitchcock   215
    A época da inocência   219
    Como água para chocolate   224
    Madame Bovary   227
    Tampopo   231

JEJUNS E FESTAS   235
    Páscoa, pão e chocolate   237
    Convida-se para um velório   242
    Sexta-Feira Santa   246
    Spa   249
    Pessach   252
    Tutto crudo   256
    Natais   258

PATRÕES, EMPREGADOS   263
    As tias   265
    Valdirene   271
    Maria José   274
    Zeny   278

PARATY   281
    Regime de fim de ano   283
    Mês de férias   286
    O que diria Bocuse?   290
    Laura   294
    O gambá   297
    Maio   301
    O bar da Almerinda   304
    Piquenique   308

ON THE ROAD   313
    A Grande Maçã   315
    A chegada   317
    Daniel Boulud   324
    Afif Mateen   332
    Dodos muito doidos   335
    Londres   346
    Chá das cinco   352

BRASIL, MEU BRASIL BRASILEIRO   361
    Patriotismo   363
    Pequi, umbu e feijão-de-corda   374
    Rio de Janeiro   377
    Restaurante brasileiro   386
    Dos cadernos das avós   393
    Frio e quente   399
    Carta de leitora   402

SOPAS   407
    Mafalda, a burguesinha argentina   409
    Origens do cozido   416

    Agradecimentos   421
    Bibliografia   423
    Índice das receitas   431

Apresentação

Este é um livro para quem gosta de lembrar de gostos e de cheiros. Como bombom de cereja e cheiro de folha de tomate pisada.

Comecei a escrever sobre comida na década de 1980, no jornal *Folha de S.Paulo*. Foi a *Folha* a primeira a me dar a oportunidade de escapar do formato rígido da coluna de culinária, ao me deixar falar sobre o que quisesse. Com isso, abriu também as portas para todos os outros cronistas de comida presos nas grades da receita comentada.

Pude escrever sobre o último livro, um filme, a empregada nova, o torresmo, tudo muito fugaz e rápido, como convém a essa parte do jornal, e do único jeito que sei fazer. Não levantei bandeira séria, mas espero que, pelo menos, esteja clara e patente a implicância solene contra todo tipo de esnobismo associado à comida.

Para uma mulher que trabalha é uma dificuldade conhecer o Brasil, pesquisar, frequentar universidades e suas bibliotecas. E quase não existem livros brasileiros sobre comida. [*Não existiam.*] Daí que se acaba sabendo mais sobre a comida inglesa do que a de sua própria terra. O que é no mínimo estranho.

A maioria das matérias da *Folha* não era acompanhada de receitas. Isso depois de muito esforço e briga com os editores. Queria simplesmente reforçar um princípio, lutando contra um mal que aflige todos os que lidam com comida, cozinheiros, principalmente. A obrigação da receita.

Já perceberam? Num programa de entrevistas aparecem médicos que não simulam uma operação de fígado, economistas que não fazem contas, cantores que não dão palhinha. E pintores que só pintam se o fazem com os pés, com a boca ou possuídos por alguma alma do outro mundo.

Mas cozinheiro, não. Na TV, rádio, revistas, tem de estar atento, frigideira na mão, flambando bananas. Um horror. E não pode ir além das chinelas. Nada de perguntas sobre o último escândalo político, sobre o livro que está lendo nas horas vagas. Tem de se ater às receitas e, se possível, demonstrá-las.

Na verdade, há muita gente que gosta de comer, de viajar e comer, de ler sobre comida, de falar sobre comida e que não tem nem compromisso nem obrigação de cozinhar bem. Gente que não fez um curso técnico, que não é chef, nem doceiro, que não sabe cortar cebolas a jato nem moldar flor de tomate.

É o meu caso. Quase morro de constrangimento quando sou colocada ao lado de grandes mestres que passaram a vida preparando-se para o métier. Faço parte dos interessados e curiosos, não me confundam, por favor.

Aprendi a cozinhar entre os livros e o fogão. Aliás, cada dia mais longe do fogão e mais perto dos livros. O que é mau, pois corta o entendimento verdadeiro do que acontece dentro da panela. Como deveria ser boa e produtiva a sabedoria compartilhada de mãe para filha, de geração em geração, sabedoria nutrida pela repetição e que no processo de se repetir se transformava em tradição...

Onde estarão as receitas de antanho, repetidas num sem-fim, perpetuadas através dos tempos como histórias infantis em que não se pode mudar uma vírgula? Onde aquele compromisso com o passado?

A paz de criança dormindo, o conforto do conhecido, do maduro? Saíram de moda.

Estamos na era do único, do original, do jamais visto, da criatividade sem limites, do capítulo inédito, da patente, do processo, dos direitos autorais.

Considero a receita inédita uma utopia. Reparem que a maioria das técnicas vem de longe. Os únicos sobressaltos são um Colombo, um ingrediente novo, uma nova norma de saúde. Desde que me conheço por gente, a única coisa que brilhou no azul do firmamento foi o peito de pato servido como bife sangrento. O resto é variação sobre o mesmo tema, gordura a mais, gordura a menos, um país que entra na moda, um jeito bonito de apresentar um prato.

É claro que com isso não nego a mudança. Mas é coisa rara. É tão difícil inventar uma novidade!

Para o encontro Mesa 95, passei dias e dias criando uma receita. A inédita, a jamais vista. Imaginei um salmão recheado com miolo de pão, enrolado em folhas de couve, assado e colocado sobre um vatapá levíssimo, rodeado por quartos de limão siciliano e laranjas sanguíneas. Era *fusion food*, multicultural e bom. Descansando em paz sobre os louros da invenção, folheei distraidamente um livro de cozinha baiana. Pois o invento estava lá, fotografado de corpo inteiro. O peixe não era salmão e não havia laranjas. O resto... um plágio só.

Há alguns anos, inventei outra novidade. Fiz um frango ensopado, sem gordura, com caldo grosso pontilhado de castanhas portuguesas inteiras e servido com fatias de manga crua e arroz branco, muito solto.

Foi inventar e topar com o frango em todos os lugares onde existem frangos e castanhas e mangas. Às vezes o frango se transformava em d'angola, a castanha em pinhão e a manga háden em coração-de-boi, mas reconheço sempre, malandra, a minha patente...

E, então, quem é o dono de uma receita? É propriedade pública? Como dar crédito aos inventores, se é que os há? Como roubar receitas se elas não têm dono? Quem inventou o quê? Quando?

Quem não gostaria de dar crédito a todas as receitas do mundo? Mas as dificuldades... O certo seria identificar a fonte, se tirada de um livro. Pegue-se uma receita qualquer, ao léu. Para transcrevê-la e dar o crédito ficaria mais ou menos assim: *Orange kiss me cake* [ou "Bolo de laranja beijinho"], do *Martha's Vineyard Cookbook*, de Louise Tate King e Jean Stewart Wexler, ilustrado por Grambs Miller, editado pela The Globe Pequot Press, Chester, 1984.

Perde-se o ímpeto de fazer um reles bolo de laranja com um nome desses. Pode-se acalmar a consciência apelidando-o de "Bolo Tate e Jean", o que não refrescaria nada para ninguém.

E o que é um bom livro de receitas? Pode ser aquele que só sugere e que leva as pessoas para a beira do fogão. Mas, com mais frequência, é aquele que demora anos para ser escrito, padronizado, testado. Leva em conta a altitude, o fogão, a panela, o ingrediente, os minutos, os segundos. Não poupa espaço e se estende em linguagem fluente mas enxuta, alertando para os fracassos, adiantando remendos, explicando aspectos, consistências.

E um bom livro de receitas também é coisa rara. Aqui, nesta coletânea, elas aparecem ao deus-dará, de todos e de ninguém, tiradas dos livros que li e critiquei, dos cadernos das avós, das tias, das amigas, dos clientes. São roubadas, copiadas, adaptadas e às vezes até inventadas. E os que contribuíram, não se aflijam. Nessa seara onde todos são ladrões, temos os cem anos de perdão garantidos.

Os agradecimentos estão no final, antes da bibliografia. A bibliografia é importante, é especialíssima. Ler livros de cozinha, lá isso eu sei e quis compartilhar com os leitores. Nada de compromissos com os melhores livros do mundo. São alguns dos muitos que conheci e *Depois desses, muitos livros bons surgiram.*

que melhor me serviram e mais prazer ainda me dão. Espero que se divirtam tanto quanto eu, lembrando sempre das palavras de um cronista de cozinha ao ver a seriedade com que seus colegas tratavam as listas de in e out, as modas, os restaurantes e suas estrelas. "Pelo amor de Deus, não se esqueçam de que não estamos discutindo o destino do mundo livre. É só o kiwi, minha gente!"

Nina Horta, 1994

A apresentação está muito grande para tempos de Twitter!

OPINIÕES

Comida de alma

Comida de alma é aquela que consola, que escorre garganta abaixo quase sem precisar ser mastigada, na hora de dor, de depressão, de tristeza pequena. Não é, com certeza, um leitão pururuca, nem um menu *nouvelle* seguido à risca. Dá segurança, enche o estômago, conforta a alma, lembra a infância e o costume. É a canja de mãe judia, panaceia sagrada a resolver os problemas de náusea existencial. O macarrão cabelo de anjo cozido mole e passado na manteiga. O caldo de galinha gelatinoso, tomado às colheradas. São as sopas. O leite quente com canela, o arroz-doce, os ovos nevados, a banana cozida na casca, as gelatinas, o pudim de leite.

Nora Ephron, autora de *A difícil arte de amar*, com o casamento acabado, grávida, enjoada, traída, vota pelo consolo da batata: "Nada como um bom purê quando se está deprimido. Nada como ir para a cama com um prato fundo de purê de batata já saturado de manteiga e metodicamente ir adicionando mais uma fatia fina de manteiga a cada garfada".

Comida de alma tem de ser neutra. Sorvete é comida de alma? Não é. Tem um pique gelado que a tristeza não suporta. A temperatura deve estar entre ambiente e morna. Chocolate vale? Não, nem pensar. É sexy, sedutor, pressupõe prazer e culpa.

Não acreditem quando dizem que Proust é chato. É maravilhoso. E há nele um tratado de comer bem.

Tudo tem de ser especial na comida de alma. A tia Léonie de Proust comia seus ovos com creme em pratos rasos, com desenhos e legendas. Punha os óculos e decifrava contente: "Ali Babá e os quarenta ladrões" ou "Aladim e a lâmpada maravilhosa".

O mingau de aveia ou fubá pode ser em prato fundo, o quadrado de manteiga se derretendo por cima. O leite em boa caneca grossa, o chá em xícara inglesa florida e, para casos extremos, a mamadeira, é claro. A comida, de preferência, deve ser bebida aos goles ou tomada de colher. A faca é quase sempre supérflua.

Um livro português trata do assunto, mostrando que a preocupação com comidas de alma vem de longe. É *O cozinheiro indispensável* (Porto, 1844), que traz um subtítulo enigmático: *Guia prático dos enfermos pobres, dos doentes ricos e dos convalescentes remediados*. Dá receitas como o caldo confortativo, uma papinha pastosa, de se comer com lágrimas nos olhos.

À la recherche.

A leitora Martha Harriss deixou recado na secretária eletrônica depois de ter lido qualquer coisa que escrevi sobre sagu. O sagu também é detonador de lembranças, de mingaus, de cálices cheios de pérolas transparentes, de convalescenças preguiçosas. É comida de criança, sem desafios.

E na classe dos angustiados, dos que querem comida de alma, há os obsessivos do sagu. A Martha leu o texto e só viu brilhar o sagu. Ela própria era um manual de como cozinhar sagu, mas não bastava. Queria mais. Informações difíceis de encontrar. Os restaurantes não têm, só servem musses de kiwi e tiramisu. Os cadernos das avós calam a perversão do sagu. Só um antigo livro de trato familiar com as colônias de além-mar conta que o sagu chegou de longe, via Companhia das Índias. Era feito do núcleo da medula de certas plantas nativas da Malásia. Incomum, exótico, apareceu em grandes mesas. Fez sucesso como remédio. Quarenta gramas de sagu misturados com duas xícaras de água e temperados com vinho branco curavam a tuberculose. Em 1920, o avô da Martha Harriss aconselhava o sagu para deter a cólera e fortalecer os convalescentes, por ser de fácil digestão e refrescante.

Os pacotinhos que compramos no supermercado são sagu de mandioca; em 1895, *O doceiro nacional* aconselhava que se batessem bem gemas com açúcar e se fosse acrescentando vinho tinto. Depois se juntasse um pouco de sagu, passas, amêndoas peladas e socadas ou meio coco ralado. Que tudo isso fosse levado à panela e fervido até que o sagu cozinhasse. Despejava-se, então, em pequenos cálices, e polvilhavam-se canela e açúcar.

Martha, experimentamos sagu com vinho, acompanhado de creme inglês bem gelado, e seu avô tinha toda a razão. Que delícia, que frescura, que delicadeza. Faz lembrar outro tempo, mais puro, mais seguro. Fizemos uma calda com quatro xícaras de água, uma xícara de açúcar, canela e cravo. Juntamos uma xícara de sagu. Fomos colocando vinho aos poucos, à medida que a calda engrossava. Servimos com creme inglês. De outra vez substituímos o vinho por uma xícara de morangos amassados e não pusemos nem canela nem cravo. Ficou melhor ainda.

Martha leitora, graças a você, o sagu foi redescoberto e é comida de alma com certeza.

GELATINA ROSADA DE DORA

6 a 8 claras batidas até ficarem bem duras; 1 copo de caldo de laranja; 4 colheres de gelatina em pó, branca; 2 colheres (chá) de gelatina vermelha (1 pacotinho de gelatina em pó equivale a 6 folhas)

CREME: 1 litro de leite; 3 gemas; 6 a 8 colheres bem cheias de açúcar; a ponta de 1 palitinho sujo de vanilina em pó (encontra-se a vanilina em casas de festas)

Deixar por algum tempo a gelatina de molho no caldo de laranja, depois levá-la ao fogo brando, em banho-maria, para derreter. Misturar, morna, com a clara, em vasilha úmida, de cristal. Levar à geladeira.

Para fazer o creme, bater as gemas com o açúcar, bem batidas. Ferver o leite, ir misturando às gemas, já fora do fogo. Voltar ao fogo. Quando for abrir fervura, tirar do fogo e ficar passando de uma vasilha para outra para esfriar rápido. Fica uma gemada com a consistência de um mingau ralo. Quando a gelatina estiver gelada e dura, despejar a gemada por cima. Ela vai se esparramar um pouco para os lados, mas é assim mesmo. Pode desenformar, mas fica mais bonita em vasilha de cristal.

GELEIA DE GALINHA

James Beard, conhecido autor americano de vários e ótimos livros de comida, um dos pioneiros a aliar boa prosa e receitas, adorava adoecer para comer desta geleia às colheradas.

Colocar 2,5 kg de carcaça e pescoço de galinha em 5 litros de água com 1 cebola espetada com 2 cravos, 1 galho de salsa, 1 pedaço de aipo e algumas pimentas-do-reino. Deixar cozinhar em fogo brando. Depois salgar a gosto (sal marinho, kasher ou sal grosso). Juntar 2 kg de moela, amarradas num pano fino, depois de bem lavadas. Acrescentar mais 1 litro de água e deixar cozinhar mais 2 horas. Tirar as moelas. Juntar 1 galinha e deixar neste caldo até bem cozida. Servir como caldo clarificado ou usar a geleia em molhos, legumes, ou servir às colheradas aos muito tristes.

FRANGO COM QUIABO DE DONA DULCE

Limpar 1 frango. Limpar cerca de 15 quiabos tirando as duas pontas. Enxugar um a um com pano bem seco e cortar em rodelas finas. Separar.

Colocar em uma panela um pouco de óleo e deixar esquentar muito bem. Depois de quente, colocar o frango cortado nas juntas, em pedaços grandes. Mexer pouco, mas deixar que doure de um lado e depois do outro. Polvilhar por cima um pouco de urucum. Ir colocando, aos poucos, cerca de 2 copos de água. Salgar. Quando cozido, tirar a gordura que puder com uma colher e colocar o quiabo, tomando cuidado para não amolecer muito; tem de ficar al dente. Na hora de servir, polvilhar salsa picada.

MACARRÃO CABELO DE ANJO

Cozinhar o cabelo de anjo até passar um pouco do ponto. Escorrer e rapidamente colocar 1 boa colher de manteiga salgada ou quantas colheres você e ele aguentarem. Comer às colheradas.

NHOQUE ROMANO ASSADO

Receita muito antiga, modernamente explicada
por Marcella Hazan.

1 litro de leite; 1 xícara cheia de semolina (de preferência importada); 1 xícara de queijo parmesão ralado;
2 colheres (chá) de sal; 2 gemas; 7 colheres de manteiga

Aqueça o leite numa panela grossa sobre fogo médio até ferver. Abaixe o fogo e junte a semolina aos poucos, em fio de chuva fino, batendo bem com a colher de pau, sem parar. Continue até que fique bem grossa, quase soltando dos lados da panela. Tire do fogo.

Junte à mistura de semolina ⅔ do queijo ralado, o sal, as 2 gemas e 2 colheres de manteiga. Misture bem para não coagular o ovo, até que fique tudo muito bem ligado.

Umedeça uma superfície de mármore ou fórmica com água fria e despeje sobre ela a mistura de semolina, usando uma espátula de metal para alisar a massa até deixá-la com cerca de 1 cm de espessura. Passe a espátula na água fria de vez em quando. Deixe esfriar.

Aqueça o forno. Corte os nhoques com cortador redondo, molhando-o de vez em quando na água. O nhoque pode ter uns 4 cm de circunferência.

Unte com manteiga uma vasilha refratária rasa que vá do forno à mesa. Arrume os nhoques de modo que se sobreponham como telhas de um telhado. Polvilhe por cima o restante do parmesão e da manteiga em pedacinhos. Coloque na prateleira mais alta do forno e asse por 15 minutos, até dourar.

Isso só é possível em fornos que tenham um grill. Os fabricantes não fazem mais o grill, peça tão importante para pratos gratinados. Reclame quando for comprar seu forno novo.

Deixe esfriar uns minutos antes de servir, para sentir o gosto dos nhoques e para não queimar a língua.

Esses nhoques congelam muito bem. Congelá-los crus em assadeira e colocá-los em saco. Na hora de assar, basta sobrepô-los na vasilha, como manda a receita, e esperar que degelem um pouco.

ARROZ-DOCE DE MARIA HELENA

½ litro de leite; ½ litro de creme de leite; 200 g de arroz; 100 g de manteiga; 150 g de açúcar; casca ralada de 1 limão; 6 ovos, gemas e claras separadas; 1 pitada de sal; manteiga e migalhas de pão fresco para untar a fôrma

Deixar o arroz lavado e escorrido de molho, na mistura de leite e creme para inchar um pouco, uns 45 minutos. Quando estiver macio, colocar a manteiga, o açúcar, a pitada de sal e a casca de limão, só o verde, com cuidado para não deixar nada da parte branca, que amarga.

Colocar para cozinhar em fogo brando até o arroz inchar ao máximo. Tirar do fogo, deixar amornar, juntar as gemas de ovos bem batidas, misturando rapidamente. Untar uma vasilha refratária com manteiga e migalhas de pão fresco.

Bater as claras em neve, misturar ao arroz e colocar na vasilha sem atrapalhar muito as migalhas de pão. Levar ao forno médio e deixar ficar por cerca de 1 hora. Fica tostado, firme, com aparência de bolo. Um forno muito forte quebrará o pudim e sua aparência ficará horrível.

Comedores solitários e suas batatas

[anotação manuscrita:] Hoje escrevem e conversam no celular. [seta apontando para o parágrafo seguinte, com trecho sublinhado até "dos enjeitados lê."]

Pode parecer paranoia, fragilidade, mas quem come sozinho num restaurante é ou se sente, sempre, o mais rejeitado dos mortais. Estão nos olhando, e o pior, estão nos vendo. Fica-se à mercê dos outros, dos tipos felizes, acasalados, e dos grupos barulhentos que riem à toa. Sozinhos, no comedouro, somos mal-amados, suspeitos, fugitivos.

Na hora da escolha do prato há um momento breve de solidariedade e comunhão e a possibilidade de esconder a cara atrás do menu. Que ele seja imenso, de preferência. Mas vai-se o maître, vai-se o cardápio e sobra só o livro ou o jornal. A maioria esmagadora dos enjeitados lê. Os solitários de mesa de restaurante são leitores, intelectuais obsessivos, e em nenhum banco de escola alguém jamais se concentrou tanto, cego e surdo para o resto do mundo, o horizonte confinado.

Uma solução viável é comer em restaurante ou lanchonete que tenha balcão e ficar de costas para a plebe acompanhada, virados para a cozinha, borralheiras sem eira nem beira. E há o que observar, sem medo de ser observado. Nem se fale num balcão de sushi, que é a glória suprema do comedor solitário.

Pode ser até uma tenda de Baked Potato, longe das mesinhas do shopping. Um simples balcão de Baked Potato, um lugar que se pode frequentar a vida inteira sem jamais ser reconhecido pelas garçonetes que mudam de emprego todas as semanas, ou fazem rodízios por milhares de batatas assadas, e nunca aparecem de novo. Onde serão recrutadas essas personagens aventureiras que, quando mal aprenderam a lidar com a batata, a manteiga e a salsinha, somem de vez?

No balcão, na posição privilegiada de observador, pode-se até aprender a lidar com os recheios. São bandejas de pasta de queijo, alguns mais suaves como o requeijão, ou mais fortes como o gorgonzola, o camembert e o provolone. Para quem prefere sem queijo, tem bacon, cogumelo, iogurte, creme azedo, manteiga com salsinha.

A batata sai do forno com a casca crocante e até um pouco queimada. É aberta com a faca, mas apertada com a mão para que a polpa se rompa por inteiro. Uma boa colherada de manteiga e duas rasas de recheio. O cálculo tem de ser perfeito, porque não há nada de mais desagradável do que o recheio acabar antes da batata e vice-versa. Existe um suspense sobre o tamanho da batata que o destino vai lhe reservar. A enorme, descomunal, ou apenas grandota?

Quando a menina espeta a bandeirinha no seu prato, desliza no balcão a toalha de papel, o guardanapo, a caixinha de papelão, é hora de ensimesmar-se. Comendo sozinho, um pouco mais feliz, você só tem você. Parece exagero, mas não é. Quem é que já viu um comedor solitário, risonho, solto, olhando para os lados, receptivo? Pareceria um caso de miolo mole.

Em casa, no forno comum, ou num forninho elétrico, as batatas também ficam ótimas. O segredo é limpar com uma escova e um pano e atravessar cada uma delas, no sentido do comprimento, com um espeto de alumínio feito em qualquer serralheiro. Assam, assim, por dentro e por fora ao mesmo tempo. Meia hora bastaria, mas a perfeição só é alcançada em uma hora. Os portugueses abrem a batata com um murro e fazem as batatas ao murro. É só proteger a mão com um pano e... zás... um soco com jeito. E o melhor de tudo para o solitário de balcão é a casca queimadinha, comida no fim, pura e seca.

Você entende de batatas? Sabe o nome das diferentes espécies? Quais as melhores para assar, fritar, fazer salada? Hum... Duvido.

Ouvi falar que nos Estados Unidos, pelo menos em alguns estados, há uma lei que obriga os vendedores a colocarem o nome e a origem do produto que estão vendendo, o que facilita a escolha e educa os compradores.

Mas, aqui, só vejo sacas de bordas viradas nos supermercados, montes de batatas desabando nas gôndolas, ou saquinhos prontos num anonimato de Greta Garbo. E, se bem me lembro, desde que me conheço por gente, as batatas são inglesas e vendidas como holandesas, de tamanco e tudo.

A solução é começarmos a experimentar sozinhos, botar o nome que nos vier à cabeça, ir cozinhando e tomando nota. Compra-se uma batata bem grande, casca suja de terra, grossa. Assa-se, frita-se, escreve-se o resultado ao lado: "batata Maria João" etc. etc. Deixa-se um espaço para o dia em que nos contarem o nome, a procedência, a época da colheita etc. Com esse método classificatório pessoal, podemos ir nos livrando de mitos e descobrir por nós mesmos que tipo de batata gostamos em cada caso, e qual o melhor modo de cozinhá-la.

Andrea, minha sócia, foi jantar no Robuchon, em Paris, e pediu direto o purê de batata que ajudou o restaurante na escalada da fama e das estrelas. Ficou meio ressabiada, porque achou o purê visguento, como se o tivessem passado no processador. Mais tarde descobrimos que o Robuchon gosta mesmo é de batatas cerosas no seu purê. Tem gosto para tudo. Vamos à escolha sem preconceitos, que só atrapalham.

PURÊ DE BATATAS

As regras básicas para um purê gostoso, seja
qual for a batata, são as seguintes:

Cozinhar 1 kg de batatas com as cascas, escorrê-las imediatamente e secá-las por uns dois minutos numa frigideira, sacudindo-a para a frente e para trás, sobre fogo baixo.

Descascá-las, quando der, sem queimar a mão. Passar por espremedor e levar de novo à frigideira para secar mais um pouco. Aquecer 1 copo de leite e 100 g de manteiga, com sal a gosto e pimenta-do-reino. Ir despejando sobre a batata amassada, batendo com colher de pau. Servir imediatamente; se não for possível, cobrir com mais um pouco de manteiga dissolvida no leite para não formar crosta e, na hora de servir, aquecer, batendo e incorporando esse leite.

Outro tipo de purê é feito como o primeiro, só que com bom azeite extravirgem, substituindo a manteiga. Dá um purê mais forte, mais personalizado... Para 1 kg de batatas, vão 4 colheres de azeite extravirgem, 4 colheres de leite, sal marinho e pimenta-do-reino.

SALADA DE BATATAS

Vamos adaptar umas receitas de Arabella Boxer, que escreveu
Mediterranean Cookbook e que também vive à cata de sua batata ideal.

700 g de batatas; 6 colheres de azeite extravirgem;
1½ colher de vinagre de vinho branco; ½ cebola roxa em
rodelas finas; sal marinho e pimenta-do-reino a gosto;
3 colheres de salsinha picada

Cozinhe as batatas com casca. Escorra bem e deixe esfriar um pouco. Quando ainda quentes, corte-as em fatias grossas, retirando toda a casca ou não, como preferir. Coloque as batatas numa tigela e despeje sobre elas 3 colheres de azeite. Deixe absorvendo por alguns minutos, junte o restante do azeite, o vinagre, a cebola, o sal e a pimenta. Mexa muito bem para que as batatas fiquem impregnadas, junte a salsinha e sirva quente.

Para variar, se você tem um resto de vinho branco seco, regue da primeira vez com vinho em vez de azeite e dispense o vinagre.

Um belo jantar pode ser feito num piscar de olhos com batatas assadas ou cozidas, pequenas ou grandes, com casca ou não. Na mesa, uma tigela com batatas e potes à volta, com: coalhada, cebolinha fresca picada, queijo de minas ralado, sementes de papoula e tudo o mais que você ache que combina com batatas. Não vale o que mais combina, que é manteiga, pois a ideia é não engordar. (Não vai ser ótimo quando descobrirem que manteiga não engorda, que faz um bem danado à saúde?)

Para imitar as *baked potatoes*, dê uma gorjeta ao batateiro, escolha as enormes, e deixe as batatas assarem no forno por 1 hora. Abra ao meio e recheie com 1 colher de manteiga (que pode ser temperada com cebolinha, salsinha) e 2 colheres de queijo. Quais? Requeijão, provolone ralado, gorgonzola ou camembert amassados com um pouquinho de creme de leite. Ótimo, ótimo.

Na Santa Croce sem o *Baedeker*

Acabei de ler *A Room with a View* (em filme, *Uma janela para o amor*), de E. M. Forster. A inglesinha Lucy, quando quer conhecer a aventura, os mistérios de Florença e a igreja de Santa Croce, é aconselhada a jogar fora o seu guia *Baedeker*. "Este guia só toca a superfície das coisas. Não dá a menor ideia do que seja a verdadeira Itália, que só pode ser descoberta ao vivo... Passe o *Baedeker* para cá. Não vá carregá-lo. Vamos andar ao léu."

O título desta crônica é "Na Santa Croce sem o *Baedeker*" e é um conselho que vem a calhar. Guerra à floresta de livros, folhetos, recortes que vão tomando conta da vida. O cozinheiro que sabe cozinhar, cozinha *au pif*, pelo nariz, pelo cheiro. Só. Sem precisar de uma única palavra escrita. Perplexo diante do coelho e da alcachofra, mas morto de fome, é capaz de fazer em poucas horas todo o complicado percurso do homem das cavernas à nouvelle cuisine.

No processo de desmatamento de informação, de poda de receitas, percebo algumas coisas com mais perspectiva. O ano de 1984, lá fora, redescobriu o carpaccio, e 1989 consagrou o vinagre balsâmico. Nas mesas dos melhores restaurantes começava-se a refeição com um pires de ótimo azeite de oliva e um fio de vinagre para se comer com pão. Para mim faltam o sal e o alho, mas não estavam na moda em 1989. E mais saladas de chicória, rúcula, mostarda, nacos de melancia doce salpicados de pignoli torrados e molho de vinagre balsâmico. (Fica boa essa mistura de doce-amargo, macio-duro.) Ou um patê de fígado, sem formato, cercado de fatias mornas de peras cozidas sobre rodelas de cebola roxa e escarola temperadas com vinagre balsâmico. Cogumelos shiitake marinados e grelhados sobre uma salada verde brilhante, regada de vinagre balsâmico. Morangos de sobremesa, regados com... Você já sabe.

Já o ano de 1990 se enterneceu com o angu que nos criou. Codornas, galinhas, ossibuchi, linguiças, feijões sobre polentas macias ou acompanhados por retângulos de polenta frita, casca dura por fora, miolo mole por dentro. E as mães italianas riem à socapa e limpam as costas das mãos no avental, gesto ancestral.

Na fogueira de recortes e guias, salva-se da destruição a receita de polenta de micro-ondas. Não empelota, não espirra, não é preciso mexer; em resumo, não tem os defeitos, mas também não tem o charme da polenta antiga.

POLENTA FIRME DE MICRO-ONDAS
Para 8 pessoas, como acompanhamento.

4 xícaras de água; 1¼ de xícara de fubá; 2 colheres (chá) de sal ou sal a gosto; 4 colheres de manteiga sem sal; 1 pitada de pimenta-do-reino moída na hora

Misture a água, o fubá e o sal num recipiente com capacidade para 2 litros. Cozinhe a descoberto, em potência máxima, por 12 minutos, mexendo uma vez, aos 6 minutos. Nesta altura, estará pronto o angu mineiro. Ao retirar do forno de micro-ondas para mexer, aos 6 minutos, o

angu estará empelotado. É assim mesmo. Mexa bem que ele desempelotará sozinho até os 12 minutos. Às vezes, conforme o fubá, o angu ficará pronto em menos tempo. Isso vai depender de prática e experimentação.

Retire do forno, junte 3 colheres de manteiga e pimenta-do-reino. Deixe descansar por 3 minutos. A polenta está pronta. É só esfriar.

Se quiser fazer polenta frita, unte uma assadeira retangular com a metade da manteiga restante. Despeje a polenta na fôrma e pincele de leve, por cima, com o restante da manteiga. Deixe esfriar. Tampe e deixe na geladeira. Para servir, corte a polenta em pedaços e frite em óleo.

OSSIBUCHI *IN ROSSO*

Não me perguntem de onde tirei esta receita.
É deliciosa e agradeço a quem a inventou.

6 ossibuchi de vitela ou boi; ⅓ de xícara de azeite de oliva; ¼ de xícara de manteiga; 1 xícara de farinha de trigo, no fundo de um prato; sal e pimenta-do-reino moída na hora; 1½ xícara de vinho tinto; 2 colheres de casca ralada de limão, bem fininha, sem a pele branca; 5 colheres de salsinha picada

Os ossibuchi devem ser cozidos numa panela grande o bastante para acomodá-los, numa única camada, cada pedaço achatado no fundo da panela. Se não tiver uma panela grande, use duas menores. O acompanhamento ideal para este prato é a polenta da página ao lado.

Ponha o azeite e a manteiga numa panela grande, em fogo médio. Passe os pedaços em farinha de trigo dos dois lados. Quando a espuma da manteiga baixar, coloque os ossos na panela. Podem ficar juntinhos, mas não devem se sobrepor.

Doure a carne dos dois lados. Tempere generosamente com sal e pimenta e vire os pedaços, uma vez. Junte o vinho tinto e tampe bem a *panela. Abaixe o fogo de modo que os sucos da panela nunca fervam e só estourem em bolhas delicadas. A carne deve cozinhar devagar, até ficar bem macia, de 2 a 2h30.*

Depois de 10 a 15 minutos, quando o líquido da panela diminuir, junte ⅓ de xícara de água quente. Verifique a panela de vez em quando e junte mais água quando necessário.

A carne estará pronta quando começar a sair do osso, no ponto de ser cortada com um garfo. Quando pronta, transfira os pedaços para uma travessa.

Ponha na panela a casca do limão e a salsinha e mude para fogo médio. Cozinhe por 1 minuto, mexendo com colher de pau e raspando o fundo da panela para aproveitar os resíduos. Deixe reduzir o líquido se for excessivo.

Ponha os pedaços de volta na panela e vire-os no molho. Sirva-os com o molho por cima. Acompanhe-os com polenta ou com purê de batata.

Simples prazeres

Na Inglaterra, cunharam o termo *foodie* para quem lida com comida, conversa sobre comida, vai à feira e ao supermercado com prazer, lê todos os cadernos "Comida" que aparecem nos jornais, assina revistas especializadas e, quando pode, assiste aos programas culinários de TV e, quando não pode, grava para ver depois. Viaja quilômetros para experimentar uma broa de fubá, visita o Ceasa uma vez por mês e não resiste ao lançamento de um novo livro cheio de receitas.

Os *foodies*, que são yuppies da comida, estão sempre por dentro da última moda. Comem peixes trançados em tiras (como aqueles trabalhos manuais de tecelagem que fazíamos no jardim de infância). Pedem nos restaurantes entradas de tofu com endívias, ou algas, flores de abobrinha recheada e ninhos de alho-poró fritos. Sorvete de manjericão para ajudar a digestão, lombos assados de rena (nos festivais), patês sobre fatias de maçã umedecidas de calvados. Panquecas como trouxinhas, amarradas com um laço de cebolinha francesa sobre um coulis de camomila.

Vem daí o maior perigo na vida de um *foodie*. (Ah, como eu gostaria de achar uma tradução à altura para essa palavra!) Ele ou ela podem se tornar esnobes, e esnobismo em matéria de comida é um

Até hoje nada é bom o suficiente.

contrassenso, uma aberração. Comida é comida, ligada à vida, à sobrevivência, e regras fixas e preconceitos não valem nesse jogo. Não vem que não tem.

Engraçado é que sempre chega a hora em que o maníaco toma consciência de suas frescuras. Bate-lhe o que chamo de "Síndrome Hellmann's", um desejo de desapertar o cinto, respirar fundo, desabotoar o colarinho, atolar num pote de maionese e nadar em coca-cola gelada. Os dentes rangem com a fome implacável de uma sardinha com azeite e cebola e um bom pão. Quer voltar à infância e sentir no ar o cheiro de doce, de circo, de pirulito, parque de diversões, amendoim torrado, cachorro-quente, balões de gás, simples prazeres.

Simples prazeres que de fáceis não têm nada. Numa semana de pesquisa descobri que quase desapareceram as pequenas comidas de se comer em pé, na rua, coisas de tabuleiro, por assim dizer.

Fui primeiro ao Salão do Automóvel, grande concentração de gente. Boa decepção. Nos estandes de comida, reina a mais total melancolia chefiada por um grupo de um nome que esqueci. Só sei que não acreditam no que fazem. As máquinas não têm brilho, não esquentam o bastante para que as massas cozinhem, não fazem barulhos alegres e mágicos de engenhocas cuspindo doces. Que graça pode ter uma panqueca grossa quase crua, com um molho ralo por cima? E máquinas que precisam de um murro na orelha para aquecerem um crepe? Que país é este onde até o algodão-doce está morrendo de tristeza? Onde estamos?

Fui também ao largo Treze, em Santo Amaro. Sem comentários. É evidente que as padarias não fazem mais seus pães nem seus doces, coxinhas e empadas. Há com certeza fábricas enormes devotadas exclusivamente a fazer o pior possível, o péssimo. Despejam no mercado, diariamente, milhares de ruindades sem feitio, coxas disformes de galinha sem galinha, empadas dos demônios, quibes dos infernos. E o pior é que as pessoas pagam por esse simulacro de comida. E só falta se acostumarem a ela e perderem para sempre o paladar. O que tem a ver o pedreiro que passa por ali, todos os dias, recém-chegado do Norte, com aquela pizza gelada e engordurada e a Fanta quente? Por onde andam o pernil e o torresmo? Arroz-doce com canela? Espiga de milho assada?

Seria tão bom uma campanha contra a má qualidade da comida de rua. É preciso socorrer a rua, com a ajuda dos que ainda se lembram de um bom amendoim torrado na casca, de um algodão-doce, recapturar um gosto decente de infância. E aqueles que sabem cozinhar têm mais é que ir para a praça, concorrer com empadinha velha fazendo empadinha fresca, com a garapa suja fazendo garapa limpa. Podem apostar. Além de estarem fazendo um bem à população, ainda vão ganhar seu rico dinheirinho. Mas tem de ser coisa popular. Nada de comida de butique que mal se abre já se fecha. Comida honesta e bem-feita.

O que vamos resgatar primeiro? A melancia ou o pastel de banana? A cocada de fita ou a pipoca?

Cozinhar é um modo de se ligar

Isso está mudando. Há movimentos aproximando de nós.

Nas férias, assisti de perto, por falta de alternativa, a uma pequena reforma na cozinha. Os pintores pintaram o chão e as paredes com rolo, os pedreiros levantaram uma parede pequena. Facílimo. Mal dá para acreditar. Qualquer ser humano, levemente jeitoso, faz uma reforma. Não vai ficar lá essas coisas, mas já é uma possibilidade.

Não é incrível como a maioria de nós não sabe o elementar das coisas do dia a dia? Cortar cabelo, passar uma camisa, lavar um terno, fazer um colete, plantar salsa, assar pão, limpar lulas, matar galinha, consertar o ferro — e vai por aí afora.

Até fritar um ovo anda saindo complicado. Cozinhar, então, nem se fale. Além do que, comer é perigoso, engorda e mata. Já não somos tão íntimos da comida. Ela vem de longe, anda distâncias sem fim e tem uma vida secreta guardada a sete chaves. Um *chicken nugget* não tem na memória o dia em que foi galinha botadeira, se é que o foi. Processado, micropulverizado, maquiado, não tem a menor afinidade com seu consumidor e vice-versa. Tanto aquele que come quanto o comido ficam totalmente afastados de sua realidade biológica. São duas substâncias inertes em contato de terceiro grau.

Cozinhar é um modo de se ligar, de se amarrar à vida com simpli-

Hoje em dia, de se linkar à vida.

cidade. E o bom é que cozinhar é preciso, mas cozinhar bem não é preciso, o que dá um certo grau de alívio e liberdade de movimentos. Aprender a cozinhar é uma questão de atitude, de peito. Mais ou menos como saltar de paraquedas.

A Globosat tinha um programa de culinária, o *Frugal Gourmet*. Um amigo copia os programas em videocassete e me empresta. Como convém a uma rica produção, Jeff Smith, o apresentador, um americano médio, corre o mundo, aprende assim na rama, e vai para o estúdio enfrentar o forno e o fogão em arena aberta. Pato de Pequim, roscas judaicas, tortilhas, sushis, por que não, por que não? Nada de comestível me é estranho, murmura ele, e vapt-vupt, acaba com as dificuldades dividindo com o telespectador a experiência de cozinhar. Erra, queima, faz pizzas triangulares, bolinhos que se abrem na gordura quente, frangos pálidos, lindos pães, batatas-doces no leite de coco. É uma viagem atabalhoada, por ingredientes vitais à nossa sobrevivência. No processo de erros e acertos, o programa amplia horizontes e capacidades e nos desperta para um consumo mais consciente, que é coisa séria, para se pensar.

Hoje, escolho três receitas ótimas.

QUIABO EM PICLES

É difícil achar alguém que goste de quiabos. Feitos em picles, são ótimos, sem baba, picantes.

2 kg de quiabos bem tenros (é preciso que sejam realmente tenros, pois os quiabos velhos ficam fibrosos); ¾ de xícara de sal; 8 xícaras de vinagre branco; 1 xícara de água; 10 pimentas frescas, verdes ou vermelhas; 10 dentes de alho

Lave os quiabos. Veja se estão tenros e deixe os cabinhos para não soltarem gosma. Ponha em vidro, bem apertados. Em cada vidro, 1 pi-

menta e 1 dente de alho. Esquente o vinagre, a água e o sal, até ferverem. Se quiser junte mais tempero, sementes de mostarda e salsão. Despeje o vinagre quente sobre o quiabo. Feche o vidro. Deixe ficar por 8 semanas antes de usar. Dá cerca de 20 xícaras. Compre um bom vinagre, não muito ácido.

Bom para aperitivo com pão preto e um salaminho.

SUFLÊ DE MILHO

Levei anos para achar um suflê que saísse sempre certo. Dei sorte com as regras deste. É chamar primeiro as pessoas e só então o suflê.

2 xícaras de milho cozido e ralado na hora; ½ xícara de leite; 2 colheres (chá) de açúcar; 4 gemas bem batidas; ½ colher (chá) de cremor de tártaro; 6 claras

Misture o milho, o leite e o açúcar. Junte as gemas batidas. Misture bem.

Polvilhe o cremor de tártaro sobre as claras e bata até que formem cristas, sem perder a umidade e o brilho. Junte ⅓ das claras ao milho e mexa bem, sem exagero. Envolva o restante das claras, mas mexa com gestos largos. Não bata.

Ponha em vasilha alta de suflê, das médias, 7 cm de altura × 19 cm de largura, untada com manteiga e polvilhada de farinha de trigo. Despeje o suflê dentro. Leve ao forno preaquecido por 25 a 30 minutos. Teste para ver se está bom dando uma sacudidela na vasilha. Se tremer todo, ainda não está bom.

Esta fórmula serve para qualquer suflê, contanto que você tenha as 2 xícaras de qualquer coisa: batata-doce, chuchu — cruz-credo! (O cruz-credo é só para o chuchu. Não estrague seu suflê com chuchu. Castanha portuguesa é melhor.)

FIGOS DA PICHICA

Descasque 2 caixas de figos sem retirar a parte branca da fruta. Disponha cada figo num recipiente do tipo de uma tigela funda, um bem espremidinho ao lado do outro, sempre com o lado oposto do cabo olhando para baixo. Preencha a tigela com os figos até o fim e coloque no congelador. Se não houver tempo suficiente para esperar que a própria pele do figo forme uma espécie de cola que una todos em formato de bolo, derreta uma gelatina branca por cima para dar uma liga.

Duas horas antes de servir, desenforme os figos e despeje sobre eles doce de leite misturado no fogo com um pouco de leite já frio. Leve à geladeira. A escolha do doce depende de cada um — pode ser do argentino, ou aquele que você achar melhor. Você serve em fatias ou cada pessoa pega algumas frutas inteiras que estarão geladinhas e cobertas pelo doce maravilhoso!

Etiqueta vai, etiqueta vem

O assunto é etiqueta. No livro *A fogueira das vaidades*, de Tom Wolfe, há uma situação insólita, difícil de ser resolvida segundo os manuais de boas maneiras.

Um repórter entrevista o rico sr. X no restaurante da melhor comida e do melhor serviço de Nova York. Pedem drinques, conversam e, de repente, o repórter vê a cabeça do sr. X cair para a frente, para o lado e, enfim, no seu colo. Tenta endireitá-la, mas a cara do entrevistado, velho e gordo, tomba sobre o prato de costeletas de cordeiro. O rosto estava cinza-pálido, melado de molho francês e pedacinhos de espinafre e aipo... O corpo atravessado na passagem, como uma enorme baleia-branca encalhada na praia... O velho era repulsivo... "Tornara-se um problema de etiqueta."

Ninguém no restaurante sabe que atitude tomar diante do acontecimento novo. Se todos resolvessem ajudar iriam piorar o tráfego, que já estava péssimo por causa das mesas afastadas e dos garçons que precisavam parar por um segundo e pular o corpo como se "aquilo" fosse normal no Boue d'Argent. Ir embora da cena do drama? "Mas os pedidos já haviam sido feitos e a comida começava a chegar... E essa refeição estava custando uns 150 dólares por pessoa, somado o custo do vinho, e não era sopa arranjar lugar num restaurante como esse, para começo de conversa."

E, então, sem um guia que pudesse orientá-los numa situação tão constrangedora, os nova-iorquinos que almoçavam no Boue d'Argent simplesmente desviaram a atenção para a chegada espalhafatosa de madame Tacaya, mulher de um ditador indonésio.

Há ocasiões menos trágicas para se exercitar os bons modos. Numa tarde dessas, uma senhora bem-arrumada dava aulas de etiqueta, na TV. À primeira vista o tópico escolhido, "como cuspir um caroço de azeitona", parecia idiota.

De repente, funcionou como um soco no estômago, deu chance a um momento lúcido e medroso de reflexão. Como cuspir o caroço de azeitona? E por que não se cospem os caroços longe, com a língua dobrada, num barulho de apito? Por que não tentar acertar em cheio a terra do vaso de palmeirinha, num concurso amistoso, que animaria a reunião?

Um soco no estômago. É um assunto sobre o qual nenhum de nós se debruça. E quantos anos devem ter levado essas regras do "cuspir" e mais as outras para se aninharem num plano tão profundo que somos quase incapazes de desmascará-las, entendê-las? E andamos cegos por esses labirintos, essas redes, estruturas disfarçadas que nos dão de mão beijada o modo certo de se cuspir um caroço.

Aliás, coisa das mais complicadas, por incrível que pareça, e mal colocada em boca de cozinheira. Mais própria para antropólogos, como minha amiga Thekla Hartmann, que sabe de onde tudo brotou, entende de mitos, de estrelas, de tucunas, de bororos, de sapos e lagartos, do cru e do cozido, do mel e das cinzas, de peneiras e maneiras.

Mingau, nossa papinha

Cultivei durante anos uma implicância com micro-ondas. Um preconceito de botões, apitos, manuais ruins, tudo assombrado por uma história malvada de alguém que botou o gato para secar e ele explodiu junto com o forno.

Há uns dez anos ou pouco mais, os grandes cozinheiros franceses se renderam e começaram a promover a nova técnica, mas ainda fiquei com a pulga atrás da orelha desconfiando de alguma jogada de marketing.

Depois foi Barbara Kafka, uma americana sensata, que passou uns tempos em retiro tentando acabar com os preconceitos dela em relação ao forno, experimentando e testando comida do mundo inteiro. Adorou a experiência, divertiu-se muito, deu a mão à palmatória e escreveu um ótimo livro, aliás, dois: *Microwave Gourmet* e *Microwave Gourmet Healthstyle Cookbook*. O primeiro de comida comum, e o outro, light.

Quando estourou a Guerra do Golfo, e o governo avisou que faltaria gás, ganhei um micro-ondas e jurei só usá-lo para as coisas em que funciona melhor do que o forno tradicional. Por enquanto, por falta de tempo, não consegui mais que esquentar prato feito, assar frutas, reavivar biscoitos de polvilho, fazer brigadeiro, pipoca, polenta e mingau, o que já é muito, considerando a antiga rixa. Agora, o melhor, mesmo, é que coisas do passado, do fogão de lenha, passaram a ser possíveis por obra e graça das fricções, radiações, ondas, reflexos. O mingau de aveia é um exemplo. Quem tem paciência de fazer um bom mingau para o café da manhã, como nos grandes hotéis do mundo inteiro? Ninguém. Nem os velhos revertem às papas de infância, por pura preguiça. Os escoceses, pelo menos os escoceses dos livros, teimam que o mingau de aveia deve ser feito com água fresca de bica, servido em tigela de madeira e tomado com colher de osso. Mexe-se o mingau com um bordão, que é uma colher só com cabo, ou um cabo sem colher. Os muito machões, no inverno, cobrem o pratarraz de aveia cozida com uísque do ótimo, o que faz crescer cabelo no peito e nas ventas.

Nós, brasileiros, já fomos grandes tomadores de mingau, que tem uma cara bem nossa, cara de coisa negra ou portuguesa, ou, quem sabe, nossa mesmo? Mingaus ralinhos, mornos, de caneca, doces mas não muito, com uma pitada de sal para equilibrar.

O de fubá, com um quadrado de manteiga por cima e uns cubos de queijo de minas dentro, fazendo um fio comprido até a boca. O de aveia, mais encorpado, só um punhado de aveia e leite. Mas o *porridge*, o *gruel*, o verdadeiro mingau de aveia do qual Oliver Twist pediu repetição, é assim. Deixa-se a aveia escorregar pelos dedos da mão esquerda, aos poucos, sobre água fervente, mexendo sem parar com a direita. Assim, o mingau acabado fica com a aveia em diferentes pontos de cozimento. É servido quente, em prato de sopa, e mergulha-se cada colherada em tigela individual de leite frio ou creme de leite fresco, dando à boca o contraste do frio e do quente. Quem quiser pode adoçar com açúcar mascavo, ou rapadura ralada, ou mel.

Para o mingau de aveia de micro-ondas, é preciso uma tigela bonita e grande. Bonita, porque se vai comer diretamente dela; e grande, porque a mistura transborda.

MINGAU DE AVEIA DE MICRO-ONDAS

Misture numa vasilha com capacidade para 2 xícaras: ¼ de xícara de aveia em flocos; 1 pitada de sal; ¾ de xícara de água. Tampe com filme plástico. Cozinhe em potência máxima por 5 minutos. Em forno pequeno, 2 minutos tampado e 2 destampado. Tire do forno, deixe descansar por 1 minuto. Sirva quente acompanhado de creme de leite ou leite frio.

Em *Doces lembranças*, de Chloé Loureiro, há várias receitas de mingau da sua infância amazonense.

MINGAU DE MAISENA

1 xícara de leite de vaca; 1 pitada de sal; 1 colher de manteiga; 1 colher (chá) de maisena, bem cheia; 1 colher de açúcar

Misture tudo e leve ao fogo brando, mexendo sempre para não encaroçar, até engrossar. Sirva em xícara, polvilhado com canela.

MINGAU DE FARINHA DE TAPIOCA

Coloque de molho, por mais ou menos 15 minutos, ½ xícara de farinha de tapioca, em um pouco de água. Ela tufa um pouco. Junte mais água ou leite. Coloque 1 colher (sobremesa) de manteiga e 1 colher (café)

de sal. *Adoce com açúcar e leve ao fogo, mexendo até ficar bem cozida. Sirva em taças, polvilhadas de canela.*

MINGAU DAS SETE FARINHAS

250 g de farinha de trigo; 250 g de farinha de macaxeira; 250 g de farinha de banana; 250 g de fécula de batata; 200 g de maisena; 250 g de aveia; 1 colher (sobremesa) de erva-doce

Misture todas as farinhas dentro de uma panela de barro vidrado. Junte a erva-doce, cubra a boca da panela (que deve ficar bem tampada) com uma folha de papel. Coloque a panela em forno quente e, quando o papel ficar amarelado, a mistura está pronta. Guarde em latas bem fechadas, depois de fria.

Dessa farinha, retire 1 colher de sopa e dissolva em 1 copo de leite, levando ao fogo para engrossar. Coloque sal e açúcar a gosto. É um excelente fortificante para convalescentes.

Minha mãe faz um CHÁ DE FUBÁ para pessoas que tiveram qualquer distúrbio de estômago e que estão fracas, sem querer ver comida. Ela mistura 1 colher (chá) de fubá em uma panelinha de água, com 1 pitada de açúcar e 1 pitada de sal. Mexe, mexe, mexe muito, pois o fubá deve ficar muito bem cozido. O resultado é uma bebida quente, nem salgada nem doce, com uma textura granulada e suave, e que conserta qualquer pós-enjoo.

Comida perversa

↳ Continua a mesma, hein?

Comida perversa é aquela que você come sabendo que é brega e que faz mal. É autodestrutiva e gostosa. Está fincada no imaginário, mata a profunda fome do vulgar de cada um.

É mais encontrada em botequins, padarias, nas lembranças de infância, em feiras, na rua.

Em primeiro lugar, disparado, está o pastel de feira, esse enigma. Qual a origem do pastel? Daqueles de feira mesmo, fritos, de carne moída, palmito e queijo... Existem pastéis iguais aos nossos em outros lugares do mundo? Foram os portugueses, libaneses, africanos, japoneses ou chineses que inventaram o pastel, ou é um sincretismo pastelar?

De carne soltinha com azeitona, pouca carne, para que, sacudido, faça um barulho de chocalho. De queijo, um enorme retângulo, com o queijo, objeto de desejo, lá, na última mordida, já começando a endurecer. O de palmito, bendito na sua umidade, e todos eles fritos na panela de mil frituras. Comer um pastel, encostada no carrinho de feira já cheio, tomando garapa gelada, de preferência com bobes e lenço amarrado na cabeça, é o máximo de perversidade e coragem a que se pode chegar. Mas há outras, há outras.

Nos botequins simplesinhos existe sempre uma esperança, nem que seja um ovo cozido pintado de vermelho. Torresmo de padaria, bem crocante, grande, embrulhado em papel pardo para viagem. Fatias de pernil com bastante molho, dentro de pão francês. Coxinhas de galinha com osso, muito mais saborosas que as outras. Podem ser de camarão, quando são apelidadas de "Jesus está chamando". Pão com mortadela respingada de limão. Chá-mate com leite, acompanhado por linguiça, e manjubinhas fritas, secas, torradas e já frias... *Chicken nuggets* com três molhos e batatas fritas com ketchup.

Nas memórias de infância, despontam perversidades doces: leite condensado direto da lata; bolacha maria molhada no café, retirada no momento certo para que não caia dentro da xícara; pão com manteiga e açúcar; brigadeiro às colheradas, direto da panela.

Há uma categoria de comidas perversas que nem às paredes confessamos. Taras individuais, indesculpáveis, segredos confidenciados só às geladeiras, na calada da noite. Sanduíches de feijão frio, restos gelados de pizza, gordura de picanha sem a picanha, bolo de Natal com queijo roquefort, macarrão com farofa.

E existem as perversidades caseiras, que estão aí para todo mundo ver e que não envergonham ninguém... Coquetel de camarão com muito creme e ketchup, frango com catupiry e, *last but not least*, docinhos de casamento em bandeja de filó, com um fondant de açúcar bem grosso. Resistir, quem há de?

Comidas perversas caseiras não precisam ser bregas. São aquelas das quais já comemos dois pedaços e perversamente continuamos a nos atolar...

PAVÊ MALAKOV

Escolha uma vasilha de cristal, em que você queira apresentar seu doce. Compre biscoitos champanhe ou ingleses que forrem o fundo e o lado da vasilha. Pegue um prato fundo, despeje nele 1 copo de leite e 2 colheres de rum.

Faça um creme com 150 g de manteiga em temperatura ambiente ou amolecida, 100 g de açúcar e 150 g de nozes moídas. Só misture e deixe em temperatura ambiente.

Passe os biscoitos no leite. Atenção: não é para deixar de molho, e sim para embeber dos dois lados.

Forre o fundo e os lados da vasilha com os biscoitos e vá colocando uma camada de biscoitos e uma de creme. A última deve ser de biscoitos. Leve para gelar com um peso posto em cima. Sirva no dia seguinte, coberto de chantilly com pouco açúcar e enfeitado com nozes.

BOLO MUSSE BARMAK

200 g de chocolate meio amargo, derretido em banho-maria; 60 g de manteiga sem sal; 6 claras em neve; as gemas batidas com 100 g de açúcar até dobrarem de volume

Junte tudo e ponha ¼ da massa para assar. Ao restante da massa, junte 250 g de creme de leite batido com 2 colheres de açúcar até ficar como chantilly. Ao tirar do forno, depois do teste do palito, ponha essa segunda mistura por cima da primeira, que foi ao forno, e leve ao freezer, por uma noite e um dia. No dia em que for servir, tire do freezer uns 10 minutos antes e decore com chocolate ralado. (Há os que preferem só uma leve camada de musse, levando para assar mais do que metade da massa. A sua experiência vai decidir.)

QUINDIM NILU

1 prato fundo de coco ralado fresco; 1 prato fundo de açúcar; 11 gemas; 1 ovo inteiro; 1 colher de manteiga sem sal; manteiga para untar e mais ½ xícara de açúcar

Misture todos os ingredientes com uma colher e deixe repousar durante 3 horas no mínimo. Coloque numa fôrma redonda com furo no meio previamente untada com manteiga. No fundo, sobre a manteiga, coloque ½ xícara (chá) de açúcar, espalhando uniformemente. Asse em banho-maria. Forno médio. Demora bastante para assar. Faça o teste do palito. Desenforme depois de frio.

MUSSE DE ATUM DAISY

18 folhas de gelatina branca; ½ xícara de água fria para desmanchar a gelatina; 3 xícaras (chá) de leite; 3 xícaras (chá) de caldo de galinha; 1½ colher (chá) de sal; 3 colheres (sopa) de vinagre; 4½ xícaras (chá) de atum em lata, escorrido; 2 xícaras de maionese; 3 xícaras de creme de leite batido

Desmanche a gelatina em banho-maria. Deixe esfriar. Junte o restante dos ingredientes e passe no processador de alimentos. Dá para duas fôrmas redondas médias com furo no meio. Coloque na geladeira. É muito gostosa.

PASTÉIS DE CATUPIRY REBECCA

Massa: 1 caixa pequena de catupiry; 3 colheres de manteiga; 500 g de farinha de trigo; 1 gema de ovo desmanchada em 1 colher de leite para pincelar; manteiga para untar a assadeira e farinha de trigo para polvilhá-la

Recheio: 1 caixa de catupiry; 1 copo de queijo parmesão ralado, cheiro-verde picado bem miúdo, uma raspa de noz-moscada

Para a massa do pastel, trabalhar o conteúdo de 1 caixa de catupiry com 3 colheres de manteiga, juntar a farinha de trigo até formar uma massa lisa que se desprenda das mãos. Deixar descansar por alguns minutos. Abrir com rolo. Cortar os pastéis com cortador redondo, recheá-los com os ingredientes do recheio, bem misturados. Pincelar com a gema e o leite, depois levar ao forno regular em assadeira untada com manteiga e polvilhada com farinha de trigo. Devem ser comidos imediatamente.

Café da manhã

    Tem gente que gosta de levantar de manhã e inaugurar um novo dia. Todo dia. Descer a escada em caracol, pegar as chaves junto ao telefone, abrir duas portas, a da cozinha e a da sala. Não, a chave da cozinha não é essa. Essa é a da sala. Meia-volta, volver. A cozinha um pouco escura, alguns copos em cima da pia, um leve cheiro de ontem. Pelo basculante entra um ar frio de manhã emburrada. Quem inventou estes armários por baixo de tudo, onde é preciso confraternizar com as baratas para achar a panela e a leiteira?
    As tampas descambam, barulhentas, e se misturam a dez outras do mesmo tamanho. A água da torneira começa a sair amarelada. É melhor usar a do filtro, que cai devagar, enquanto se espera descansando num pé só, com um humor de cão. E os fósforos, nunca no mesmo lugar. Somem com tudo nesta casa! Alguém devolveu para a caixa os fósforos usados e a cozinha inteira cheira a gás, enquanto se procura um que preste. Uma corrida até lá fora com a camisola de flanela cor de gema de ovo. Aqui, na garagem, não caíram os jornais.
    É espreitar pelo portão, com *O homem nu*, de Fernando Sabino, na cabeça, e ensaiar uma corrida. Choveu durante a noite e o jornal está no saco de plástico, amarrado com um nó. Além de não amarra-

Ainda leem jornais?

rem direito, ainda jogam na rampa. A água escorre e enche o plástico. Corrida de volta, na ponta dos pés, para não molhar as meias grossas de lã, já úmidas. Secar o jornal no forno? Não, é melhor no ferro.

Enquanto isso, o leite, esse traidor, derramou-se todo sobre o fogão e formou, num segundo, uma película fina em leves tons de bege queimado. Azar. Esse tanto que ficou no fundo tem de dar. E o coador? Aqui. Todo torcido e com cheiro de molhado. Vai o de papel mesmo.

Café de coador de papel nunca é igual ao de coador de pano. E daí? As laranjas estão na geladeira e as metades rolam para o chão, partidas pela faca amoladíssima. Caiu uma formiga no açúcar e a boca do açucareiro é pequena para pescá-la com a mão. Deixa pra lá que formiga faz bem para a vista. Quem terá inventado uma bobice dessas?

Se um dia um repórter me perguntasse qual foi o melhor café da minha vida, responderia sem piscar, com absoluta certeza, que foi qualquer café feito por outro alguém, que não eu. Café de hotel, por exemplo, tem coisa melhor? Até o de Quiririm da Serra, em Taubaté, com mamão caipira, café com leite e broa de milho. No México, a surpresa foi o pão, que é dos melhores do mundo. E as ciruelas são doces e as mangas, enormes. Guardei os caroços para plantar no sítio e a arrumadeira, de olho na gorjeta, para mostrar serviço, descobriu todos no último dia e jogou fora, a malandra. Não me esqueço das panquecas com bacon e mel em Anna, cidadezinha de Illinois, nos Estados Unidos, acompanhadas por meia preciosa banana, cortada no sentido do comprimento. E ovo quente anão, bem pequeno mesmo, com torradas finas como um dedo, lambuzadas de manteiga. No meio da mesa uma tigela grande cheia de cerejas, croissants ao forno e geleia de laranja-amarga.

Mas aqui e agora, o pão de fôrma mofou e o pãozinho francês está fresquíssimo, até gelado, no freezer.

Queria mesmo era tomar café com Pedro Nava. Com "queijo de minas para picar e deixar amolecendo dentro do café fervente. Pão alemão fofo e macio, cheiroso ao partir, como um trigal. Pão de Provença em forma de bundinhas, e que se dividia arreganhando as duas nádegas. E o cuscuz de fubá doce feito em metades de latas de queijo do reino furadas a prego e onde a mistura cozia em cima do vapor de uma panela. Já do jardim se sentiam os cheiros do café, do pão, do fubá, do açúcar mulatinho". Pois não era isso o que todo mundo queria?

GRANOLA COM MORANGOS E LEITE

1 xícara de aveia em flocos; ⅓ de xícara de nozes picadas;
⅓ de xícara de amêndoas com pele; 2 colheres de sementes
de girassol; 2 colheres de sementes de gergelim; 1 colher
de germe de trigo cru; 1 pitada de canela em pó;
1 colher de óleo de milho; 1 colher de mel; 2 xícaras
de morangos picados; 2 xícaras de leite desnatado

Aqueça o forno. Misture, numa tigela, todos os ingredientes da granola. Espalhe em camada fina sobre uma fôrma rasa e asse por cerca de 25 minutos, mexendo sempre para que os ingredientes dourem por igual. Preste atenção. Quando a granola estiver dourada e crocante, tire do fogo e deixe esfriar. Dá 2 xícaras de granola.

FRENCH TOAST

Tente usar o pão feito em casa, ou pão francês
amanhecido, ou pão de fôrma.

1 ovo; ¼ de xícara de leite; ½ colher (chá) de açúcar;
1 pitada de sal; noz-moscada ralada na hora; 2 boas fatias
de pão branco; 1 colher de manteiga

Misture o ovo, o leite, o açúcar, o sal e a noz-moscada. Mergulhe os pedaços de pão no leite, por cerca de 5 minutos, virando uma vez. Derreta a manteiga devagar, numa frigideira de bom tamanho que acomode as fatias de pão. Retire-as do leite, sacudindo o excesso, e coloque-as na manteiga. Doure sobre fogo baixo por 5 minutos.

PANQUECAS DE VERMONT

4 xícaras de farinha de trigo; 4 ovos; 3 colheres (chá) de fermento em pó; 1 xícara de açúcar; 4½ xícaras de leite; 2 colheres de óleo vegetal; ½ colher (chá) de sal; manteiga; mel ou *maple syrup*

Misture todos os ingredientes, com exceção da manteiga e do mel. Cuide para que a chapa ou frigideira esteja bem quente e unte-a de leve com manteiga, retirando o excesso com papel-toalha. Depois, trabalhe depressa para que a manteiga não queime. Despeje a mistura na frigideira para fazer um círculo de 10 cm de diâmetro. Cozinhe por cerca de 45 segundos de um lado e faça o mesmo do outro. Sirva com manteiga e mel.

BACON AND EGGS

Frite as tiras de bacon em óleo quente e não fervente, sem se descuidar. Devem ficar crocantes, mas não a ponto de se fragmentarem. Quando o bacon estiver quase pronto, encoste-o para um lado, dentro da frigideira, e quebre os ovos sobre a gordura derretida. Regue-os com a gordura, para que cozinhem por cima e por baixo ao mesmo tempo. A gema dos ovos fritos deve ficar com uma leve película por cima. Escorra e sirva.

PANQUECAS AMERICANAS

Griddlecakes.
Estas panquequinhas são feitas na chapa, ou em
frigideira, e são redondas. Usa-se uma medida de
¼ de xícara para que fiquem todas iguais.

Ponha numa tigela ½ xícara de leite, 2 colheres de manteiga derretida e 1 ovo. Bata levemente. Passe por peneira 1 xícara de farinha de trigo, 2 colheres (chá) de fermento em pó, 2 colheres de açúcar, ½ colher (chá) de sal. Junte o leite à mistura de uma só vez e mexa apenas o suficiente para umedecer a farinha. Junte mais leite, se for necessário, para deixar a massa com a consistência de creme de leite grosso.

Pincele uma frigideira — de ferro, de preferência — com manteiga, muito pouca, e vá colocando a massa das panquecas, sempre na quantidade de ¼ de xícara. Deixe até ficarem cheias de bolhas e a parte inferior bem dourada. Vire com espátula e doure do outro lado. Sirva imediatamente.

Acompanhamentos ideais são: manteiga, mel, melado, bacon, purê de maçãs, salsichinhas cozidas etc.

Ai, que implicância!

A sala de jantar com sua mesa no meio, como nós a conhecemos, deu o ar da graça em 1601 e só virou uma constante durante o século XVIII, quando se tornou obrigatória na casa burguesa.

E através dos anos foram se aperfeiçoando os rituais e também os preconceitos. O interessante é que ninguém se arrepia com a mesa pobre. Muito pelo contrário. Há uma nostalgia da pobreza, do fogão de lenha, da cozinha preta de picumã, da janela pequena com a bilha de água, do bolo de fubá posto diretamente sobre a mesa. Confrontados com os costumes da classe média, nós, os grandes nobres, costumamos implicar. Cada um tem sua ojeriza particular, aguda, crônica, especialíssima.

Chegar em casa e encontrar a mesa posta desde as três da tarde, pratos e copos emborcados artisticamente, a salada sufocada por um filme de plástico ou guardanapo de papel... Dá uma ideia de pobreza mixa que mata, uma depressão que Prozac nenhum levanta.

Ou meia mesa posta. De um lado, o computador, as fichas, e na outra extremidade pratos, copos e galheteiro, ocupando nada mais que o lugar justo. Tem quem não aguente.

Feio mesmo, e quase uma unanimidade, são as comidas dentro

Qual o antidepressivo do momento?

TV, celular [annotation pointing to first paragraphs]

da embalagem. A maionese no pote, a margarina na caixa, o refrigerante na garrafa tamanho-família de plástico, o pão em papel-celofane, o presunto e o queijo no papel cinza da padaria. Tudo isso servido em prato colorex, copo de requeijão, sobre toalha de plástico pegajoso imitando renda. Haja!

E lanche de domingo com radinho ligado em futebol, fora de sintonia?

Ninguém quer uma mesa de *A época da inocência*, mas talheres e vasilhas de inox podem estragar o jantar. E se forem substituídos por cerâmica é cuidar para que não esteja toda desbeiçada, quando o estrago seria maior.

O dia pode parecer mais negro se o café da manhã for servido em garrafa térmica japonesa, grande, com estampa do Mickey.

E travessa rasa, cheia de bife, você gosta?

Serão mesmo implicâncias? E se no fundo da *Santa ceia* aparecesse um liquidificador vestido de baiana, e no centro da mesa um arranjo de flores artificiais de plástico, com uma leve camada de poeira? Aposto que a história do mundo teria tomado outros rumos.

Implicância nova: celular ao lado do prato.

Cozinhas

"Quais foram as cozinhas de sua vida?" Meu Deus, tantas! A primeira foi a da infância urbana, com chão de ladrilhos hidráulicos miúdos, beges e vermelhos. Pousada neles, uma estonteante geladeira de gelo. Todas as geladeiras são de gelo, mas essa não fazia o gelo, ela o recebia, entregue por um caminhãozinho ao mesmo estilo dela. Baixa, gordota, azul por fora, com duas portas. Na de cima, sobre uma folha de flandres ondulada ficavam as pedras retangulares de gelo e um cheiro de lata gelada que perfurava o cérebro. Quando não se atendia rapidamente a campainha ou a buzina, o entregador deixava as pedras sobre uma mureta e não havia nada mais bonito que aquele gelo refletindo o sol e começando a derreter, escorregadio, completamente fora de seu lugar, naco polar no asfalto quente.

A geladeira tão primitiva foi logo substituída por uma Frigidaire americana, enorme, que os vizinhos vieram visitar entre curiosos, desconfiados e comovidos.

Nos anos 1950 as cozinhas se transformaram em granilite, fórmica, mesas de concreto grudadas no chão e bancos grudados na parede, a coisa mais incômoda. Quem entrasse em primeiro lugar deslocava a família inteira para sair e os armários eram de cor marfim, Aço Fiel.

"E a cozinha de seus sonhos?", insistem. Variava conforme a fase da vida. Várias síndromes se manifestaram, virulentas.

"Cozinha dos três porquinhos": tijolo aparente, panelas de cobre, utensílios expostos, muita madeira, aconchegante, lugar de trabalho caseiro, amoroso, caprichoso, toalhinha bordada, sopa de nabos, segurança total contra o lobo.

"Cozinha *Jeannie é um gênio*": o oposto da dos três porquinhos, tudo limpo e arrumado num piscar de olhos feiticeiros, superfícies lisas, laváveis. Trituradores, bancada de granito iluminada, com todos os aparelhos já ligados nas suas tomadas, prontos a servir como soldados em fila, um exaustor do tamanho da cozinha, pias sem cantos nem emendas que acumulem sujeira. Um computador, um vídeo, uma cadeira de balanço como única concessão ao passado e aos três porquinhos, e a possibilidade de uma mangueira de água quente sobre tudo e todos, encerrando o jantar.

Mas todas essas nuances trazem na base uma cozinha só e uma memória só. A cozinha forte, sóbria, da casa de fazenda do Ribeirão do Ouro. Nua, ascética, um fogão de lenha, picumã pelo teto, um armário de madeira que devia pesar uma tonelada, sempre fechado, cheirando a polvilho, biscoito e bolo. A comida era feita num puxado, junto do forno de cúpula moura, as galinhas ciscando, como sempre muito loucas, o palmito colhido na hora, batidinho, refogado às pressas e misturado ao caldo do frango ensopado, debaixo do céu azul de Minas Gerais. Mas, pasmem. Dentro da cozinha — e, quando digo "dentro", é dentro mesmo — passava um córrego de romance brasileiro, alegríssimo, claro, forrado de pedras roladas. E as empregadas suspendiam as saias, prendiam no meio das coxas, entravam na água gelada e, cantando, iam raspando os pratos e jogando os restos na correnteza. E o córrego levava tudo e se enchia de patos amarelos que chegavam esfomeados, bicando daqui e dali, mergulhando, numa pura alegria de pato. Era demais o córrego, cheio de conversas, piabas, cantos em que a água se enroscava, um frescor no meio do sol quente, o mistério próprio das águas doces muito limpas. É essa cozinha de riacho no meio, só ela, de verdade, que eu sempre quis ter e ainda quero.

BISCOITOS MARCELLA

200 g de margarina; 1½ xícara de açúcar; 1 colher (chá) de sal; 2 ovos; 1 xícara de queijo parmesão ralado (também fica bom com queijo prato ralado grosseiramente); 500 g de polvilho doce

Bata em creme a margarina, o açúcar e o sal. Sempre batendo junte os ovos e o queijo. Vá acrescentando o polvilho aos poucos. Amasse bem até obter uma massa homogênea. Enrole a massa em cordões e corte em pedaços de cerca de 2 dedos. Achate um pouco com o garfo. Coloque em tabuleiro untado e polvilhado com farinha. Asse em forno moderado (190ºC).

BISCOITINHOS DE NOZES DAISY

2 tabletes de margarina; 2 xícaras de farinha de trigo; ½ xícara de açúcar; 2 colheres (chá) de baunilha; 1½ xícara de nozes moídas (cerca de 250 g)

Amassar tudo junto, fazer bolinhas, achatar um pouco e assar até ficarem douradas.

BOLACHA CAIPIRA DE ANA MARIA

1 xícara de açúcar; 150 g de margarina; 2 ovos inteiros; 1 pitada de sal; ½ xícara de leite; raspa de limão; farinha de trigo o quanto baste para enrolar

Misturar bem todos os ingredientes com as mãos e colocar farinha o bastante para formar uma massa elástica, mas que solte dos dedos. Fazer bolinhas e colocar em fôrma untada e polvilhada com farinha de trigo. Forno médio. Tirar ainda claras.

BISCOITOS MEIA-LUA

2 xícaras de farinha de trigo; 1 xícara de nozes ou amêndoas moídas; 1 xícara de manteiga; 2 xícaras de açúcar

Misturar tudo, fazer luas crescentes e levar ao forno médio. Tirar os biscoitos ainda claros.

SEQUILHOS DE POLVILHO DE RIBEIRÃO DO OURO

250 g de polvilho doce; 100 g de coco ralado; 100 g de queijo ralado; 100 g de manteiga; 150 g de açúcar; 2 ovos; raspas de limão ou cidra

Misturar tudo, menos os ovos. Juntar os ovos e trabalhar até ficarem na consistência de enrolar como nhoques. Cortar, também como nhoques, e apertar com o garfo. Forno médio, retirar ainda claros.

BOLACHAS DA VOVÓ PÉROLA

Dona Pérola Byington fazia estes biscoitos para os netos.
Quase desisti de incluí-los por serem duros; mas, molhados no
leite gelado, como faziam os netos, viciam.
Ficam mesmo bastante duros, mas são gostosos, principalmente
por causa do gosto acentuado da noz-moscada.

3 xícaras de açúcar; 2 ovos; ¾ de xícara de manteiga;
¾ de xícara de leite; 5 colheres (chá) de fermento em pó;
5 xícaras de farinha de trigo; 1 noz-moscada ralada

Misturar todos os ingredientes secos. Juntar a manteiga, misturar com os dedos. Misturar os ovos ao leite, juntar ao restante e trabalhar até obter uma massa lisa. Abrir a massa na espessura de 3 a 4 milímetros, e cortar com cortador redondo ou boca de cálice. As bolachas crescem ligeiramente no forno. Deixar corar levemente. Guardar em lata bem fechada.

A Encantada

Tenho uma aula de conversação com uma inglesa fascinante, a C. C. é bonita, inteligente, cheia de filhos e de netos, é tradutora, trabalha feito louca. E ainda tem tempo de ir à Índia enrolada num pano vermelho, à Mata Atlântica a pé e a Londres, de um dia para o outro, para tentar comprar um barco atracado no Tâmisa.

É claro que, por deformação profissional, falo muito em comida, e ela deve me achar um expoente no assunto. No outro dia engrenamos uma conversa com o tema "Casa", para treinar a linguagem de aluguéis, juros, hipotecas, instalações elétricas, reformas, tábuas de piso e telhas.

De repente, ela arrumou coragem para me perguntar, tímida, se eu achava fácil o processo de alimentar uma família.

"Você não se cansa, não se preocupa?"

A aula já chegava ao fim e eu em pé, de bolsa, sentei de novo.

"Cansada, eu? Não, nem um pouco. Morta! Há anos que morro um pouco a cada dia com a comida lá de casa."

Vi que os olhos azuis de C. se iluminaram, quase sem acreditar que eu dizia a verdade. "Jura?"

Juro, verdade pura. Acho um absurdo esse processo infindável.

Não se fala mais assim, agora é funcionária, secretária, assistente.

Café da manhã, pão fresco, manteiga, laranjada, leite. Pôr e tirar a mesa. Começar a preparar o almoço. Um come só frango, outro só carne, outro nem carne nem frango, outro faz regime. As panelas sujas, as vasilhas, os pratos. E a sobremesa, e o cafezinho. O cafezinho é um verdadeiro martírio.

Um lanche às quatro, se tiver empregada boa tem de ter um bolo e umas quitandas e já lá vem o jantar... Carne assada, purê, brócolis...

Aí, C. e eu já estávamos entendidas. Isso não é serviço para ninguém. Não tem a mínima lógica. Não é justo deixar uma empregada presa a vida inteira, fritando bolinhos, como tia Nastácia para o Minotauro. Não é justo deixar uma mulher que pode crescer em sabedoria, lazer e prazer, nessa tarefa de Sísifo. Credo. Tem aquelas que adoram servir maridos e filhos, família, mas quase sempre o resultado é passar as tensões para os que comem, como em *Como água para chocolate*.

Mas o que é que mata nessa história de comida do dia a dia? É o lugar-comum, o óbvio ululante, é o próprio dia a dia, não se pode pular um só. E a previsibilidade? Chegar em casa para o arroz, o feijão, salada de alface e tomate, bife... Aí você se rebela, isso não é possível, e contrata uma cozinheira de forno e fogão. Chega em casa, e é salada russa, estrogonofe, frango com catupiry, lasanha comprada pronta com carne moída e molho de tomate de lata, pudim de maisena com ameixa-preta... Não é morrer um pouco a cada dia?

É a mesmice, a mediocridade. Mudam todos os costumes, mata-se por dá cá aquela palha, a ética balança e cai, a moral muda de cara, e o feijão com arroz, ali, firme. Deveria haver uma pena capital por se tratar a comida que Deus nos deu sempre do mesmo jeito, sem graça, sem elã, sempre ruim, sem um lampejo de glória. Por que não se fazer uma revolução? Ter ideias novas?

C. conseguiu uma brecha para dar sua opinião.

"Sabe, eu fico imaginando uma casa do terceiro milênio. Como serão resolvidas as coisas? Sempre faço uma pesquisa prévia e séria quando quero resolver um assunto importante. E me pus a pensar. Quem foi a pessoa mais habilidosa, mais inventiva do Brasil? Logo cheguei à conclusão de que foi Santos Dumont. Ele voou, simplesmente voou! Pois fui à casa dele em Petrópolis. Tudo tão bem bolado, nos mínimos detalhes. Chama-se 'A Encantada', e era isso mesmo que eu queria. Uma casa encantada, com uma cozinha encantada. Engraçado que a casa não tem paredes internas, é como estar dentro de um avião. Três andares. No primeiro, um quarto e uma varanda; no segundo, uma sala de visitas e de jantar, e no terceiro, um banheiro e um quarto de dormir. E a cozinha..."

Quase perdi a respiração querendo adivinhar.

"Nina, a cozinha... não tinha. Santos Dumont não tinha cozinha. *How about restaurants*, essa coisa maravilhosa", suspirou C.

Meu Deus, Santos Dumont não tinha cozinha, que tal restaurantes, alegria, bom humor, paz, huum, Santos Dumont desinventou a cozinha, será?

MESTRAS

Martha Kardos

→ Aquela que era mulher de verdade.

Martha Kardos morreu.

Há uns quinze anos, fui atrás dela, por causa de uma saladinha de beterraba com pepino em que eu havia sentido um toque de gênio. Na época, ela deveria ter lá seus 73 anos.

Os cursos começavam a tal hora de tal dia e, se você não pudesse assistir à primeira aula, nada feito, tinha de esperar um ano.

"Dona Martha, estou há meses na fila, não dá para esquecer que faltei uma vezinha só?"

Martha tinha um sotaque forte e carregava nos erres, como austríaca que era, o que ajudava a estruturar a aparência de severidade.

"Não e não. Na primeira aula ensino os cortes de alcatra e molho branco. In-dis-pen-sá-vel."

E quando se assistia àquela aula de bechamel, via-se a luz. Todo um ritual, uma dramatização à la Martha, que fazia o corriqueiro tornar-se importante. "Um pouco de sal. Provar. Limão, talvez? Noz-moscada, com certeza. Pimenta-do-reino moída na hora. Ah! Empelotou... Eu não disse?" E partia para consertar o malfeito, coisa em que também era mestra.

Orgulhava-se, com razão, de não ensinar a fazer pratos, mas a cozinhar. Começava pelas compras. Os ingredientes tinham de ser perfeitos, e a aluna, econômica. Se a receita pedia uma xícara de farinha de trigo e a esbanjada aparecesse, por comodidade, com um pacote de meio quilo fechado, era reduzida a pó de mico.

Um prato levava sete fígados de pato. A noviça desavisada chegou com sete patos e seus sete fígados. Foi a desonra, a humilhação suprema e, o pior de tudo, sem palavras. Só em clima.

O brasileiro é um perdulário. Dona Martha estendia esse preconceito até às frutas tropicais. "Elas têm caroço demais, sobra pouca polpa. Reparem no abacate e na manga, que desperdício!"

Tudo isso não resultava em mesa pobre, mas extremamente elegante, como se via no cafezinho perfeito que oferecia a cada aula, na cozinha repleta de utensílios adequados a serem usados na hora certa e recolocados imediatamente no mesmo lugar. Louça bonita, bandeja com design de Loos, linho engomado, torradas fragrantes de manteiga e canela...

Ia-se aprendendo, e bem. Não era uma cozinheira que dava aulas, mas uma mulher integrada no seu tempo, afinada com o resto do mundo, humor alemão, cheia de opiniões. Assinava a *New Yorker* em parceria com uma amiga e fazia um rodízio da revista, cujos tópicos discutia entre um pão crescido na água e um suflê de espinafre.

Se as alunas e alunos quarentões morriam de medo dela e revertiam ao jardim de infância, o que não dizer das empregadas que passavam pela casa? Queria treiná-las à Viena *fin-de-siècle*, instrumentadoras eficientes, cheias de escrutínio e bom senso. Fracasso total. Passavam aos bandos, atônitas, e fugiam de fininho, apavoradas com a disciplina e com o menu diário de sardinhas cruas no vinagre, língua em salitre, compotas de ameixa fresca, frango à Chambertin e *Gleichgewichtskuchen*, sem mencionar a torta de papoulas.

Ao envelhecer — em idade, jamais em garra e sabedoria —, foi ficando mais tolerante com tudo e com todos, mas nunca, nunca poupou alguém de uma crítica. "Você pode traduzir, ler e escrever quantos livros de cozinha quiser, mas isso não faz de você uma cozinheira." "Muito obrigada pelas ameixas lindíssimas, mas, se me permite, estavam azedas como limão."

Depois dos oitenta anos, aprendeu a compartilhar. Soltou receitas trancadas em alemão gótico, enxergou qualidades e amou rijas domésticas alimentadas a feijão com arroz, como Terresa e Laurra. Abençoou alunas que partiram para seus negócios próprios com as receitas dela na bagagem. Foi sempre a mais fiel das amigas, abrindo-se em delicadezas de alma, em amostras de coragem e alegria de viver. "Envelhecer bem é, principalmente, conhecer seus limites", dizia ela.

Ah, Martha, Martha! Depois de tantos sustos que nos pregou e dos quais renasceu como fênix, tínhamos uma quase certeza de que sobreviveria a todos nós, moços e velhos, e que talvez não morresse nunca. E desconfio que é o que vai acontecer. Seus alunos, donas de casa, *caterers*, doceiros, pizzaiolos, críticos de gastronomia, restaurateurs, professores, vamos passar o resto da vida com você nos nossos calcanhares. Pele de pêssego, lenço Hermès no pescoço, cabeça curvada para o lado, colherinha de chá na mão, huum, huum, provando, reprovando e aprovando. Vida afora, a cada dia, vamos continuar lutando por sua nota dez.

Cada aluno tinha suas receitas preferidas, que ficavam e passavam a fazer parte de seu repertório caseiro. As minhas são estas.

TORTA DE CHOCOLATE *TANTE* WILMA

160 g de chocolate em barra ralado (pode ser amargo ou meio amargo); 160 g de açúcar; 6 claras; 1 colher (café) de cremor de tártaro; 160 g de amêndoas picadas; manteiga para untar e farinha de trigo para polvilhar

Bater as claras em neve com o cremor de tártaro. Juntar o açúcar, em gestos largos e delicados. Acrescentar as amêndoas e o chocolate do mesmo modo. Despejar em fôrma de anel redonda, baixa, fundo removível, de cerca de 20 cm de diâmetro, untada com manteiga e farinha de trigo. Levar ao forno previamente aquecido. Deixar por cerca de 20 minutos em forno médio. Apagar o fogo e deixar de 5 a 10 minutos mais.

A torta não é bonita, abaixa um pouco, fica mais alta de um lado que do outro, mas sai sempre gostosa. Dá trabalho ralar o chocolate e picar as amêndoas, mas não é aconselhável bater no processador, pois fica uma massa como marzipã, e a textura grosseira é mais interessante. Servir com chantilly ou ao natural.

COMPOTA DE DAMASCO

300 g de damasco; caldo de 1 laranja; caldo de 1 limão; 150 g de uvas-passas; 50 g de nozes descascadas em metades; 150 g a 200 g de açúcar; 1 laranja-baía com casca

Deixar o damasco de molho em 1 litro de água, por cerca de 2 horas. O melhor damasco para compota é o azedo. Colocá-lo em panela grossa com o suco da laranja, do limão, as passas e as nozes. Cortar a laranja-baía em quartos, sem descascar, e fatiá-los finamente. Juntar de 150 g a 200 g de açúcar aos ingredientes da panela. Deixar em fogo médio até ferver, sem tampa. Fica um pouco rala, mas com a quantidade justa de açúcar. Pode ser escorrida, se quiser. É um ótimo acompanhamento para sorvetes.

COMPOTA QUENTE DE FRUTAS

200 g de damascos secos; 1 caixa de pêssegos; 1 lata ou vidro de cerejas em calda de boa qualidade; suco de 2 laranjas; suco de 1 limão; açúcar mascavo a gosto; 2 laranjas

Deixar os damascos de molho por 1 hora. Passar os pêssegos maduros por água fervente, descascá-los, tirar o caroço e cortá-los ao meio. Forrar o fundo de uma vasilha rasa, refratária, com os pêssegos, as cerejas e os damascos. Espalhar um pouco da calda das cerejas por cima e levar ao forno por 1 hora, cuidando para não ressecar. Se for preciso, juntar mais calda. Tirar do forno e despejar por cima o suco das laranjas e do limão. Polvilhar com açúcar mascavo e enfeitar com meias rodelas de laranja muito finas. Deixar mais 10 minutos no forno e servir quente.

SALZBURGER NOCKERL

É como uma omelete doce, crescida, ótima sobremesa, rápida e fina.
(*Usar no máximo 4 ovos. É sempre 1 clara a mais do que as gemas.*)

Derreter 1 colher de manteiga em frigideira ou vasilha que possa ir ao fogo e ao forno. Deixar de lado.

Bater 4 claras. Juntar 3 gemas batidas. Para cada ovo, juntar 1 colher de açúcar e 1 colher (café) de farinha de trigo, peneiradas.

Esquentar a manteiga da frigideira. Despejar a massa de uma só

vez na frigideira. Deixar sobre o fogo, pouco tempo, até estourar uma bolhinha no meio. Colocar em forno quente por uns 5 minutos, para dourar. Se quiser, dobrar como omelete e polvilhar açúcar por cima. Aquecer 2 colheres (chá) de rum, espalhar sobre a omelete e flambar. Servir imediatamente.

É claro que Martha pegou uns restos de Viena *fin-de-siècle*, com suas valsas, operetas e cafés de calçada. De um lado, uma burguesia que pregava austeridade, "Deus ajuda a quem cedo madruga", "Trabalho é progresso". E toma salsichão, sopa, carne cozida com raiz-forte, galinha frita, rabanetes e pepinos. Do outro lado, a comida elaborada e sensual, fricassês e ragus, purês de alcachofra e doces bons demais, discos de marzipã cobertos de *nougat*, tortas de nozes com geleias de damasco, sonhos recheados com grandes colheradas de chantilly muito fresco.

E dessa mistura de vozes nasceu o cenário kitsch e aconchegante por excelência, a *gemütlichkeit*. A cozinha de cortinas bordadas e paninhos floridos, panelas de ferro e cobre nas paredes, cadeira de balanço com manta para os pés, um cheiro adocicado de maçãs e repolho, um gato dorminhoco. O pano de fundo perfeito para a *Mehlspeiseköchin*, uma cozinheira de doces, especializada em doces quentes... É possível? Uma babá de comidas de alma, mãe postiça a acudir nas horas de tédio, de chuva lá fora, da volta esfomeada do colégio...

E qual o melhor doce quente, senão o *knödel* austríaco? Martha muitas vezes esquentava a hora do café com um belo *knödel* doce, como o *germknödel*, coisa boa de matar. Um seio de mãe a transbordar carinhos. Um *knödel* doce cura depressão, tristeza miúda e estanca a lágrima furtiva. A primeira reação que se tem ao vê-lo no prato é a de que não se vai dar conta do recado, e a segunda é de remorso horrível por ter comido três.

Afinal, o que é um *knödel*? Não passa de uma trouxinha de massa, um nhoque do tamanho de uma bola de golfe ou pingue-pongue, que se joga no leite fervente. Ficam prontos depois de seis a doze minutos, são escorridos e postos em prato individual. E só abri-los um pouco, ainda soltando vapor, e polvilhá-los com montes de açúcar, canela e manteiga derretida. Os recheios variam, podem ser de qualquer geleia ou misturinha doce. O mais gostoso é o de uma ameixa vermelha fresca, inteira, mas que não dá muito certo, porque no Brasil a ameixa, além de ser diferente, aparece na época do calor, quando não é tão bom comer um doce quente. Pode-se então fazer com ameixa-preta seca, ou com semente de papoula amassada com mel e leite, ou amêndoas moídas, nozes e passas.

Muitas vezes o *knödel* é bem simples, recheado de nada, e passado na farinha de rosca feita em casa e em manteiga derretida. É muito bom. Pesado para sobremesa. Corresponderia ao nosso biscoito frito, feito numa hora de lazer para se tomar com café. Nem todos são doces. Há também os salgados.

GERMKNÖDEL
Doce.

1 tablete de margarina; 3 gemas; 1 pitada de sal; 50 g a 100 g de açúcar; ½ kg de farinha de trigo e mais o bastante para polvilhar; 1½ tablete de fermento fresco (cada tablete tem 15 g) dissolvido em ¼ de litro de leite morno; leite, água com 1 pitada de sal (o bastante para encher ¾ de uma panela grande)

Misture todos os ingredientes e vá juntando o leite aos poucos, numa tigela. Bata muito bem com colher de pau reta, em direção do seu próprio corpo, até começar a soltar bolhas e não grudar mais na colher.

Polvilhe com farinha de trigo. Deixe crescer bem tampado, com uma toalha por cima, por cerca de 1 hora.

Polvilhe uma toalha com farinha de trigo. Vá pegando colheradas de massa e colocando sobre a toalha enfarinhada. Vire o knödel *com a mão para enfarinhá-lo todo. Passe a colher na farinha e achate o* knödel *com ela. Recheie no meio. Feche como uma trouxa, apertando as pontas com os dedos.*

Ponha a água e o leite na panela. (Isso vai depender do que você tiver em casa. Pode ser água e leite, só água, só leite.) Vá colocando os knödel *na panela, quantos caibam confortavelmente, e deixe por 3 minutos; vire e deixe por outros 3 minutos. Para ver se estão bons, retire um, abra com garfo e faca.*

Ponha em pratos individuais, abra-os um pouco com o garfo, e despeje por cima manteiga derretida, açúcar e canela em pó.

Muitos knödel são cozidos embrulhados em panos, guardanapos. É uma técnica de cozimento que nunca usamos no Brasil e que parece complicada, mas é facílima.

Uma amiga de Martha, de oitenta e tantos anos, contava que ao se casar foi morar em Viena, inocente de suas tradições e elegâncias. De manhãzinha, mal abrira os olhos da lua de mel, quando uma empregada esticada, governanta dura, a interpelou: "Onde estão os guardanapos de knödel?".

A recém-casada, assustada, sem saber que diabo era aquilo, correu para a vizinha mais próxima à procura de um ouvido compreensivo e de uma explicação, mas só escutou: "Como? Você não trouxe no enxoval os guardanapos de knödel? Não acredito".

Uma vez perdi o guardanapo de knödel de Martha, daqueles antigos, enormes, de pano adamascado, com monograma da mãe, já fino e esgarçado. Levei para casa embrulhando um lombo de porco, alguém achou que era um pano sujo e jogou fora. Eu não tinha cara de me apresentar a Martha sem aquilo. Pesquisei, lavei linhos, fervi, fiz bainha, comprei fraldas. Martha recusou, polida, qualquer *ersatz*. Queria era o pano da mãe dela, já gasto por centenas de *knödel* de todos os tipos, de três gerações.

Martha guardava suas receitas em fichário fechado, algumas em alemão, outras em inglês. Os *knödel* eram austríacos, em letra miúda e gótica.

O mais fácil de se fazer era o *palffyknödel*. "Palffy" é o nome de uma família de aristocratas húngaros que incrementou um pouco mais o rústico nhocão e o tornou digno de mesas mais finas. Um dia, lendo um livro sobre Debret, descobri que em 1817 o conde Palffy em pessoa, pertencente à embaixada extraordinária da Áustria, esteve de visita a São Paulo… Provou de nossos carás e mandiocas e mal sabia que deixaria como lembrança, perpetuado por Martha, seu branco angu cozido n'água.

PALFFYKNÖDEL

Salgado.

6 claras; 1 pitada de cremor de tártaro; 6 gemas; 120 g de manteiga; 12 colheres de queijo parmesão ralado; 12 fatias de pão branco, cortado em cubinhos; mais queijo e manteiga para colocar por cima, depois de pronto (opcional)

(Para calcular a quantidade, use 1 fatia de pão para cada convidado e adapte o restante dos ingredientes.)

Bata as claras em neve. Ponha 1 pitada de cremor de tártaro e separe.

Bata as gemas com a manteiga, na batedeira. Misture as claras, as gemas com a manteiga, o queijo e o pão. A massa está pronta. Agora, atenção, porque essa massa vai ser cozida dentro de um pano, de uma fralda fina, de preferência. Ou um pano fino sem costura, para não marcar o knödel.

Abra a fralda sobre a mesa. Ponha a massa sobre a extremidade mais larga do pano, como um rocambole. Embrulhe a massa, sem apertar demais, porque vai crescer. Em cada extremidade, dê um nó com um barbante, muito bem dado, para vedar e não deixar que a água entre.

Leve ao fogo uma panela comprida como a de peixe, com água. Quando a água ferver, coloque o knödel lá dentro, vestido e amarrado. Deixe no fogo uns 45 minutos, com a panela tampada. Se você não tem uma panela comprida, arranje-se entortando o knödel para que ele caiba em qualquer lugar, ou melhor ainda, vista-o como uma trouxa, amarrada na boca.

Passados os 45 minutos, é só tirar da água, desembrulhar, e colocar por cima pedacinhos de manteiga e parmesão, se quiser.

Fica ótimo acompanhando carnes com molho como o Bœuf à la mode. Quando sobrava esse knödel, Martha fritava os pedaços na manteiga e comia com ovos mexidos.

BŒUF À LA MODE

Pegue um pedaço de alcatra, coxão duro, maminha, um lombo de vitela, ou qualquer carne boa para assar. Ponha em vinha-d'alho com salsinha, cebolinha, páprica doce, manjericão, tomilho, pimenta-do-reino inteira, vinho tinto, sal, bastante cebola picada e cenouras. Guarde tudo dentro de um saco plástico e leve à geladeira, virando de vez em *quando, por 2 dias. Escorra. Coloque a carne em fogo forte numa panela grossa para dourar. Junte a vinha-d'alho. Cozinhe em fogo muito baixo. O melhor é cobrir a chama com uma chapa de asbesto. Deixe cozinhando de 3 a 4 horas. O caldo vai engrossar. Vá pingando água aos poucos. Pode-se cozinhar com um osso dentro, melhor um ossobuco. Dá força e sabor ao molho. Não exagere na água, o molho deve ficar grosso. Fica ótimo com* knödel *e com belos brócolis al dente.*

ZWETSCHKENKNÖDEL

Bolinho cozido de ameixa. Doce.

½ kg de batatas amassadas quentes; 1 colher de manteiga;
1 pitada de sal; 100 g de farinha de trigo; 1 ovo;
2 colheres de semolina; ameixas roxas, frescas; açúcar;
farinha de rosca passada na manteiga com açúcar; canela
para polvilhar; manteiga derretida

Amassar tudo, menos as ameixas, e enrolar como um salsichão. Cortar em tantos pedaços quantas forem as frutas. Achatar cada pedaço, colocar a ameixa no meio, com caroço, e enrolar bem, em formato de bola. Pôr na água fervente por 6 minutos, com 1 pitada de sal. Pôr as bolas cozidas sobre uma fôrma com farinha de rosca passada na manteiga com açúcar, como uma farofinha doce.

Para servir, abrir e polvilhar com mais açúcar, canela e manteiga derretida.

Meeta Ravindra

Um dia conheci a Meeta (pronuncia-se Miita), a cozinheira cantora, ou cantora cozinheira, tanto faz. Fizemos um grupinho e íamos a São Bernardo, onde ela mora, cozinhar. Aprendemos a fazer um *masala*, numa cozinha que cheirava a tamarindo, folhas de *neem*, amendoim torrado e cominho. Tomamos chá preto com leite e cardamomo e escutamos as histórias da Meeta, como a sua viagem, com o coração aos pulos, para se casar com um desconhecido que a traria para cá, o indiano Ravindra.

Ela nos pedia mangas verdes, mas tão verdes que nem caroço podiam ter, para fazer o chutney mais cheiroso, de um verde transparente e que inundava o paladar. Usávamos jacas, também verdes, como substituto de carne... Aprendemos o cotidiano de uma refeição indiana, da região dela, bem parecido com o nosso, por sinal. A mesa recoberta por tigelas pequenas, com arroz branco, lentilhas ou ervilhas, um bolinho frito, dois legumes, um pastel, uma salada fresca e a surpresa de um molhinho de coentro, feito na hora, apimentado.

Fazíamos *ghee*, manteiga com cheiro de noz e que passa do ponto num piscar de olhos. Descobrimos farinha de grão-de-bico e pasta de tamarindo. Comemos folhas de ouro e prata (*vark*) e principalmente queimamos os dedos fazendo chapatis no bico de gás. Entramos no mundo do chá de todo dia e vimos o pequeno Seemanp, sério, de óculos, mastigando cravo para a dor do dente de leite arrancado, e Shakti, a menina, bebericando chá de cúrcuma para a gripe, enquanto fazia a lição. Aprendemos a fazer o que se chama erradamente de curry, e é pó de curry ou caril ou *garam masala*. O *garam masala* é a condensação das vivências, dos cheiros, de uma casa indiana típica.

O *garam masala* é a combinação de especiarias para ensopar peixe, carne ou hortaliça. No Brasil, toda cozinheira que se preza começa o dia socando alho, picando cebola, escolhendo a salsa, cebolinha, uma folha de louro ou manjerona. Na Índia, moem as especiarias mais adequadas ao prato que vai ser feito. Quando na combinação entra um elemento picante, temos o *garam masala*. As regras para definir qual o *masala* para cada prato? Sem resposta. Só a experiência e o gosto vão determinar as misturas. Nenhum indiano compra seu *masala* pronto.

A maioria das especiarias do *garam masala* são velhas conhecidas nossas: erva-doce (*saunf*), cardamomo (*ilaiychi*), macis (*javitri*), noz-moscada (*jaiphal*), canela (*dalchini*), coentro (*dhania*), cravo (*laung*), cominho (*jeera*), pimenta-do-reino (*kala mirch*), pimenta ardida em pó (*lal mirch*), mostarda em grão (*rai*), cúrcuma (*haldi*), feno-grego (*methi*), gengibre em pó (*sonth*), semente de papoula (*khas-khas*), assa-fétida (*hing*), açafrão (*kesar*), gergelim (*til*).

O ideal é comprar os grãos ainda inteiros e moê-los depois, em pequenas quantidades, num moedor elétrico ou almofariz. Como usar as especiarias já é por si só um tratado. Passadas de leve na frigideira, ou muito tostadas, quase queimadas, cada uma com sua peculiaridade, que cabe ao nariz, boca e olho do cozinheiro descobrirem.

Agora compram, sim.

GARAM MASALA
Uma receita que adaptei a meu gosto.

½ colher de feno-grego; 1 colher de coentro em grão; 1 colher de cúrcuma em pó; 1 colher (chá) de semente de cominho; 1 colher (chá) de gengibre seco; 1 colher de pimenta-do-reino em grãos; 1 colher de pimenta ardida em pó; 1 colher (chá) de cardamomo; 1 colher (chá) de canela em pau; ½ colher (chá) de cravos inteiros; 1 pitada de noz-moscada; 1 pitada de sementes de mostarda; 1 pitada de sementes de papoula

Cada especiaria deve ser tostada separadamente e com carinho especial, o que muda a cor e o sabor. Tostar o coentro em fogo brando, em frigideira de ferro seca, sacudindo sempre e mexendo com uma colher de pau, até desprender um suave aroma de laranja e mudar de cor. Separar. Tostar o cominho até perder o cheiro de cru. Separar. Aquecer um pouco a pimenta-do-reino em grãos. Separar. Descascar os cardamomos. Juntar todos os ingredientes e passar pelo moedor. Guardar em recipiente fechado.

Meeta usava folhas de *neem* para perfumar os pratos e fazer o *garam masala* ou pó de curry. Tinha uma árvore raquítica, de um palmo de altura, e a economia era grande. O nome científico da árvore é *Chalcas* ou *Murraya koenigii*. Nunca ouvi falar dela no Brasil, mas na Índia é muito usada na comida. Parece uma folha de louro e tem gosto de limão, laranja, mexerica, pitanga. Mas, acabadas as aulas da Meeta, onde conseguir as folhas frescas e fragrantes?

No Alto da Lapa morava uma senhora chamada Pillay, Ms. Pillay, a nossa fornecedora de farinha de grão-de-bico. Uma indiana de rosto severo, coque grisalho, a cara de dona Canô, mãe do Caetano. Não nos deixava entrar na sala onde ficava o moedor. O remédio era esperar, olhando à volta, admirar suas lamparinas e espiar pela janela a vista do quintal. Até que um belo dia descobrimos uma árvore copada, lá embaixo, que só podia ser a tal, a cobiçada fonte de folhas de *neem*. Parecia tudo resolvido, mas daí em diante a história despencou na tristeza.

Ms. Pillay adoeceu gravemente e empacou naquela casa de três andares, por causa de sua árvore. Era um restinho da Índia, eram raízes que ela não podia deixar para trás. Os filhos, depois de muita luta, conseguiram que uma muda pegasse no vaso e só então Ms. Pillay foi morrer num apartamento, com a árvore ao pé da cama.

Os anos foram passando e sempre tive planos ambiciosos em relação à árvore. Um dia apareci na casa antiga de Ms. Pillay com uma pá. Fui atendida por uma velhinha que era exatamente o contrário da outra. Muito clara, olhos azuis, doce, que me recebeu como se fosse diariamente visitada por senhoras de pá às costas.

Qual ladrão de mudas que era, entrei, cavuquei, puxei com toda a força as mudas que se formavam em torno da árvore. Invoquei aos céus o nome de Ms. Pillay, com o rosto pegando fogo, de medo de ser pega em flagrante por algum membro da família menos indulgente, e... nada. As mudas eram inamovíveis. Pudera. Fiquei sabendo, mais tarde, que a árvore projeta tão fundo suas raízes que está sendo usada para deter o deserto do Saara.

Teimei e voltei com o aval da dona da casa, filha da velhinha branca. Saí com um motorista botocudo, um jardineiro com chapéu de cangaceiro e machado no ombro, e seu ajudante negro, de dois metros, de camiseta cavada e pá. Logo na esquina, o carro bem devagar, procurando no guia a saída para a Lapa, sentimos um alvoroço à nossa volta. Executivos que saíam de pasta para trabalhar se atropelavam para entrar em casa de novo, os vigias em posição de sentido, "estejem presos!".

Moro na rua de um dos nossos mais famosos sequestrados e o seu sequestro estava fresquinho. Aquele exército de Brancaleone atrás de uma muda de *neem* era de molde a assustar qualquer um.

Hoje, na calçada, o pé de *neem* bate no meu peito, verde, mostrando do que são capazes os cozinheiros para descolarem seu ragu de cada dia.

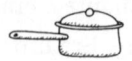

Um almoço de Meeta era mais ou menos assim:

DAL DE LENTILHAS SECAS

É um ensopado, que corresponderia ao nosso feijão; o arroz é geralmente simples, cozido n'água, mas de quando em vez pode ser um *pulau*.

> 1 kg de lentilhas secas; 4 cebolas médias em rodelas; 1 colher (chá) de mostarda em grão; 6 colheres de óleo; 1 colher (chá) de cominho em grão; 4 dentes de alho amassados; 30 g de gengibre amassado; 1 colher (chá) de cúrcuma; 2 colheres (chá) de sal; 1 colher (chá) de cominho torrado; 2 colheres (chá) de semente de coentro; 6 tomates sem pele picados; 8 colheres de polpa de tamarindo; 3 colheres de açúcar mascavo; pimenta fresca e pimenta-do-reino a gosto; 4 colheres (chá) de curry; 6 colheres de coentro em folha picado; 6 colheres de purê de tomate (tomate batido no liquidificador)

Em uma panela de pressão, colocar as lentilhas secas, a cúrcuma, o sal, a metade do açúcar mascavo, um fio de óleo e a água para cozinhar.

Colocar, em uma panela à parte, o óleo, juntar a mostarda em grão, o cominho, deixar dourar, acrescentar as cebolas, dourar, misturar o alho e o gengibre, fritar mais um pouco e misturar a cúrcuma, o coentro, o cominho, os tomates picados sem pele, o purê de tomate, o suco de tamarindo, o restante do açúcar mascavo, pimenta fresca e pimenta-do-reino. Mexer com colher de pau até os tomates se dissolverem, assim como os temperos, sem que o óleo se separe. Misturar as lentilhas já cozidas com o molho e deixar ferver. Se ficar muito grosso, juntar mais água e deixar ferver mais 25 minutos. Na hora de servir, colocar o coentro picado e o pó de curry ou garam masala.

Não se assustem com a quantidade de especiarias, temperos. Eles se misturam e não aparecem em exagero.

FAROFA DE AMENDOIM

Torrar o amendoim, descascar, passar pelo liquidificador com um pouco de pimenta ardida seca.

CHUTNEY DE MANGA VERDE

Antes de conhecer os chutneys da Meeta, fresquíssimos e feitos na hora, o chutney para mim era um vidro comprado pronto que durava trezentos anos na geladeira, porque ninguém chegava perto. Com ela percebemos que era um acompanhamento, como a nossa farofa feita na hora, ou um molhinho de pimenta amassada no caldo de feijão.

> 3½ xícaras de manga verde, quase sem caroço de tão verde (experimente atravessá-la com uma faca: se o caroço não apresentar resistência, está no ponto); 3 pimentas-malaguetas; 1 colher de cominho em grão, tostado e moído; ⅓ de xícara de açúcar mascavo; ½ colher (chá) de sal

Pique a manga e bata com todos os ingredientes no processador até formar um creme homogêneo. Rende cerca de três xícaras.

CHUTNEY DE COCO

1 colher de óleo; ½ colher (chá) de mostarda em grão; 1 colher (chá) de cominho em grão; 3 pimentas-malaguetas; 1¼ de xícara de iogurte natural; 1 coco fresco cortado em pedaços; 2 dentes de alho; 3 cm de gengibre cortado em pedaços; 1 cebola cortada em pedaços; 2 colheres (sopa) de suco de limão; 1 colher (chá) de açúcar; ½ colher (chá) de sal

Aqueça o óleo junto com a mostarda e o cominho. Quando os grãos começarem a pipocar, adicione as pimentas. Tire do fogo imediatamente e coloque no copo do liquidificador. Junte os ingredientes restantes e bata bem até o coco ficar esmigalhado. Dá três xícaras.

BAINGAN PAKORAS

Pakoras são legumes empanados. Aqui, berinjelas.

500 g de berinjelas lavadas e cortadas em rodelas grossas, de cerca de um dedo; 2½ colheres de sal; 1 xícara de farinha de grão-de-bico (encontrada em casa de produtos naturais); 1 colher (chá) de cominho moído; ½ colher (chá) de cúrcuma; pimenta-do-reino ou pimenta vermelha a gosto; 1 colher (chá) de sal de fruta Eno; 10 ou 12 colheres de água; óleo suficiente para fritar

Colocar as berinjelas numa bacia com água e sal e deixar durante meia hora. Numa outra tigela, colocar farinha de grão-de-bico, pimenta, *cominho, sal de fruta Eno. Misturar muito bem com água até ficar um molho grosso. Enxugar as berinjelas com um pano limpo e mergulhar na mistura de farinha. Fritar no óleo quente até ficar levemente dourado. Tirar com garfo e deixar escorrendo no papel-toalha. É servido quente, como entrada ou parte do almoço.*

PULAU OU ARROZ PERFUMADO

2 xícaras de arroz agulhinha; 1½ xícara de água quente; 50 g de manteiga sem sal; 1 pauzinho de canela; 1 folha de louro; 4 cravos-da-índia; 6 grãos de pimenta-do-reino; sal a gosto

Lave o arroz e escorra bem a água, completamente. Esquente a manteiga na panela, sem deixar queimar. Junte canela, louro, cravo e pimenta-do-reino. Mexa o arroz com colher de pau até dourar, de 7 a 10 minutos. Depois ponha água e sal, deixe ferver, abaixe o fogo e tampe.

O ensopado de lentilhas, o arroz, uma friturinha, um chutney, dois legumes ensopados, uma farofa fazem já um gostoso almoço acompanhado pelos *chapatis*, pãezinhos fáceis de fazer, mas difíceis de explicar.

Toda a vida me intriguei com essa história da Meeta colocar sal de fruta Eno em algumas comidas. Sei que na Índia os condimentos são usados com sabedoria. Se cozinham feijões, que dão gases, juntam cominho, que tira os gases. Mas... sal de fruta? Para combater o quê? Acidez? Afinal descobri que era um substituto de bicarbonato. Menos mau.

A Meeta sempre nos servia um chá feito com 1 copo de leite, 1 copo de água, 4 colheres (chá) de chá preto. Às vezes, punha 1 semente de cardamomo.

Se você tem vontade de aprender cozinha indiana e fazer pratos indianos, vá ao mercado central de sua cidade e compre todos os ingredientes de que vai precisar. Especiarias, sempre em pequena quantidade. Faça as receitas mais simples, como estas, depois compre um livro de comida indiana e vá se aperfeiçoando. Aproxime-se da colônia indiana no Brasil, que é pequena mas simpática. É uma das comidas mais gostosas que você possa imaginar, quando bem-feita, e nada estereotipada.

Acreditam que uma vez levei dona Martha, já velhinha, a São Bernardo para assistir à aula da Meeta? Era tudo que ela mais execrava na vida, mas comportaram-se como duas rainhas. Meeta, de sári, curvando-se até o chão, verdadeiramente cheia de respeito por estar recebendo uma senhora daquela idade em sua casa. A Martha adorou as homenagens, é claro. Mas as especiarias, não sei não. Exotismo demais para uma vienense empedernida.

INGREDIENTES

O gênio da abobrinha

Um homem famoso, de quem não lembro o nome, conta: "A primeira vez que vi uma abobrinha no chão, matei com o arado". Percebe-se que era um homem inteligente, intuitivo e de fama justificada.

Os árabes acreditavam que cada coisa era habitada por um espírito, um djim, um gênio. O gênio do arroz, da berinjela, das favas, cada um com suas características. Picante, terno, leve, forte, macio, borbulhante. O djim da abobrinha é aguado, esverdeado, indigesto, um ET amorfo. Questão de gosto, questão de gosto. Passando os olhos por dezenas de receitas de abobrinhas, logo se vê que é sempre recheada, trufada, disfarçada, coisas que não aconteceriam se fosse bonita, gostosa e cheirosa.

Botanicamente falando, é uma fruta. "Zucchini" em italiano, "zapallito" em espanhol, "courgette" em francês, "vegetable marrow" em inglês. O sobrenome de família é *Cucurbitacea*, o que a faz prima do pepino e do chuchu. Outro homem famoso já dizia do primo: "Um pepino deve ser cortado em rodelas finas, temperado com pimenta-do-reino e vinagre e daí jogado fora porque não presta para nada".

> *Já as encontramos com facilidade (eu não encontro jamais!).*

Para evitar pratos lamentáveis, a abobrinha deve ser comida bem fresca, pequena, tenra. Jogada na água fervente, *en julienne*, e ainda al dente, levada à água gelada com cubos de gelo, para não passar do ponto. Frita ou empanada é gostosa, mas quem não é?

Um modo de comê-la sem senti-la é na massa de pão feito em casa, depois de ralada, aferventada e escorrida. Não que faça muita diferença, mas ficam uns pontos verdes, ecológicos.

As flores da abobrinha faziam o deleite da nouvelle cuisine, mas são difíceis de achar e, se encontradas, murcham muito depressa, antes que se chegue em casa com o buquê.

Uma das receitas a seguir é da Marcella Hazan, *doyenne* da cozinha italiana na América. A outra é de Joël Robuchon, considerado um dos melhores cozinheiros franceses do século xx.

ABOBRINHA FRITA HAZAN

500 g de abobrinha; 1 xícara de farinha de trigo; óleo vegetal para cobrir 4 dedos no fundo da panela; sal

Lave as abobrinhas e corte em tiras de 4 mm de espessura, no sentido do comprimento. Ponha 1 xícara de água numa tigela e vá juntando a farinha peneirada, misturando bem, com um garfo. Deve ficar com a consistência de um mingau.

Aqueça o óleo em fogo alto. Quando estiver bem quente, mergulhe as tiras na massa e vá colocando na frigideira só aquelas que couberem confortavelmente. Quando se formar uma crosta dourada de um lado, vire-as. Transfira para um papel-toalha e polvilhe com sal.

Sirva à medida que for fritando, bem quentes. As flores de abobrinha podem ser fritas da mesma maneira.

ABOBRINHA FRITA À ROBUCHON
Serve 6 pessoas.

450 g de abobrinhas; ½ xícara de farinha de trigo peneirada; 2 ovos grandes; 2 colheres de óleo de amendoim; sal marinho a gosto; 1½ xícara de farinha de rosca; óleo de amendoim para fritura

Descasque as abobrinhas e corte na diagonal em fatias de 6 mm. Faça uma massa em 3 vasilhas rasas. Na primeira, a farinha de trigo. Na segunda, bata os ovos e 2 colheres de óleo e tempere bem. Na terceira, a farinha de rosca. Ponha o óleo numa panela e aqueça.

Prepare a abobrinha. Passe cada fatia primeiro na farinha de trigo, até ficar bem coberta. Retire o excesso. Mergulhe no ovo. Retire o excesso. Passe na farinha de rosca. Retire o excesso. Ponha as fatias lado a lado, antes de fritar. Frite por 1 ou 2 minutos cada porção. Ponha sobre papel-toalha e tempere com sal.

Limões, cuscuz e marzipã

Com a retrospectiva de Matisse, no MOMA, Marrocos e o orientalismo voltaram à moda. Cores ricas, quentes, perfumes e sabores. Os supermercados estão vendendo cuscuz marroquino, semolina de grão duro, pré-cozido, e os limões de *Limões e hortênsias* aparecem nas feiras.

O próprio Matisse confessou: "A revelação me veio do Oriente... Marrocos excitara todos os meus sentidos... Era um sonho lindo, vívido... tive vontade de expressar o êxtase, aquela preocupação divina, em ritmos correspondentes, ritmos e cores de figuras ensolaradas e generosas".

Mas é claro. Como é que aquele francês mais burguês, com cara de médico de província, terno preto, gravata e polainas, disciplinado, incendiaria seus quadros sem motivo justo? Como rabiscaria flores, romãs, siris, mexilhões alaranjados? E tomates azuis, palmeiras e odaliscas, se não fosse o sol, se não fosse o perfume dos limões marroquinos?

Gosto da história que Françoise Gilot, uma das mulheres de Picasso, conta. Foram visitar Matisse e ele, com toda a naturalidade, ofereceu, num prato de porcelana, tâmaras recheadas com marzipã colorido. Foi demais até para Picasso. Tâmaras com marzipã colorido com as cores puras, alegres e inocentes do Midi, de Marrocos, de Matisse.

Custei a descobrir como conservar esses limões amarelos e ovais, casca rugosa, típicos da Sicília e do Norte da África. Afinal, descobri. Facílimo. Você abre o vidro e pensa que abriu a loção de barbear. São cheirosos demais, carnudos, e, cortados em tiras finas, dão um gosto diferente a um ensopado. Ou a um cuscuz desses que estão por aí, importados.

CONSERVA DE LIMÕES

Paula Wolfert em *Good Food from Morocco*.

10 limões sicilianos; 1 xícara ou mais de sal; caldo de limões, sicilianos ou não

Deixe os limões de molho por 3 dias em lugar fresco, mudando de água diariamente. Corte-os em 4, sem parti-los por inteiro, parando a 1 cm da extremidade; polvilhe sal na parte exposta e feche-os de novo. Ponha 2 colheres de sal em um vidro e arrume os limões, uns sobre os outros, juntando mais sal entre as camadas; aperte os limões para que soltem seu suco, sem amassá-los demais; para cobri-los junte caldo de outros limões. Deixe em lugar fresco; mexa diariamente o vidro para que o sal se espalhe homogeneamente; ficam prontos em um mês.

Para usar, abra o limão, retire a polpa do segmento a ser usado e jogue-a fora, pois só se usa a casca; lave em água corrente para retirar o excesso de sal. Os limões duram um ano. Se aparecer uma película branca no vidro, retire-a (não é nociva). Use os limões como quiser, cortados em tiras finas.

CUSCUZ

Aqui só encontramos o cuscuz pré-cozido, que, dizem os entendidos, não é a mesma coisa. Mas é o que temos. Chama-se cuscuz tanto o grão de semolina já preparado para ser cozido no vapor, num cuscuzeiro, quanto o ensopado variadíssimo, de mil receitas mundo afora, sobre o qual se cozinha o grão.

500 g de cuscuz; 2 xícaras de água; 2 colheres de óleo ou manteiga

Ponha o cuscuz na água por 10 minutos. Aqueça em fogo baixo, com a manteiga, mexendo sempre, para não queimar, como se fosse uma farofa úmida. Fica bom acompanhando qualquer tipo de molho de carne, qualquer ensopado, ou em salada, como um tabule.

Paula Wolfert, escritora americana, tem um livro só de cuscuz, ou quase só.

MARZIPÃ MEIO FINGIDO

150 g de amêndoas peladas ou castanhas-do-pará; 250 g de açúcar de confeiteiro; 1 clara; 1 colher (chá) de essência de amêndoas

Bata as amêndoas no liquidificador e não no processador, que pode deixá-las pastosas. Junte o açúcar e continue batendo. Acrescente a clara e a essência, então amasse com as mãos até ficar bem homogêneo. Bom para rechear damascos, tâmaras ou para moldar e pintar com anilina comestível.

O ovo

Aqui, na cidade, uma galinha caipira é coisa rara. Há poucos dias um caminhão cheio delas se desgovernou e entrou muro adentro em um jardim de infância do bairro. A galinhada cacarejou, bateu asas num susto, muitas continuaram na carroceria tombada, outras barafustaram pela área de recreio. Quando o seguro chegou, a maioria já se acomodara no seu insólito destino. Empoeiradas na gangorra, no muro caído, no balanço, começavam vida nova, vagamente interessadas nos arredores, ajeitando a casa, preparando o ninho do futuro ovo.

Esse tipo de galinha feliz, burra, bem-amada, que cisca pelo pasto muito doida, estabanada, com medo de tudo, é que dá um ovo manchado, de gema amarela e com gosto de ovo. Ovo de galinha triste é bem mais sem graça, e só vale pelo design.

Todo mundo entende de ovo, de sua pureza, equilíbrio, de sua elipse perfeita. Outra coisa é cozinhá-lo, mole, duro ou pochê, mexido ou *en gelée*. Tudo conspira para que o produto final não saia à altura de um ingrediente tão nobre, cheio de mistério e segredo.

Há exceções, como no caso de Hélène, cozinheira de Gertrude Stein. Além de tomar conta da casa com o máximo de economia, fazia suflês aerados e ainda chegava ao cúmulo de conseguir transmitir na linguagem dos ovos seu maior ou menor apreço pelos convidados da casa.

No livro *An Autobiography of Alice B. Toklas*, Gertrude Stein descreve: Hélène tinha suas opiniões e não gostava de Matisse. Dizia que um francês não deveria ficar para uma refeição sem aviso prévio, principalmente se tivesse o costume de perguntar à cozinheira o que havia para jantar. Hélène dizia que os estrangeiros tinham todo o direito de fazer essas coisas, mas um francês nunca, e Matisse já havia feito isso uma vez. De modo que, quando a srta. Stein dizia a ela que o sr. Matisse iria ficar para o jantar, ela respondia: "Nesse caso eu não vou fazer omelete, mas sim fritar ovos. Gasto a mesma quantidade de ovos e de manteiga, mas demonstro menor respeito e ele vai entender".

Para alcançar a perfeição de Hélène é preciso começar pelo começo. A seguir, transcrevemos uma classificação do *Hering's Dictionary of Classical and Modern Cooking*. Classificação que deve ser feita em inglês e francês, para garantir a sobrevivência em viagens.

OVOS MEXIDOS

Œufs brouillés. Scrambled eggs.

Derreter a manteiga numa frigideira, juntar os ovos bem batidos, temperados com sal e pimenta, misturados com 1 colher de creme de leite ou leite. Cozinhar devagar, mexendo sempre com uma colher de pau, até ficarem coagulados. Não deixar endurecer.

OVOS EM TIGELINHAS

Œufs en cocotte. Eggs shirred in cocottes.

Untar tigelinhas de louça ou vidro refratário com manteiga. Que-

brar um ovo dentro de cada uma, salgar só as claras e cozinhar em banho-maria, no fogo ou forno (pequeno) de 4 a 5 minutos.

OVOS QUENTES

Œufs à la coque. Soft-boiled eggs.

Cozinhar em água fervente de acordo com o tamanho, colocar sob água fria e descascar com cuidado.

OVOS RECHEADOS

Œufs farcis. Stuffed eggs.

Cortar os ovos duros ao meio, no sentido do comprimento, retirar as gemas, amassar e misturar com um purê de legumes, salada etc. Rechear e enfeitar como quiser.

OVOS FRIOS

Œufs froids. Cold eggs.

Cozidos na água, meio duros ou duros, cobertos com um molho chaud-froid ou maionese, pincelados com gelatina condimentada, colocados em fôrma de massa, croûtons, tortinhas, e enfeitados a gosto.

OVOS FRITOS

Œufs frits. Œufs au plat. Œufs mirroir. Fried eggs.

Dourar os ovos na manteiga, em frigideira, com cuidado para não estragar a gema. Salgar somente as claras, fritar um pouco sobre o fogo e levar ao forno até velar as gemas. Elas e uma parte da clara devem permanecer macias. Os ovos podem ser fritos sobre o fogo, em manteiga quente, até coagular as claras; as beiradas devem ser acertadas com um cortador redondo.

OVOS COZIDOS N'ÁGUA

Œufs pochés. Poached eggs.

Encher uma panela com água, ferver e deixar que os ovos escorreguem — não muitos de cada vez — na água fervente e cozinhem de 4 a 5 minutos. A gema deve ficar mole. Retirar os ovos da água com uma escumadeira e deixar que esfriem na água fria. Apará-los e aquecê-los rapidamente em água fervente antes de servir.

OVOS ENFORMADOS

Œufs moulés. Moulded eggs.

Untar fôrmas especiais com manteiga ou usar tigelinhas de louça ou de vidro. Quebrar 1 ovo em cada fôrma, salgar só as claras e cozinhá-las em banho-maria. Desenformar e servir sobre massa folhada, croûtons, *ou como desejar.*

OMELETE
Omelette. Omelet.

Bater bem os ovos, juntando 1 colher de leite ou creme de leite, e temperar com sal e pimenta-do-reino. Aquecer 1 colher de manteiga numa frigideira própria para omelete, despejar a mistura nela e movimentar a frigideira continuamente até que os ovos comecem a coagular. Segurar a maior parte da omelete usando uma espátula e inclinando a frigideira numa direção a fim de acumular os ovos num formato elíptico, numa extremidade; o centro deve ficar macio e a parte exterior branca e não muito corada. Virar a omelete no prato. Rechear, dobrar e fazer um corte por cima, recheando mais um pouco.

Cozinhando com uísque

Já haviam me pedido, há bastante tempo, um artigo sobre uísque na panela. Não é minha especialidade, confesso. Faço um camarão ao uísque, mas imagino que se fosse flambado com conhaque ou vodca ninguém perceberia a diferença.

Fui a uma livraria especializada e comprei *The World Book of Whisky*, de Brian Murphy, para adquirir alguns conhecimentos teóricos sobre a matéria. Teóricos, sim, porque fui iniciada no uísque aos nove anos de idade. Lá por dezembro, chegavam em casa algumas poucas mas boas cestas de fim de ano, cheias de coisas exóticas, insuspeitadas, inspiradoras. Vidros escuros escondendo marrons-glacês, cerejas polpudas no marasquino, figos de Smirna recheados de pistache. Apareciam no começo das férias e ficavam numa despensa, como fonte de desejo, de quando em quando assaltada. Coincidiam com o tempo livre e preguiçoso da espera do Natal e com as primeiras e precoces leituras. Uma vizinha emprestava traduções portuguesas das aventuras do Santo, que já não me lembro bem quem era. Um detetive das Arábias, acho eu. E o Santo bebia uísque. Por dá lá aquela palha ele emborcava um trago. Mas tinha o estofo carismático dos heróis e, a cada gole do ídolo, eu ia à cesta e equilibrava numa colher o *single malt* disponível. Engolia com uma careta e retomava a leitura. Estruturou-se aí, com calma, um gosto pronunciado pela bebida do Santo.

Para escrever sobre a bebida, separei todos os livros de gastronomia escocesa à disposição, estudei e cheguei à conclusão de que não existe um uso significativo do uísque na cozinha. A explicação, não sei. Uma das escritoras inglesas consultadas acha que os homens sempre boicotaram o uso da bebida para cozinhar, preferindo o conhaque, por torpe egoísmo e medo de que suas mulherzinhas cozinheiras acumulassem justificativas para acabar com os estoques de uísque deles.

Outro imagina que cozinhar com uísque, na Inglaterra, não é muito glamouroso. Não pega bem. É bebida de macho, um pouco como cozinhar com pinga no Brasil. Na França, por exemplo, aparecem algumas receitas com uísque porque uma lagosta flambada com *scotch* é romântica, não tem conotações de narizes vermelhos, olhos rajados e mulheres espancadas, as *battered women*, dos ingleses.

Já que os livros não ajudavam, resolvi experimentar o que havia de melhor para beber e cozinhar. Guiada pela teoria recentemente adquirida, impulsiva e compulsiva, comprei uma garrafa da ilha de Islay, um Laphroaig. Pelo menos era o que me disseram ser o mais puro *single malt* do mundo.

O inconveniente de se comprar um uísque desses é que, além de impronunciável, custa os olhos da cara. Ao chegar em casa, verde de remorso, já com a ideia kitsch de aproveitar a garrafa para pé de abajur, amortecendo o investimento, você prova o seu Laphroaig. Cruzes! É como se, à moda papal, alguém se ajoelhasse para beijar a terra da Escócia com certa precipitação. É como morder a turfa defumada, a alga, o iodo, ter a garganta raspada pelo sabor acre, forte e pungente da ilha de Islay. Assim, ao primeiro litro, é uma decepção terrível e, posto na comida, estragaria qualquer bicho de pena ou pelo. Deve ser um gosto adquirido, com paciência e muito dinheiro.

Enfim... Comprei na Inglaterra, nos anos 1970, uma garrafinha de cerâmica, arrolhada, com os dizeres: "Cooks nips" ou "tragos da cozinheira". É uma ideia engenhosa. A cozinheira vai pondo ali doses de bebida, fácil de disfarçar no meio do panelório, enquanto mantém uma certa privacidade quanto ao blend de sua preferência. Para mim, adepta de um bourbon em copo pequeno, sem gelo, é isso que chamo cozinhar com uísque. É ótimo. Dá um relaxamento alegre e produtivo, uma intuição certeira no emprego dos temperos, desmonta barreiras de preconceito, prepara o apetite para o que der e vier, e se alguma coisa sair errada... *who cares?*

AMEIXAS BÊBADAS

Ponha ameixas e água numa panela, na mesma proporção (1 xícara de água, 1 xícara de ameixas). Leve para ferver e deixe em fogo baixo por cerca de 10 minutos. Deixe esfriar na panela. Ou ponha em vasilha com água fervente durante uma noite. De qualquer modo, as ameixas ficarão inchadas e macias.

No dia seguinte escorra a água e cubra as ameixas com uísque, deixando-as tampadas por cerca de duas semanas. É ótimo ter estas ameixas em vidros, guardadas para qualquer emergência. Servem para acompanhar um sorvete, rechear um lombo, fazer um suflê doce.

ATHOLL BROSE

3 colheres bem cheias de aveia; 2 colheres de mel; 4 xícaras de uísque; 2 xícaras de água, aproximadamente

Misture a aveia e a água e deixe de molho por meia hora. Coe em peneira bem fina, apertando com uma colher, até que a aveia tenha perdido todo o líquido. Jogue a aveia fora. Misture o líquido com o mel e mexa bem. Coloque em vidro de boca larga. Junte o uísque. Tampe. Agite antes de usar.

Faz-se com isso uma gostosa sobremesa. Coloque numa taça alta 4 colheres dessa mistura e cubra com creme de leite batido. Deve ser servido gelado com um pouco de aveia tostada por cima.

SHAMROCK WHISKEY SAUCE

Dá 5 xícaras.

½ xícara de uísque irlandês; ½ xícara de manteiga batida; 4 xícaras de açúcar mascavo; 2 ovos; 2 xícaras de creme de leite; 1 pitada de noz-moscada

Bater a manteiga e o açúcar em velocidade média, com a batedeira manual, sobre uma panela em banho-maria. Juntar os ovos, o creme e a noz-moscada até a mistura ficar fofa. Cozinhar, mexendo de vez em quando, sempre em banho-maria, sem ferver, até que a mistura engrosse. Tirar do fogo, ir juntando o uísque devagar. Servir quente ou frio com um pudim ou bolo seco.

Não sei o porquê de não ter escrito sobre M. K. Fisher. É a melhor americana a falar sobre comida e sobre outras coisas também.

ESCRITORES E LIVROS

Por deformação profissional, de todo livro que lia, gravava as comidas. Deu nisso. Roubei estilo, palavras, receitas, anedotas.
A maioria é de livros estrangeiros não traduzidos na época.

Elizabeth David

Se acharem a crônica comprida demais, leiam em etapas, mas leiam.

Sempre, sempre a minha musa.

O racionamento de comida na Inglaterra, durante a Segunda Guerra, começou em 1939 e só acabou em 1954. Foi um período de grande privação para os ingleses. Faltava tudo. Carne, ovos, manteiga, queijo, açúcar, frutas, pão, chá, café e leite.

O Ministério da Alimentação aconselhava que fossem plantadas hortas da vitória ("Hitler, Mussolini e o nosso Bernard Shaw são vegetarianos e, pense-se deles o que se queira, são homens de muita força e energia").

As flores dos jardins famosos foram substituídas por repolhos, couves, alfaces. Os clubes de golfe, os parques e as quadras de tênis, o fosso da torre de Londres, as floreiras de Piccadilly se encheram de cenouras, salsas e cebolinhas. Pilotos da RAF cultivavam rabanetes nos aeródromos. Galinhas, patos, marrecos, gansos, cabras e abelhas se aboletavam nas casas, nos quartos, nos desvãos, caixotes e telhados. Velhas técnicas de cozimento voltaram a ser usadas, como a do vapor em panela de três andares, em que se colocava a comida logo que fervia, para cozinhar no próprio vapor. Foi criado um personagem, o Cigano Petrulengo, que orientava as pessoas para que comessem ranúnculos, bardana, folhas de dente-de-leão, urtigas, flores de capuchinha e cogumelos silvestres. A saudade dos ovos era tanta que um anônimo anunciou num jornal de Bath: "Por razões sentimentais, precisa-se de um relógio de minutos para marcar o tempo de cozimento de ovos. Precisa-se de um ovo, pelas mesmas razões".

Os ingleses se aproveitaram um pouco da situação de carência para mergulhar de vez na sua tendência perversa de comida monótona. Afundaram também, que remédio, nos *porridges*, nos mingaus e cremes desidratados, nas tortas de rins, muita batata e nabo.

Esses quinze anos de privação prepararam o terreno para que Elizabeth David, a escritora-cozinheira, fosse bem recebida com seu primeiro livro, *Mediterranean Food*. (Evelyn Waugh declarou ao *Sunday Times* que o livro era o melhor e mais bem escrito de 1950.) Recém-chegada da Alexandria e do Cairo, onde passara a guerra, apaixonada pela cozinha da França e do Mediterrâneo, E. D. não acreditou na mesmice do que via. Se com um alho e uma folha de manjericão se pode fazer uma sopa interessante, ora!

David foi uma luz no túnel das vísceras, pudins gelatinosos e sagu. O livro detonou lembranças antigas e novidades. Usou palavras quentes, como limão-galego, azeitonas pretas, azeite virgem, sardinhas, tomates maduros. Era bom saber que ali mesmo, na esquina, havia pés de laranja-de-sevilha, que se faziam charutinhos de folhas de uva, e que berinjela, alho e nozes eram uma boa combinação.

Elizabeth David levou meia vida tentando convencer os editores de que poderia existir um bom jornalismo de comida (e não só de culinária, com técnicas padronizadas) que interessasse à maioria das pessoas. Acabou com o tabu da classe média inglesa, que não achava fino e de bons modos discutir ou conversar sobre o assunto "comida". Com uma prosa solta, interessante e clara, mostrou que tanto Graham Greene como um suflê de chuchu são temas que dão prazer. Íntima dos ingredientes, segura e objetiva, ensinou e inspirou muita gente a cozinhar e a escrever sobre comida. Fez mais boas ações do que todos os escoteiros de lorde Baden-Powell juntos, para melhorar a qualidade de vida e o sabor da cozinha inglesa.

É um pouco ridículo chamá-la de escritora de culinária. Os seus textos sobre comida são obras-primas de inglês. Inspirou tanta gente que os livros depois dela passaram a mencioná-la a cada duas páginas. "Ela fazia assim, eu faço assado; o risoto de Elizabeth David era mole, mas gosto dele um pouco mais duro; Elizabeth mudou meu paladar..."

Enfim, Elizabeth David foi mesmo a guru culinária das últimas décadas. Que engraçado, a melhor escritora de culinária sair exatamente do meio dos ingleses, famosos pela comida nem-pra-cá-nem-pra-lá.

Elizabeth David saiu da Inglaterra para estudar em Paris aos dezesseis anos e ficou hospedada na casa de uma família de classe média, os Robertot. Foi lá que aprendeu a apreciar a comida francesa.

"Às vezes eu passava os feriados de Páscoa ou férias de verão com a família, na pequena casa de campo normanda que tinham, perto de Caen. Lá, era uma menina da cidadezinha que cozinhava, enquanto Leontine ia visitar a família no interior, num bem merecido repouso. A única lembrança vívida que tenho da comida dessa época, naquela casa tão simpática e calma, com sua horta à antiga, é a de lá ter experimentado, pela primeira vez, mexilhões. Eram servidos num molhinho cremoso que com certeza levava sidra ou vinho branco. Para mim parecia um prato misterioso e extraordinário, alguma coisa de muito especial para a família, talvez inventado por Marie, a cozinheirinha. Um ou dois anos depois, quando descobri *moules à la crème*, no menu do Walterspiel's, em Munique, na época um dos mais famosos restaurantes da Europa, fiquei mais do que surpresa. De que modo aquele prato teria feito o caminho de uma obscura cidade normanda até a Baviera?

"Até hoje, a primeira coisa que faço ao botar o pé no norte da França, e a última, antes de atravessar o canal para voltar à Inglaterra, é comer mexilhões. Depois daquela ocasião eu os comi preparados de dezenas de maneiras diferentes, e eu própria já os cozinhei centenas de vezes. Nunca parecem ter a mesma graça e aquele sabor especial dos mexilhões normandos, tão miúdos e doces nas suas pequenas conchas brilhantes."

MOULES À LA NORMANDE

Mexilhões com molho de creme, uma versão
mais elaborada de *moules marinières*.

Derreta 30 g de manteiga numa panela grande, junte 1 chalota, salsa e algumas folhas de salsão, tudo grosseiramente picado. Depois, 1 copo de sidra seca ou vinho branco seco. Junte 12 xícaras de mexilhões já limpos, tampe a panela nos primeiros minutos, destampe e vá retirando os mexilhões, à medida que se abrem, transferindo-os para um prato ou terrina aquecida. Coe o caldo por um pano, leve de novo à panela, reduzindo-o à metade. Ponha cerca de 2 xícaras de creme de leite para ferver numa panelinha até reduzir e engrossar; enquanto isso, retire do mexilhão a meia concha vazia.

Junte o creme fervente ao caldo e, fora do fogo, acrescente uma pelota de manteiga. Despeje, assim fervente, sobre os mexilhões, polvilhe com salsa picada e sirva logo, para 4 pessoas. Um dos melhores vinhos para se tomar com mexilhões é um fresco e limpo Muscadet do Loire.

ERVILHAS AMAH

Muito boas, também, são as favas frescas de
soja feitas da mesma maneira.

1,200 kg de ervilhas frescas com casca; água salgada
(um pouco mais salgada que de costume)

Tirar só os cabinhos estragados. Pôr para cozinhar em panela grande com água quente e prestar atenção para que não se abram no cozimento. Escorrer e servir imediatamente. A ideia é colocar a fava na boca como se fosse uma folha de alcachofra, puxar e chupar as ervilhas com o caldinho salgado que se infiltrou na fava. É uma delícia. Pode ser servida de entrada, bem quente. Guardanapos ao lado.

AMÊNDOAS TORRADAS

½ kg de amêndoas descascadas; sal; óleo de amêndoas
para untar a assadeira (opcional)

Pelar as amêndoas jogando-as em água fervente por segundos. Descascar ainda quentes. Untar a assadeira com óleo de amêndoas ou qualquer outro e espalhar nela as amêndoas. Deixar no forno médio por cerca de 45 minutos, sacudindo a fôrma de vez em quando. Retirar uma amêndoa para ver se está boa, deixar esfriar. Não é possível ver se já estão crocantes quando quentes. Se estiver boa, retirar todas do forno, salgar, deixar esfriar e guardar em lata fechada. São melhores se consumidas no mesmo dia.

NOZES ASSADAS

1 kg de nozes descascadas e em metades; 4 a 5 colheres de sal; 4 a 5 colheres de óleo

Colocar as meias nozes na assadeira levemente untada, levar ao forno aquecido e deixar de 30 a 35 minutos. Quando retirar do forno ainda quentes, juntar 4 a 5 colheres de óleo. Misturar o sal, deixar esfriar. Guardar em lata fechada. São melhores no mesmo dia.

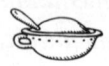

Elizabeth David morreu dormindo em sua casa em Chelsea, Londres, em maio de 1992.

Todo mundo que gosta de cozinhar deveria ter um modo de se aproximar do mundo dessa mulher, escritora "mãe" do pós-guerra. Não sei como se comportam seus livros depois de traduzidos. O inglês dela fluía com palavras tão ajustadas ao assunto, com tanta clareza e objetividade, que acho quase impossível captar sua graça, seu modo de ser.

Então, morreu Elizabeth David, e um amigo, o Celso Fioravante, sabendo o tanto que eu gostava dela, quatro anos depois me mandou um recorte de jornal que descrevia o leilão de suas coisas, concorridíssimo, com velhotas sendo empurradas por jovens que queriam passar a mão na fôrma de bolo de Ms. David, diante do olhar apalermado e horrorizado da sobrinha e da irmã... Fiquei triste, confesso. Adoraria ter qualquer coisa dela, mas perdi o bonde.

Meses depois, chega aqui em casa, depois de uma longa greve dos correios, com um atraso enorme, um catálogo. Muito bem-feito, vinha de uma antiquária e vendedora de livros da qual nunca ouvira falar: Janet Clarke, 3 Woodside Cottages, Freshford, Bath, BA3 6EJ, England.

Ela explicava que o espólio de David fora dividido em 177 lotes e que muito admirador saíra de mãos vazias. Ela, a antiquária, sentia-se feliz por ter comprado alguns lotes, que agora oferecia desmembrados...

A história demorou e, para encurtá-la, sou hoje possuidora do item 194, um volume do guia *Relais et châteaux* (1980), com notas da escritora sobre aonde ir e o que evitar. Também tenho o item 185, um livro de 1605, enorme, em fac-símile, sobre a viagem de um inglês ao resto da Europa. Todas as alusões a comida anotadas por ela. Também é meu o item 160, forminhas de chocolate, um pouco enferrujadas.

Garanto que estão pensando que adorei, que sou a mais feliz das colecionadoras. Nada disso. Valeu a expectativa, o medo de que as coisas não chegassem nunca, o prazer de abrir os embrulhos, mas me bateu a maior melancolia com o conteúdo. Quase uma vergonha de ter nas mãos coisas tão íntimas, que ela jamais quis que fossem minhas.

Duas realidades tão distantes, o que pensei que iria ganhar com isso? Que liberdade é essa de folhear as cartas que ela recebeu, o livro que leu, as fôrmas que usou? Por que perseguir a autora? Por que não deixá-la em paz?

Para que servem as relíquias? As palavras dela não foram suficientes? Será que os vestígios de uma vida podem trazer consigo um pouco da sabedoria, da alegria do que morreu? Muito complicado.

E há pouco tempo Elizabeth David me deu um exemplo de vida. Eu andava querendo reformar a cozinha, e a única solução possível para cozinhar com garbo era ter uma cozinha modulada, conjugada, paredes jogadas no chão, materiais dos mais modernos rebrilhando. Não foi possível, pelos motivos que todos adivinham.

Naqueles dias de desejo frustrado chegou às minhas mãos a cozinha de David, mandada pelo amigo Luiz Henrique Horta. Que vergonha! A mulher que fez a loja de utensílios culinários mais bonita da Europa tinha uma daquelas cozinhas que se vão acumulando ao deus-dará. Armários grandes, provençais, que jogamos fora na era do pé palito. Estantes, livros em esparramo, mesa central boa, mas curtida pelo tempo.

E o que ela escreveu e cozinhou naquela total falta de pretensão...

Moral da história... Bem, a história pode ficar sem moral e até acho que com o tempo vou começar a me afeiçoar às coisas de minha guru, passar a mão, me comover, tentar me desculpar e me entender com ela.

Livros de Elizabeth David:

A Book of Mediterranean Food;
French Country Cooking;
Cozinha italiana;
Summer Cooking;
Cozinha francesa regional;
Spices, Salts and Aromatics in the English Kitchen;
English Bread and Yeast Cookery;
An Omelette and a Glass of Wine;
Harvest of the Cold Months.

"*Hot Ziggetty!*"

Quando saiu pela Edusp uma nova edição bilíngue do *Tractatus logico-philosophicus*, de Ludwig Wittgenstein, as livrarias se encheram de suas memórias, de biografias, cartas, análises. Ele afirma que o enigma não existe. Existe, sim. Como é que um homem capaz de escrever com toda a naturalidade as palavras *Zuzammengenborigkeit* e *Ergänzungsbedürftig* pode fascinar um mundaréu de gente totalmente desentendida de sua obra difícil? Pensei que ele, nascido em Viena, de família riquíssima, haveria de ter algumas comidas de alma, de consolo, alguma papinha que lhe untasse os parafusos do cérebro, e me surpreendo dando risada do cotidiano simplório e imprevisível do gênio.

Wittgenstein era bonito, autêntico, transparente, puro, roído por todas as culpas do mundo. Lutava constantemente contra nuvens de angústia, preocupações, perguntas irrespondíveis, ou melhor, respostas imperguntáveis. Quando terminava uma aula difícil, num suadouro deprimido, saía correndo, comprava um pão doce ou uma empadinha e ia comer no cinema. Sentava-se na primeira fila para que a tela ocupasse todo o seu ângulo de visão, para ser absorvido à la *Rosa púrpura do Cairo*. Sua atriz preferida? Carmen Miranda... E com certeza batia

Acho interessante um cientista tão sério como W. apreciar Carmen Miranda.

o pé ao ritmo de "Chica Chica boom" e assobiava baixinho "South American Way". Era um grande assobiador.

Costumava jantar na casa de um amigo casado, em Cambridge, na Inglaterra, e fazia questão de lavar a louça, mas na banheira, por causa do fluxo de água quente do chuveirinho, e não se importava com a posição incômoda, contanto que os pratos ficassem limpíssimos. Nos Estados Unidos, hospedou-se na casa do mesmo casal. A santa mulher do amigo deu-lhe para o almoço um pedaço de pão com queijo suíço. Nunca mais aceitou outra coisa nas refeições, declarando enfaticamente que não se importava muito com o que comia, contanto que fosse sempre a mesma coisa. O dono da casa usava uma expressão de gíria aprendida na infância em Kansas. Saudava os pratos mais apetitosos que a mulher fazia com um *"Hot Ziggetty!"* e rolava de rir ao ver que Wittgenstein adotara a expressão. Toda vez que lhe punham na frente o pão com queijo, seu olhar se iluminava e *"Hot Ziggetty!"*.

Sua vida gastronômica, ao que parece, foi um desfile de pão, ovos, leite, queijo, comida em lata, mingaus de aveia, legumes e um ou outro pacote de chocolate em pó e café solúvel, que os amigos americanos lhe mandavam no racionamento. Quando adoeceu para morrer, voltou para a casa da família em Viena e parece que encontrou o paladar perdido. Escreveu: "Estou sendo muito bem tratado. A comida é demais!".

Wittgenstein não deixou receitas de chocolate. John Thorne, americano, tinha uma newsletter mensal, que era feita no Maine por ele e pela mulher, com ótimos artigos, críticas de livros, receitas, e barata.

Seu primeiro livro foi *Simple Cooking* e depois lançou *Outlaw Cooking*, tão bom quanto o primeiro. Estas receitas são dele, que adorava chegar em casa e encontrar um chocolate em caneca, uma lareira acesa e um bom jornal, no gelo do Maine.

O chocolate preferido de Wittgenstein era o Van Houten's em barra. Se não achar, comprar qualquer chocolate suíço, amargo ou meio amargo.

CHOCOLATE LÍQUIDO

2 xícaras de leite; 90 g de chocolate em barra, amargo ou meio amargo; 2 gemas

Colocar ¼ de xícara de leite numa panela pequena e grossa. Juntar o chocolate e deixá-lo derreter em fogo baixo. Acrescentar o leite aos poucos, batendo com batedor de arame, sem parar. Antes de o leite ferver, retirar do fogo e bater com o batedor até espumar. Retirar 3 colheres do leite com chocolate e ir adicionando 1 colher de cada vez às gemas, misturando bem. Juntar essa mistura ao restante do leite e bater até espumar.

CHOCOLATE BELGA

Para 6 pessoas.

2 claras à temperatura ambiente; 2 xícaras de creme de leite fresco; ¾ de xícara de açúcar de confeiteiro peneirado; 4 xícaras de leite; 2 colheres de cacau em pó

Bater as claras em tigela até endurecer. Bater o creme de leite do mesmo modo que as claras. Misturar o creme e as claras com delicadeza e dividir a mistura em 6 canecas. Aquecer o leite numa panela juntando o cacau até dissolvê-lo, batendo sempre. Não deixar o leite ferver. Despejar o leite nas canecas e servir imediatamente.

CHOCOLATE QUENTE VARIADO

Não é uma receita, mas um modo de se tomar chocolate.

Colocar 3 barras de chocolate de gosto diferente, uma em cada tigela refratária, e deixar em banho-maria. Aquecer até derretê-las. Colocar uma colherinha dentro de cada vasilha e leite quente ao lado. Cada um se serve e faz suas misturas à vontade.

CHOCOLATE MEXICANO

4 xícaras de leite; 90 g de chocolate amargo; ½ xícara de açúcar mascavo ou ⅔ de xícara de mel; 2 ou 3 cravos, ou 1 pitada de cravo em pó; ⅓ de xícara de amêndoas raladas; ¾ de colher (chá) de canela em pó ou 1 pedaço de canela em pau

Colocar o leite numa panela grossa em fogo baixo. Juntar o açúcar ou o mel. Pilar os cravos e as amêndoas com a canela num almofariz e misturar com o chocolate quente. Bater a mistura num liquidificador até fazer espuma. Servir quente.

Elizabeth Bishop

Elizabeth Bishop, considerada atualmente uma das grandes poetas americanas deste século, viveu no Brasil de 1951 a 1967, mais ou menos. A antologia de suas cartas é na verdade uma autobiografia em ótima prosa. Como sabe escrever cartas! Sei que era uma poeta ímpar, mas cartas são tão mais fáceis de ler. Poesia, você às vezes tem de ficar de olho parado, pensando. Carta, não. É o que é, com a vida do dia a dia, sem elaboração. O que me incomodou um pouco foi o tom condescendente de governanta inglesa que usa para falar do Brasil, mas deixa para lá.

Foi aqui que encontrou o amor de sua vida, Lota Macedo Soares, e é transparente, nas cartas, que esse foi o único momento de Bishop em que ela se aquieta, deixa-se levar por uma vida tranquila, de domesticidade, construindo com Lota, em Petrópolis, uma casa e uma intimidade. É uma paz só, rodeada de tucanos, papagaios, bichos, vida, percepções aguçadas.

Bishop chega aqui em janeiro de 1951. Em fevereiro, mal começara a olhar os trópicos e o rosto vai se inchando, inchando, até que os olhos se fecham de vez. Eczema nas orelhas, nas mãos, asma. Os brasileiros correm com palpites, mais mezinhas, quem sabe umas pílulas? Ela consulta sua médica americana e relembra o que comeu: "O médico me disse que tudo isso poderia ter como causa o caju que comi e que nunca havia provado. Mas só dei duas mordidas, e duas mordidas bem azedas, por sinal... Antes de começar esta inchação percebi minha boca dolorida, acho eu, por ter comido tantos abacaxis. Nunca havia comido tantos. E mangas, também". Inchaço explicado, pudera!

Em setembro já se acostumara às frutas e fazia geleia de jabuticaba, uma fruta que dava a melhor geleia do mundo: "A árvore é linda, as flores amarelo-esverdeadas, peludinhas, cheirosas e crescem pelo galho inteiro, e as frutas brotam direto do galho, do tronco, encostadas neles, como milhares de grandes cerejas pretas".

Nas cartas anteriores e posteriores ao Brasil, sua preocupação são as viagens e o trabalho, leituras, tudo em função de sua poesia caprichada e limpa. Pois não é que, em dezembro, Bishop e Lota perdem a cozinheira e a poeta toma para si o encargo da cozinha? O que devem ter perdido as letras americanas nessa época...

Era uma grande cozinheira e Lota a chamava de Cookie. No Natal, ganham um peruzão vivo. Um dos pedreiros da obra faz o favor de matá-lo e pergunta se deve enchê-lo de cachaça, primeiro. Bishop consente, certa de ser esse um método humanitário de acabar com o bicho sem dor, e não de amaciá-lo. "Logo que arranjarmos uma empregada boa, volto a escrever, espero; assim mesmo, tenho conseguido trabalhar um pouco."

Em abril de 1953, o plano é comprar duas vacas para conseguir uma boa manteiga e um bom leite. O problema era levar as vacas de jipe para o cruzamento com o touro.

A vida das duas mulheres vai seguindo esse ritmo, recebendo amigos, batendo bolos, naquele lugar de sonho. Uma casa moderna e espetacular de Sérgio Bernardes, serra, mato, nuvens na altura das janelas, cachoeiras, orquídeas e os tristes trópicos. Bishop tem medo de que sua poesia absorva toda aquela "sudamericanidade" e se torne exótica e brasileira. É preciso muita contenção para não disparar a falar em borboletas azuis e tucanos de olhos verdes...

Ainda em 1960, Bishop manda construir um forno à lenha, compra um livro de cozinha de Mrs. Beeton (edição de 1897) e, orgulhosa, consegue fazer pães doces, de aveia e de germe de trigo, que ela jura ser bom para torradas.

Com o tempo, com o novo trabalho de Lota, que era nada mais nada menos do que administrar a construção do aterro e do parque do Flamengo, a relação amorosa vai perdendo a força. Ainda há tempo para uma receita de sobremesa, mas reparem que as frutas já não são o abacaxi e as mangas.

"É tão fácil de fazer, com maçãs, peras ou pêssegos. Você corta as frutas em oito pedações, põe em forno muito quente com bastante açúcar por cima e um pouco de manteiga. Em quinze minutos começa a queimar, fica caramelado e aí você joga uma xícara de creme de leite por cima, ou não joga. E todo mundo pensa que é uma complicação!"

Elizabeth Bishop, numa das cartas, conta que está fazendo *plum pudding*, mas se queixa de cansaço com os preparativos, pois tudo no Brasil tinha de ser começado do maior começo. Como, por exemplo, tirar as sementes das passas, picar as nozes. O livro que ela usava era o *Beeton's Book of Household Management*, e a receita de pudim de ameixas (que se chama "de ameixas", mas não as tem nos ingredientes) é a número 1326.

Uma receita semelhante à que ela ensina é o *crisp* de amoras que Regina Faria me deu. Fazia nos Estados Unidos. Podemos fazer aqui com qualquer fruta em excesso, na estação, contanto que tenha alguma *berry* para soltar seus sucos.

CRISP DE PÊSSEGOS E AMORAS

800 g de pêssegos em fatias; 500 g de amoras lavadas e escorridas; 1 colher de maisena; 2 colheres de suco de limão; 80 g de açúcar granulado; 160 g de farinha de trigo peneirada; 180 g de açúcar mascavo; 120 g de aveia em flocos; ½ colher (chá) de sal; 1 colher (chá) de canela; ½ colher (chá) de noz-moscada, ralada na hora; 6 colheres de manteiga gelada cortada em pedacinhos; 200 g de pecãs picadas no processador, como farofa grossa

Em uma vasilha funda misture bem, mas com leveza, os pêssegos, as amoras, a maisena, o suco de limão e o açúcar granulado.

Em outra vasilha, misture a farinha de trigo peneirada, o açúcar mascavo, a aveia, o sal, a canela e a noz-moscada. Adicione os pedacinhos de manteiga e bata até conseguir uma mistura com aparência de farofa grosseira. Adicione as pecãs e a mistura de trigo. Em uma travessa refratária (36 cm × 36 cm), disponha a mistura de frutas e cubra com a farofa.

Asse por 30 ou 40 minutos ou até dourar em forno preaquecido. Enfeite com pecãs inteiras e sirva quente, acompanhado por sorvete de creme.

É uma sobremesa para dias frios.

Lillian Hellman e Paul Prudhomme

No começo deste século, no mercado francês de New Orleans, uma mulher bonita fazia compras, acompanhada por uma menininha. Os feirantes anunciam suas mercadorias aos gritos, o chão está escorregadio, coberto de cascas de frutas, e o cheiro de pimenta sobe ao nariz. Há quiabos de ponta tenra, pimentões vermelhos, maços de tomilho, camarões brilhantes, ostras, lagostas, caranguejos, todos os ingredientes para um *gumbo*, glória da comida *créole*. A criança é Lillian Hellman, e a mulher, sua tia Jenny, que a ensinou a dar risada, a costurar, a bordar e a limpar camarões para uma bisque, na pensão da avó.

Nos anos 1950, já autora famosa, Lillian e o marido, Dashiell Hammett, também escritor (*O falcão maltês*), foram vítimas da caça macarthista às bruxas. Ele foi preso, ela perdeu o emprego e o crédito e teve de vender a fazenda onde haviam passado os melhores momentos de suas vidas. "Depois que os caminhões de mudança deixaram a fazenda, fui até o lago... me lembrei das primeiras tartarugas mordedoras que Hammett e eu havíamos pescado, das noites passadas em claro, aprendendo a matá-las, limpá-las e a fazer sopa...

"Aquela segunda-feira não foi um dia feliz. As pessoas vieram buscar as coisas que haviam comprado: as vacas leiteiras, os patos, as galinhas, os onze poodles pequenos, toda a maquinaria, os barcos, as ótimas facas e mesas de cortar carne, os quatro belos Angus, as máquinas de enlatar, de fazer linguiça, as centenas de coisas que fazem uma fazenda funcionar" (do livro *Uma mulher inacabada*).

Um currículo nada desprezível para uma cozinheira. Já no fim da vida, Lillian, muito doente, perguntou a Peter Feibleman, seu amigo, amante e coautor: "Que tipo de comida você gostava de comer quando era pequeno?". Ele responde: "Em New Orleans ou na Espanha?". Ela arremata: "Em qualquer lugar. Vamos conversar sobre comida".

O livro *Dois na cozinha* é isto: uma boa conversa sobre comida entre dois amigos que se gostam e gostam de comer. A preocupação deles foi colocar à disposição de todos suas melhores receitas, que por sinal estão na moda com o revival de cozinha regional americana. As explicações são simples, despretensiosas, sem a pseudoexatidão do reloginho de minutos. Um estímulo para principiantes, um livro divertido para velhos cozinheiros. Melhor do que isso?

Suas receitas não têm muita novidade. As histórias e as pessoas com quem ela comeu é que dão graça, e Peter Feibleman tem algumas anedotas sobre a própria Lillian. Os dois brigavam a mais não poder, na cozinha. Ela e ele muito competitivos, e la Hellman querendo ganhar sempre.

OVOS MEXIDOS DECENTES

8 porções.

8 ovos; 1 colher de água; 1 colher (chá) de sal;
½ colher (chá) de pimenta-do-reino; 1 colher

de cebolinha francesa; 1 colher de salsa picada;
4 colheres de manteiga

Quebre os ovos numa tigela grande e bata bem. Junte a água, o sal, a pimenta-do-reino, a cebolinha e a salsa. Derreta a manteiga numa panela de ferro. Quando estiver totalmente derretida, despeje os ovos e prepare-se para ficar frente a frente com o fogão. Comece a bater no minuto em que os ovos cozinharem, com uma colher de pau, de preferência. É preciso continuar a bater até que os ovos alcancem uma consistência boa e fofa. (Para mim não há nada pior do que ovos mexidos duros. Têm gosto de agenda velha.) Tenha pronta uma travessa aquecida e no minuto que atingirem o ponto certo despeje os ovos, polvilhe com mais cebolinha e sirva-os imediatamente.

Existe coisa mais subjetiva do que uma receita? Veja essa, anterior: "no minuto que atingirem o ponto certo". Como é que vamos saber qual a consistência, qual o gosto de agenda do ano passado? As receitas, para serem quase perfeitas e elucidativas, exigem páginas e páginas de explicações, especificações, medidas, tempos. Há livros assim, trabalhadíssimos, mas a maioria quer nos dar somente o rumo, o que não é mau, a meu ver. Cada um com seus ovos mexidos, inspirados aqui e acolá.

Acho que Lillian não me mataria de ódio se visse aqui reproduzida uma aula de comida *cajun* (corruptela de acadiana), dada pelo gordíssimo Paul Prudhomme. Paul foi o chef mais popular de New Orleans e tem a cara alegre de quem comeu, aproveitou e adorou toda a comida feita por ele e em seu nome nos Estados Unidos. Foi acusado de ter inventado a receita de *Blackened fish*, o peixe que trouxe a maior leva turística de todos os tempos à cidade, apesar de não ser do sul coisa nenhuma. Lillian Hellman gostaria dessa invenção. Era chegadíssima numa mentirinha.

Paul Prudhomme era convidado a dar aulas na sua terra e pelo resto do mundo, coisa que fazia com muita naturalidade e graça. Há um vídeo demonstrando uma completa refeição *cajun*, filmado em frente ao seu restaurante.

Prudhomme começava a aula mostrando o *crayfish*, espécie de camarão de água doce, rabudo, sendo pescado às toneladas. <u>Acho que não temos o bicho aqui</u>, e uso a massa de empaná-los, ensinada por ele, nos nossos camarõezinhos mesmo.

[anotação manuscrita: Temos!]

CAMARÃO EMPANADO *CAJUN*

½ xícara mais 2 colheres de leite; ¼ de xícara de maisena; ¼ de xícara de farinha de trigo; ½ colher (chá) de açúcar; 1¾ de colher (chá) de tempero *cajun*; 450 g de camarões pequenos, descascados e cozidos; óleo vegetal para fritar

Bater os ovos com o chicote fazendo criar bolhas. Quando dobrarem de tamanho, juntar um pouco de açúcar, a farinha e o tempero, sempre batendo. Vai dar uma pasta. Misturar tudo muito bem e só então juntar o leite, devagar, para não formarem grumos e ficar homogênea. É uma massa muito fina e líquida. Temperar os camarões com um pouco de sal, páprica e pimenta-do-reino, e despejá-los sobre a tigela em que está a massa. Mexê-los para que fiquem bem encapados. Ir pegando vários de cada vez, colocando na panela cheia de gordura quente. Só o que se quer é que criem uma crosta. Tirar com escumadeira e secar em papel-toalha. Servir imediatamente mergulhando no molho de xerez (receita a seguir).

MOLHO DE XEREZ

1 gema; ¼ de xícara de ketchup; 3 colheres de cebolinha verde; 2 colheres de xerez seco; 1 colher (chá) de mostarda *créole*; ½ colher (chá) de tempero *cajun*; ¼ de colher (chá) de molho Tabasco; ½ xícara de óleo vegetal

Passar tudo, menos o óleo, no processador, e ir juntando o óleo aos poucos.

Os irmãos Prudhomme vendiam nos restaurantes deles vários vidrinhos de temperos especiais, para a infinidade de comidas da Louisiana. Mas, nas aulas, não obrigavam ninguém a usá-los; muito pelo contrário, incentivavam a criatividade de cada um. A maioria é de ervas secas com sal e pimenta.

BLACKENED REDFISH

Ficou muito famoso por algum tempo, enfumaçou cozinhas do mundo inteiro e continua delicioso. Não é fácil explicá-lo por escrito, mas vamos lá!

6 filés de um peixe bem forte, como salmão, atum e outros, com 250 g a 300 g cada filé; 360 g de manteiga sem sal; 2 a 3 colheres (chá) de tempero *cajun*

Temperar os filés com o cajun. Passar os dois lados do peixe na manteiga derretida. Colocar uma frigideira de ferro sobre o carvão em chamas ou sobre chama de fogão industrial no mais forte. Deixar

aquecer muito. Juntar o peixe. Vai fazer muita fumaça. Então, o peixe levita milímetros. (Levita mesmo, por causa do vapor.) Cria logo uma casca escura por fora. Vira-se o peixe, forma-se outra casca e ele permanece macio por dentro. É um peixe sapecado, coisa que muita gente adora.

O PÃO DA MÃE DE PRUDHOMME

Paul se lembrava de chegar do colégio e sentir o cheiro de pão feito em casa com fermento fresco. Era a melhor coisa do mundo. Pegava o pão ainda quente, enchia de manteiga e mel, passava a mão numa batata-doce crua, ia para a roça e assava lá mesmo. Ele achava que o pão com fermento fresco era muito melhor, mas ensinava também com fermento biológico, pois parece que o outro é mais difícil de achar. Lá.

7 xícaras de farinha de trigo; 6 colheres de açúcar; 1¼ de colher (chá) de sal; 1 pacote de fermento biológico instantâneo; 2¼ de xícaras de água morna; ¼ de xícara de banha de porco ou óleo vegetal; 1 colher de manteiga sem sal derretida

Colocar no processador todos os ingredientes, primeiro os secos e depois os restantes, até formar uma bola. Tirar a bola e trabalhá-la mais um pouco sobre uma superfície polvilhada com farinha de trigo. A massa fica sedosa e começa a desgrudar da mão. Pegar um pedacinho e tentar abrir, com as pontas dos dedos, para ver se não se rompe com facilidade. Deixar crescer. Baixar com a mão e começar a dividir em bolotas como bolas de golfe e colocá-las juntas, numa assadeira. Deixar crescer. Levar ao forno por cerca de 30 minutos. Tirar do forno quando estiverem douradas e comer imediatamente com mel e manteiga. (Se preferir fermento fresco, use 1 tablete dissolvido na água morna, com o açúcar.)

PUDIM DE PÃO

Há milhões de receitas de pudim de pão em New Orleans. Esta é a receita dos restaurantes de Prudhomme. Servem em quadrados sobre um molho de limão com uma bolota de chantilly por cima.

> 3 ovos grandes; 1¼ de xícara de açúcar; 1½ colher (chá) de essência de baunilha; 1¼ de colher (chá) de noz-moscada ralada; 1¼ de colher (chá) de canela em pó; 4 colheres de manteiga sem sal derretida; 2 xícaras de leite; ½ xícara de passas; ½ xícara de pecãs torradas e picadas; 5 xícaras de pão muito dormido, torrado em cubos grandes, com casca

Bater os ovos com o chicote até espumarem, colocar o açúcar, as especiarias, frutas secas e o leite. Fazer uma mistura de gosto forte, senão não aparece no pudim. Juntar os pedaços de pão muito seco, afundá-los no líquido. Despejá-los em fôrma refratária. Levar ao forno até ficar com a superfície dourada. Servir com creme chantilly.

CREME CHANTILLY

> ⅔ de xícara de creme de leite fresco; 1 colher (chá) de essência de baunilha; 1 colher (chá) de conhaque; 1 colher (chá) de Grand Marnier; ¼ de xícara de açúcar; 2 colheres de leite azedo (opcional)

Bater tudo com o chicote, tomando cuidado para desmanchar bem o leite azedo sem fazer grumos.

MOLHO DE LIMÃO

caldo de 1 limão; ½ xícara de água; ¼ de xícara de açúcar; 2 colheres (chá) de maisena dissolvida na essência de baunilha e na água

Misturar tudo muito bem em fogo médio e colocar o limão só no fim.

Gertrude, Toklas, Woolf

Gosto de ler sobre comida em tempo de guerra, crise, depressão. Nos diários, cartas e autobiografias, o cotidiano aparece no seu tamanho verdadeiro. "O meu reino por um limão, a minha vida por um ovo de clara dura!" É preciso atenção nas entrelinhas, porque a passagem do tempo adoça o passado e sobra só o positivo e o engraçado. Nas fotos da Segunda Guerra, com suas mulheres ocupadas e intensas, os marinheiros de bonezinho atrevido, expressão maliciosa e o "V" da vitória nos dedos, pode parecer que tudo foi um grande passeio.

Na verdade, aquela alegria tinha como finalidade levantar o moral das famílias e das tropas. Em matéria de comida, na Europa faltava tudo. As laranjas e os limões haviam sumido junto com a felicidade. Os cupons de racionamento eram a maior preocupação de uma dona de casa, debruçada sobre eles, tentando administrá-los. Vivia-se uma privação total, com muita garra.

Virginia Woolf, em carta, agradeceu à sua amiga Vita Sackville West, que morava no campo, um pacote encontrado na caixa do correio. "Isto só pode ser um quilo inteirinho de manteiga, disse eu. Dito e feito. Peguei um pedaço com a mão e comi assim, pura... Seria uma profanação juntar geleia. Você já deve ter se esquecido do gosto que a manteiga tem. Vou contar. Algo assim, entre o orvalho e o mel. Vita, por favor, dê parabéns às vacas, à moça que tira o leite, e gostaria que batizassem o bezerro de Leonardo e, se fêmea, de Virginia..."

Gertrude Stein e Alice B. Toklas moravam na França e enfrentaram a guerra numa casa de campo, cortando lenha, plantando legumes e verduras e trocando mantimentos com vizinhos.

A *mère* Vigne lhes dava um ovo por dia em troca da água da lavagem dos pratos, para alimentar um porco. O porco foi morto no Natal e elas perderam o ovo. E quando os alemães, durante a ocupação, proibiram a pesca, Alice não se apertou e começou a cozinhar *crayfish*, ou crustáceos de água doce, pescados à camponesa, com um guarda-chuva aberto, de cabeça para baixo, as iscas dependuradas nas varetas.

Foi durante esses anos de guerra que Gertrude Stein aprendeu o valor da liberdade e que Alice aprendeu a cozinhar seriamente e fez uso de sua brilhante e devotada domesticidade. Para matar sua fome maior, lia grossos livros de receitas francesas com ingredientes impossíveis. Um sonho a perseguiu durante meses, até que fosse criado o mercado negro de comida. Uma bandeja de prata flutuava sobre a sua cabeça com três fatias suculentas de presunto e aquele cheiro, e aquele gosto...

Já pelo fim da ocupação, em 1943, em Paris, o dinheiro das duas começou a escassear. Pierre Balmain, o jovem costureiro delas, foi convidado para jantar e não viu na parede um quadro de Cézanne, o preferido de Gertrude, e perguntou por ele. "Estamos jantando o Cézanne", cortou Gertrude, sem traço de emoção, e continuou mastigando.

The Official Foodie Handbook, de Ann Barr e Paul Levy, esgotado há anos, comenta que o livro de Alice B. Toklas ficou famoso por ser muito bem escrito e pela receita de brownie de haxixe. "Essa receita fez com que muitos hippies dos anos 1960 se interessassem por cozinha. Cópias xerografadas circulavam pelas universidades. E claro que é ilegal ter em mãos a *Cannabis sativa*, um dos ingredientes principais da receita, mas o brownie fica bom mesmo sem o ingrediente principal. Não faça a receita em seu processador, pois a consistência se perde. Amassar grosseiramente 1 colher de pimenta-do-reino preta, 1 noz-moscada inteira, 1 colher (chá) de sementes de coentro e 4 paus de canela. Picar tudo com uma boa faca pesada: 12 tâmaras descaroçadas, 12 figos secos, 24 amêndoas e 12 castanhas-do-pará. Pulverizar quanto quiser de haxixe e juntar tudo a 115 g de boa manteiga sem sal batida com 250 g de açúcar mascavo. Fazer bolinhas do tamanho de nozes." "Duas bolinhas são o bastante", avisa Miss Toklas.

BOLO DE TRINCHEIRA

Este bolo era mandado para os soldados e às vezes demorava semanas para chegar ao destinatário, sem estragar e sem perder o sabor.

180 g de margarina; 180 g de açúcar mascavo; 60 g de casca de limão, cortada fininha; 380 g de frutas secas picadas; 380 g de farinha de trigo; 2 colheres (chá) de bicarbonato de sódio; 600 ml de leite

Bater a margarina e o açúcar até ficarem cremosos. Aquecer o leite e despejar sobre o bicarbonato. Juntar as frutas secas, a casca de limão, o leite e a farinha de trigo. Mexer bem. Assar em forno moderado por aproximadamente 2 horas, utilizando-se uma fôrma de bolo inglês.

PÃO DE GUERRA

Este pão era feito durante a guerra quando faltava farinha de trigo, no Brasil. A receita foi resgatada por Alicita Ferraz, professora de cozinha, e encontro a mesma receita, com o nome de "pão de macarrão", no caderno de minha avó. Por incrível que pareça, são pães bem gostosos.

500 g de macarrão; 2 ovos batidos; 20 g de fermento fresco dissolvido em leite morno; 1 colher de açúcar; 1 colher (chá) de sal; 2 colheres de manteiga ou banha; farinha para polvilhar e clara de ovo para pincelar

Quebre o macarrão e deixe de molho em um pouco de leite, de um dia para o outro. Depois amasse bem o macarrão com manteiga ou banha e demais ingredientes e deixe crescer. Ao abrir a massa, acrescente, se necessário, um pouco de farinha de trigo para enrolar. Pincele com clara de ovo. Asse por cerca de meia hora.

PÃO INTEGRAL DA NEKA

Rendimento: 3 pães.

1 kg de farelo de trigo; 1 kg de farinha de trigo; 4 tabletes de fermento molhado; 200 g de açúcar mascavo; 1 copo de shoyu; 1 copo de óleo de milho; 200 g de semente de linhaça; aveia para polvilhar; 3 copos de água morna

Dissolver o fermento na água e óleo e misturar os outros ingredientes. Deixar crescer mais ou menos 30 minutos. Untar uma assadeira com óleo e farelo. Colocar a massa e salpicar aveia. Levar ao forno.

PÃO DA DULCE MARIA

Usar um cuscuzeiro comum de metal — ou,
melhor ainda, um de bambu japonês.

5 claras; ⅓ de copo de açúcar; ½ copo de farinha de trigo;
1 colher de fermento em pó; banha para untar

Peneirar a farinha e o fermento juntos, 3 vezes. Deixar as claras à temperatura ambiente e batê-las em neve, colocando aos poucos o açúcar. Quando bem firme, acrescentar, em 2 vezes, a mistura peneirada, mexendo com uma espátula. Numa fôrma untada, despejar essa massa e levá-la ao steamer *ou cuscuzeiro por 20 minutos.*

Missionários da cozinha francesa

Tenho de confessar uma pequena implicância em relação à culinária escrita em língua francesa. A implicância é com a língua, com a retórica, com o estilo um pouco pomposo e esnobe. Mas é, também, uma certa inveja dos fígados gordurosos, dos frangos de Bresse, da infinidade de cogumelos, sem contar *les fonds, les garnitures, les truffes, les pigeonneaux*.

Para alguém que quer aprender a cozinhar, essa leitura pode trazer o desânimo imediato. É que *faire l'amour et faire la cuisine* são sinônimos para os franceses.

Os ingredientes impossíveis são precedidos por adjetivos mais impossíveis ainda. As amêndoas são sempre selvagens; as frutas, voluptuosas; as batatas ao fogo ficam prontas em espasmos de prazer. Ora, tudo isso complica.

Apareceram, então, os missionários da cozinha francesa, que se encarregaram de espalhar a boa nova pelo mundo, em linguagem de gente prática.

Uma das primeiras foi Julia Child, uma americana alta e desengonçada que fez uma série de TV, *The French Chef*. Foi um sucesso estrondoso, que se deveu mais ao seu desengonço do que à sua perfeita

Mais tarde uma fã de Julia Child fez um blog refazendo todas as receitas.

didática. Qualquer aluno seu, depois de uma explicação detalhada, faz um suflê num minuto, sem problema. Mas como a professora é desajeitada!...

Num programa em que ensinava a virar crepes numa frigideira sem tocá-los, só com uma virada de pulso, um deles voou e sumiu. A câmera foi achá-lo dependurado nos fios, no teto.

Julia Child e Simone "Simca" Beck escreveram juntas *Mastering the Art of French Cooking*, provando que era possível fazer comida francesa sem todo o "la-de-la", toda a frescura, todo o mito que insinuava que aquilo era só para poucos e bons, e conseguiram.

Paula Wolfert faz parte da irmandade que espalha com palavras simples os mistérios franceses. Ganha a vida interpretando a Europa comestível para americanos, ingleses e canadenses. Nos anos 1970, enjoou um pouco da comida clássica francesa e mandou-se para a Gasconha, sudoeste da França.

Foi amor à primeira vista. Encantou-se com o ganso, com o pato, com o porco. Aprendeu a fazer confits e tudo o mais, novidade que destrinchou no livro *The Cooking of Southwest France*.

No meio de tantas gentis tradutoras, brilha o varão Richard Olney, que até se mudou para a Provença para melhor entender sua comida. Escreveu *Simple French Food*, e *French Menu Cookbook*. Atualmente, o seu lema é "*faites simple*". Seus livros também são simples, bons de ler, e dão vontade de pôr a mão na massa. Só estou falando de ótimos e confiáveis livros de cozinha, daqueles que vão para a cabeceira e ficam morando lá para sempre.

É bom não esquecer Anne Willan e todo o seu trabalho frente a sua escola La Varenne, por muitos anos sediada em Paris e num castelo no interior da França, e agora somente nos Estados Unidos. Seu livro básico é o *La Varenne French Cookery Book*. É pegar um deles, fazer as receitas de cabo a rabo, e eis-nos profissionais do fogão.

E tivemos no Brasil Patricia Wells, tradutora da irmandade que

Transformou-se em livro e filme de sucesso.

nos ajudou a destrinchar os franceses, que veio aqui para autografar as suas comidas de bistrô. O seu livro sobre Joël Robuchon não poderia ter sido melhor. Em *Simply French* nos apresentou de forma fácil, descomplicada, um dos maiores chefs do século XX.

OMELETE DE AZEDINHA

Receita de Paula Wolfert em *The Cooking of Southwest France*.
O segredo é mal cozinhar a azedinha, para conservar seu sabor fresco, ácido, cítrico. Corte as folhas com tesouras, nunca no processador. Junte-as aos ovos só na hora. Para uma versão mais autêntica, use gordura derretida de pato ou ganso, em vez de manteiga.

6 ovos grandes; ⅓ de colher (chá) de sal; ¼ de colher (chá) de pimenta-do-reino moída na hora; 2 dúzias de folhas de azedinhas, lavadas, sem a haste central, secas e cortadas em tiras; 25 g de manteiga sem sal, ou de gordura de pato ou ganso

Numa tigela pequena, misture os ovos, sal, pimenta e 2 colheres de água batendo com um garfo por 30 segundos. Coe, se desejar. Junte a azedinha.

Aqueça a manteiga ou gordura escolhida numa frigideira de omeletes de 25 cm, ou frigideira comum, muito quente. Quando a espuma diminuir e a panela estiver muito quente, despeje a mistura de ovos. Com uma das mãos, sacuda a frigideira para a frente e para trás, para que os ovos não grudem na panela. Com a outra mão, aperte um pouco com o garfo, mexendo os ovos por 1 ou 2 segundos. Incline a frigideira para soltar as beiradas e para que os ovos dos lados corram para o centro. Logo que os ovos coagularem, com o centro ainda meio líquido, dobre e deixe escorregar em prato quente. Sirva imediatamente.

Valeria a pena fazer um levantamento de quantas maneiras infalíveis existem para se fazer uma omelete... A azedinha não é uma verdura muito usada no Brasil, mas já é possível encontrá-la em feiras, geralmente em bancas de portugueses. Se não tiverem é só pedir, porque, com certeza, têm plantada em casa. Quem tiver meio metro de terreno pode plantar, que vira praga.

Nós somos vítimas do pudim de leite mais enjoativo do universo. E esse pudim pode ser a coisa mais leve e deliciosa, se feito como manda Anne Willan, do La Varenne. Vade-retro, pudim de todo dia, vamos a essa coisa que desmancha na boca sem excesso de doçura, creme das nossas avós.

PUDIM DE LEITE

Os ovos inteiros fazem a liga da mistura, e o pudim
pode ser desenformado com facilidade.
Fôrmas a serem usadas: vasilha de suflê com capacidade de 1,25 l
ou 8 ramequinhos (tigelinhas) de 150 ml de capacidade cada um.

600 ml de leite; 1 fava de baunilha, partida ao meio no
sentido do comprimento; 80 g de açúcar; 2 ovos; 2 gemas;
75 ml de água e 100 g de açúcar para caramelar a fôrma

Em primeiro lugar, caramelize a fôrma. Aqueça a água até que o açúcar se dissolva e deixe ferver até ficar da cor de caramelo dourado. Retire do fogo. Quando as bolhas baixarem, despeje o caramelo quente na fôrma e vire-a de todos os lados para que fique coberta. Deixe de lado para esfriar e endurecer. Preaqueça o forno.

Comece a fazer o pudim. Escalde o leite, deixando-o ferver com a fava de baunilha, tampe e deixe em infusão de 10 a 15 minutos. Junte o açúcar e mexa até dissolver. Bata os ovos e as gemas até que fiquem bem misturados e junte, sempre mexendo, à mistura de leite quente. Deixe esfriar um pouco e passe por peneira ou chinois diretamente dentro da fôrma já preparada.

Coloque a fôrma em banho-maria e leve a ferver no fogão. Passe para o forno já aquecido, sempre no banho-maria, e deixe assar de 40 a 45 minutos no caso de uma fôrma grande, e de 20 a 25 minutos para ramequinhos individuais, ou até que, ao se enfiar uma faca no centro, ela saia limpa. Tire do banho-maria e deixe esfriar.

O pudim de leite pode ser feito até 48 horas antes de ser servido e conservado na geladeira, tampado. Cerca de 1 hora antes de servir, e não mais, passe uma faca nas bordas do creme e desenforme-o em prato de servir.

PETITS POTS DE CRÈME

Para 9 pessoas.
Estes potinhos de creme são ainda mais delicados do que o pudim de leite, pois não levam claras (e, portanto, não podem ser desenformados).

> 1 litro de leite; 1 fava de baunilha aberta ao meio; 100 g de chocolate em barra, meio amargo, picado; 12 gemas; 200 g de açúcar; 2 colheres (chá) de café instantâneo dissolvido em 1 colher (chá) de água quente; 9 ramequinhos com ou sem tampas

Escalde o leite levando-o à quase fervura, com a fava de baunilha; tampe e deixe em infusão de 10 a 15 minutos. Derreta o chocolate num banho-maria, mexendo de vez em quando. Retire do fogo quando derreter e deixe esfriar.

Bata as gemas com o açúcar até que fiquem bem leves e ligeiramente encorpadas. Junte o leite quente e coe essa mistura, reservando a baunilha para outra vez.

Preaqueça o forno no grau médio. Transfira o creme para uma jarra e despeje ⅓ dele em 3 potinhos. Misture o café no restante do creme e despeje metade dele em mais 3 potinhos. Junte o chocolate frio, mas ainda derretido, no restante do creme e despeje nos 3 últimos potinhos. Nota: apesar de este último creme misturar 3 sabores, o gosto de chocolate vai predominar. Retire alguma bolha.

Coloque os potes num banho-maria e tampe com tampas ou papel-alumínio. Leve a uma quase fervura sobre o fogão. Leve ao forno preaquecido e cozinhe de 30 a 40 minutos ou até quando, ao se enfiar uma faca no centro, ela saia limpa.

Nota: não deixe a água ferver e não deixe cozinhar demais, porque os cremes podem talhar. Tire-os do banho-maria e deixe esfriar. Podem ser feitos 24 horas antes e mantêm-se bem na geladeira. Sirva à temperatura ambiente.

Na França é tradição fazer esses potinhos com 3 sabores, mas você poderá escolher quantos sabores quiser.

COMO DERRETER O CHOCOLATE EM BANHO-MARIA

Pique ou quebre o chocolate em pedaços, para que ele derreta por igual. É bem importante que a panela com o banho-maria seja mais rasa do que a de chocolate para que não caia nenhuma gota d'água no chocolate, que pode endurecer.

A água não deve ferver. Retire o chocolate do banho-maria logo que derreter.

Portugal

Quem recolheu adágios e histórias da ilha Terceira com muita graça foi Augusto Gomes, em *Comida tradicional da ilha Terceira*.

A maior parte dos depoimentos foi dada por tia Gertrudes, uma velhota simpática de oitenta e tantos anos, sentada em sua cadeira de balanço, rodeada de utensílios gastos pelo uso, que levou para aquela mesma cozinha quando se casou. Pratos de barro vidrado, a panela fumegante no fogão à lenha, as linguiças dependuradas a defumar compõem o cenário. Pelo ar, um cheirinho de maçãs, de caldos, de couves. O linguajar de tia Gertrudes é tão doce que sozinho dá uma crônica de costumes.

"Oh, meu rico senhor! Doces?! A gente aqui pr'ó monte, de doce era a massa sovada, os filhós, os coscurães. E quando havia casamento na cidade? Se fui a alguns? Então, não haverá de ir? Ia toda a gente bem-vestida que se podia ver, em trens. Inté os cocheiros iam de chapéu alto, casaca e luvas. E os doces? Misericórdia! Era cabedal. De todos os feitios. Mas aquilo é que eram doces, feitos com ovos, não com pózes de boticas! Agora vendem pra'i umas coisas secas, estorricadas que até metem nojo...!"

E tia Gertrudes continua a desfiar a sabedoria das comidas de casório, que são as sopas, os cozidos, as carnes assadas, o arroz-doce, as amêndoas, os confeitos.

"Há cá nada que chegue a um caldinho de couves, a uma sopinha de leite, ou a uma açordiada bem-feitinha. Antigamente os hómes comiam açorda antes de irem pras terras. E olha o senhor que era cada hóme que dava gosto ver... Hoje são uns infezados. O senhor quer saber como se faz um caldinho de couves? Deixa-me rir! Então, não sabe?"

E lá vai tia Gertrudes documentando a comida rústica da ilha. "E não foi maçada nenhuma. O senhor quando quiser saber mais alguma coisa é só dizer. Mas, é como já lhe disse, é cá a minha moda, nada de palavras políticas..."

COSCORÕES

Não conheço quem não se lembre com delícia de aparas de pastel fritas, com açúcar e canela. Esta é uma massa feita de propósito, para coscorões, que se abre, linda, na fritura.

Amasse 250 g de farinha de trigo com raspa de laranja, 1 colher de manteiga, 1 colher de banha, 3 gemas, 2 colheres de açúcar, levando a água necessária para tomar a massa, devidamente temperada de sal.

À medida que se vai juntando água temperada de sal, vai-se adicionando o suco de uma laranja. A massa deverá ser sovada até adquirir a consistência de ser aberta com rolo. Deixa-se descansar de 2 a 4 horas, então se rola para obter uma pasta bastante fina, que deve ser cortada em quadrados com 8 cm de lado, para frigir em banha. Depois de fritos, são escorridos sobre um pano branco, sendo finalmente colocados em travessas e polvilhados com uma mistura de açúcar e canela.

Márcia Zoladz, brasileira, escreveu um livro de receitas portuguesas. O estilo é outro. Quando ensina a fazer sardinhas assadas para quatro pessoas, enumera os ingredientes e passa ao modo de fazer: "Lave as sardinhas, sem as vísceras. Deixe de molho no vinho branco por duas horas, misturado com alho espremido, colorau e sal a gosto. Unte uma assadeira de barro com azeite. Passe as sardinhas pela farinha, sacuda o excesso e coloque na assadeira. Asse em forno quente até dourarem dos dois lados".

E pronto. Nada de frescuras. Márcia Zoladz foi lá no caderno da avó portuguesa, teve um trabalhão danado, escolheu, adaptou, escreveu um livro... em alemão para os alemães, pasmem! Conheci o bichinho ainda nessa fase, quando se chamava *Portugiesisch Kochen*, uma delícia de livro. Imaginem as pataniscas do dr. Marques, iscas com elas, e toucinho do céu, em alemão sisudo. Depois, a autora traduziu 77 receitas de seu livro e publicou *Cozinha portuguesa*. E a grande, a enorme virtude das 77 receitas curtas, precisas e enxutas é que dão certo. O que é da maior relevância, pois aqui, na Alemanha e em Portugal, o importante é que as receitas sejam claras e resultem em bons bacalhaus e rebuçados.

Dá um pouco de pena ver que Márcia, tão vibrante no dia a dia, tenha se escondido atrás de galinhas recheadas, da vitela assada na brasa, do arroz de matança, da aletria, e que no processo de se esconder tenha escondido a avó também. E me queixei timidamente, como o fez Fernando Pessoa à missionária da cozinha: "Mas se eu pedi amor, por que é que me trouxeram dobrada à moda do Porto, fria?". A Márcia confessou timidez. Quando escreveu o livro era profissional de jornal e se exercitava no duro ofício do distanciamento exigido pelos manuais. Inibiu-se de propósito, por disciplina, conservou-se a quilômetro e meio do bacalhau à Zé do Porto, das castanhas de Viseu, dos ninhos de ovos. O que não importa. Setenta e sete cabalísticas receitas certas e enxutas, coisa tão rara, valem a pena. Afinal a linguagem clara, objetiva, a técnica fácil é que vão permitir, no caso, a recriação de nomes líricos, como: os peixinhos da horta, os rojões à moda do Minho, as amêijoas na cataplana, os papos de anjo, os camafeus e o quindim de dona Casimira...

SOPA DE PÃO COM HORTELÃ

Rendimento: 4 pessoas.

3 pãezinhos; manteiga ou margarina; 1 maço de hortelã;
2 litros de caldo de carne

Corte o pão em cubinhos e doure na manteiga. Divida os cubinhos em 4 tigelas de sopa. Coloque as folhas de hortelã por cima e regue com o caldo de carne bem quente.

ARROZ DE POLVO

Rendimento: 6 pessoas.

750 g de polvo; 2 xícaras de arroz; 1 cebola grande, picadinha; 2 colheres de azeite; 1 tomate grande; 2 folhas de louro; 4 xícaras de água; salsa picadinha; 2 limões; sal

Lave e seque o polvo. Corte em pedaços de cerca de 4 cm. Doure a cebola no azeite, adicione o polvo, o tomate partido e as folhas de louro. Regue com um pouco de água quente. Cozinhe o polvo em pouco líquido, para não ficar duro. Quando estiver cozido, junte o arroz, o sal

a gosto e o restante da água quente. Cozinhe em fogo médio, sem tampar a panela. Na hora de servir, enfeite com salsa picadinha e fatias de limão.

LOMBO DE PORCO

Rendimento: 4 pessoas.

800 g de lombo de porco; 4 dentes de alho; 3 pimentas-malaguetas; 1 colher de azeite de oliva; 4 colheres de banha; 1 kg de vôngole; 2 limões; sal

Faça uma pasta com o alho, o sal, o azeite e as pimentas. Cubra a carne com esse creme. Deixe descansar em lugar fresco por cerca de 8 horas. Pouco antes de servir, corte a carne em cubos grandes e doure em banha quente. Enquanto isso, lave e seque os vôngoles e junte à carne dourada. Tampe a panela e deixe cozinhar até as conchas se abrirem. Sacuda a panela de vez em quando. Sirva com fatias de limão.

BATATAS AO MURRO

Rendimento: 4 pessoas.

800 g de batatas de tamanho médio; 1 xícara de azeite; 3 dentes de alho; salsinha picada; sal

Lave muito bem as batatas com casca. Coloque-as em uma assadeira e polvilhe-as com sal. Asse em forno quente. Esquente o azeite com alho picadinho. Quando as batatas estiverem assadas e macias, retire o tabuleiro do fogo. Pegue as batatas uma a uma e dê um soco bem forte. Ponha no prato em que for servir, regue com o azeite quente e polvilhe com salsinha.

OVOS MOLES

Rendimento: 4 a 6 pessoas.

300 g de açúcar; 100 g de farinha de arroz; 1½ xícara de água; 12 gemas

Misture o açúcar com 1 xícara de água. Faça uma calda em ponto de fio. Dissolva a farinha de arroz em ½ xícara de água, leve ao fogo novamente para engrossar. Junte à calda. Mexa em fogo baixo, até aparecer o fundo da panela. Bata as gemas até ficarem clarinhas. Peneire e junte ao creme. Leve novamente ao fogo baixo e mexa até o fundo da panela aparecer.

Esses ovos moles, por causa da farinha de arroz, são muito diferentes, mas interessantes. Fazem lembrar aquele doce de arroz japonês que se vende na Liberdade, que é um gosto adquirido, mas depois de adquirido você sonha com ele à noite.

Acqua toffana

Li o livro de Patrícia Melo *Acqua toffana*, um thriller brasileiro, do tamanho de dois contos gordos da *New Yorker*. São os tempos e os temperos de uma mulher com medo de morrer e de um homem com vontade de matar.

Patrícia Melo, quando se casou, pediu que o nosso bufê, Ginger, fizesse a comida da festa. Eu, a cozinheira gorda, de mãozinhas de almôndega e dedos de croquete, já deveria ter desconfiado de Patrícia, de suas armas, facas e venenos. Hoje, me lembro dela como duas. Uma, a moça executiva, que sabia exatamente o que queria, desde a sequência de aperitivos até a disposição dos móveis, projeto a ser executado, tim-tim por tim-tim. E a noiva, Madona de pele branquíssima, cabelos de ônix, boca vermelha de sangue. *Dressed to kill*.

E agora, depois do livro, certeiro, econômico, fico preocupada com seu casamento e com a ingenuidade do bufê. Explico. Fazer a comida de um casamento é compactuar com a cerimônia, é ser testemunha, é ser responsável, é ser madrinha.

Até que o casal se mudasse, sem deixar endereço, o bufê mandava uma carta mensal com sugestões e receitas, para orientar as crianças, novatas nas artes caseiras. Receitinhas de bolo de laranja com cobertura de coco, biscoito de polvilho das avós, pequenos ensopados. Ah, ridículas banqueteiras...

O que terá Patrícia feito com as receitas das avós? Com certeza já sabia de nossos segredos mais recônditos, dos nossos fingimentos... Que éramos suas cúmplices no manejo da faca, do tiro certeiro, do afogamento. Conhecíamos as facas de gume profundo.

A menina-noiva não queria saber de fritar, cozinhar, amassar, misturar, adicionar... Tinha dentro de si, ainda insuspeitado por nós, o instinto das cozinheiras, das *serial killers*, gosto de estrangular, esfaquear, mutilar e acabar. Condutopáticas. Todas as receitas do mundo são exercícios de crime.

Toda comida é precedida de assassinatos maiores ou menores. As pessoas se calam, mas não há almoço, nem lanche, nem jantar, sem morte matada. Mesmo os canapés inocentes, milimétricos, o carpaccio se enrolando como flor de sangue, o estilete fino do salmão sobre o pão preto, o fígado gordo besuntando a torrada, a rodela de lagosta com palmito escondem crimes.

Voltando ao casamento de Patrícia, como andará agora a nossa noiva? E o marido? Estará vivo, ainda, o marido? Ou jaz picado em tirinhas sob o chão de parquete do apartamento antigo?

Assassinos de cara boa, disfarçados, sempre moraram em livros famosos. Françoises proustianas matando frangos com prazer inusitado, cortando-lhes o pescoço por baixo da orelha, recolhendo o sangue que escorria, murmurando com ódio: "Excomungado!".

Toda refeição tem tragédia na copa, ingredientes sangrentos, queimaduras, esfolamentos, escalpelos, que ninguém se engane!

Alice B. Toklas também entendia da inevitabilidade do crime. Cometeu seu primeiro assassinato quando ganhou uma enorme carpa viva, olho translúcido. E tinha de acabar com ela antes que Gertrude Stein chegasse cheia de medos e pruridos. Cobriu a mão esquerda com um pano de prato, pegou uma faca afiada enorme e cravou-a na base da coluna vertebral da bichinha. A carpa derreou para um lado, morta e mole, e Alice para o outro, numa poltrona. Acendeu um cigarro e, trêmula, esperou que a polícia viesse buscá-la. Como não veio, continuou sua bem-sucedida carreira. Na hora de matar pombos enxergava com as mãos os pescocinhos frágeis, as plumas, os ossos pequenos estalando, o estertor, o amolecimento súbito da ave.

Patrícia Melo, cúmplice noiva, nossa irmã do crime em série. Desejamos a você carreira longa, com a mesma arte, inspiração e humor. *Acqua toffana! Venenum attemperatum...*

Mas a própria Patrícia Melo, num de seus disfarces, mandou uma receita inocente, que parece muito boa. Todo cuidado é pouco, no entanto.

PENNE À LA MELO

1 xícara de azeite extravirgem (desses com trufas ou pimenta); 1 xícara de vinho branco; 1 xícara de caldo de carne caseiro; 3 alhos; 6 tomates; 1 pires de manjericão picado; 3 pimentas-malaguetas frescas; queijo parmesão ralado, a gosto

Jogue na panela o azeite, o alho, a pimenta e o manjericão. O azeite fica aromatizado. Aí, então, inclue-se o tomate, dá-se uma refogadinha e joga-se o vinho e o caldo de carne. Reduzir um pouco. Na hora de servir, salpique manjericão fresco na massa e muito, muito queijo parmesão. É ótimo! A massa preferida, que vai muito bem com esse molho, é o penne.

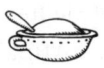

Não conheço nenhum livro que ensine como matar galinhas, lagostas, porcos e siris. Vai aí uma ideia, para um best-seller. Ah, agora me lembro de que a filha de Jorge Amado, Paloma, ensina como matar uma galinha em *A comida baiana de Jorge Amado*.

Caso deseje matar uma galinha em casa, aí vão os conselhos de Nazareth Costa, no livro da Paloma:

"Pegue uma galinha, que não deve estar cansada, e segure os dois pés dela com um pé seu, e as duas asas com seu outro pé. Segure a cabeça da galinha com a mão, lembrando de prender o bico, para a galinha não gritar, e vire para trás até que o pescoço fique livre. Limpe uma parte do pescoço, retirando as penas com a ajuda de uma faca. Com o lado da faca, dê umas batidinhas no pescoço limpo de penas, para que a artéria fique saltada. Coloque uma tigela — que já deve conter uma colher de sopa de vinagre — sob o pescoço da galinha. Dê um corte com a faca no lugar onde a artéria ficou saltada, apare o sangue na tigela e em seguida mexa para não talhar.

"Agora, é só depenar a galinha, chamuscá-la sobre a chama, limpá-la e seguir a receita.

"Caso se trate de galinha-d'angola, e ela ainda esteja no quintal, lembre-se de que, para pegar uma guiné, são necessárias prática e sorte. A tô-fraco é ave arisca, pegá-la é uma façanha."

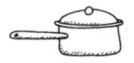

A Françoise de Proust contava que o coelho, ao morrer, fazia uma barulheira muito maior do que a de uma galinha, e Bettina Orrico já me disse, com as maiores caretas de comiseração, que, ao matar uma lagosta, ela deu um pavoroso grito de dor. Sugeri que o grito talvez tenha sido da própria Bettina, e ela não nega a hipótese, hum, não sei, acho que foi a lagosta mesmo... Afinal, lagosta grita?

Retorno a Brideshead

Por que eu só fazia crítica de comidas estrangeiras? Porque tínhamos pouquíssimos livros brasileiros.

"Brideshead" é o nome de uma casa de campo inglesa. Evelyn Waugh, o mais inglês dos ingleses, mordaz, descreve o estilo de vida de seu país antes da Segunda Guerra Mundial no livro *Retorno a Brideshead*.

O autor comenta, no prefácio de uma das edições, que em 1944-5 estava tomado de medo, privações, tristezas, entupido de refeições de soja, cheio de saudades da comida boa, champanhe, vinho, dos esplendores do estilo rural inglês. Não fez mais, no seu livro, do que chorar por um passado recente que lhe parecia em vias de extinção.

Um maldoso qualquer sugeriu que para se comer bem, na Inglaterra, são necessários três cafés da manhã. Outro, mais maldoso ainda, diagnosticou que o ar sisudo do inglês vem do fato de que depois do breakfast as coisas só tendem a piorar. Nas suas próprias memórias e em *Retorno a Brideshead*, parece que Evelyn Waugh tem a mesma opinião que os maledicentes. A vida é composta de intervalos entre chás e breakfasts, com piqueniques na relva, de vez em quando. Vivem dos primeiros morangos com vinho, *eggs and bacon*, ovos mexidos, geleia de laranja-amarga, *crumpets, muffins, trifles*, bolos de frutas, merengues, nozes verdes em conserva. Comem pêssegos, uvas moscatel, figos colhidos na hora. Um almoço inglês é descrito como tedioso e insosso, e na casa londrina do pai de Charles Ryder, o protagonista, o menu é um horror repetitivo.

O que mais se come no livro?

Caviar, dentro de um cisne esculpido em gelo, mas no camarote de um navio. Pescam-se camarões, mas em Veneza, onde também aparecem delícias de melão com presunto cru, sanduíches de queijo quente, coquetéis de champanhe no Harry's Bar. A única refeição para gourmets é em Paris, patrocinada por um nouveau riche. O menu é composto de *caviar aux blinis*, uma sopa de azedinha, "quente, rala, amarga, espumante", um linguado muito simples cozido em vinho branco, um pato *à la presse*, um suflê de limão e uma salada de agrião e endívias polvilhada com cebolinha francesa. Mostra aí, bem claro, que se janta muito bem em Paris. Na Inglaterra, tome chá e breakfast, que é quando o inglês mostra o quanto vale.

Engraçado é que, em 1932, Evelyn Waugh dá com os costados no Brasil, na Amazônia. Coisa de inglês. O maior programa de índio que se possa imaginar. Foi uma saudade só do chá das cinco. Branquelo, os mosquitos quase o mataram de picadas. Viu cobras engolindo sapos e… em matéria de comida desanimou de vez. A farinha de mandioca era como um pó de serragem, duríssima, com gosto de papel pardo. Até que iria bem com um gostoso e cheiroso ensopado. A carne-seca, um flagelo. Talvez até desse para comer, com muitos legumes frescos e pão. Mas farinha com carne-seca e só, francamente, era impossível! *My God!*

Dundee, na Escócia, é a cidade de origem da geleia de laranja. A história é que um navio espanhol se refugiou, numa tormenta, no porto de Dundee, com uma enorme carga de laranjas-de-sevilha. James Keiller comprou-as muito baratas e só depois percebeu que não poderia vendê-las por serem muito amargas. Sua mulher, esperta, não querendo perder a fruta, fez uma geleia que ficaria famosa e que daria trabalho a ela e seus descendentes até os nossos dias.

ORANGE MARMALADE
Geleia de laranja-amarga.

1 kg de laranjas para doce; 2 limões;
1 kg de açúcar cristal

Lave as laranjas e os limões e coloque-os, inteiros, numa panela grande. Junte água e tampe. Deixe ferver docemente por cerca de 1h30 até que um garfo penetre nas frutas com facilidade. Quando estiverem macias, retire-as da água e deixe esfriar. Com uma faca amolada, corte em pedaços desiguais (o que caracteriza esta geleia) e retire as sementes. Junte as sementes à água, ferva por alguns minutos e coe. Acrescente a fruta cortada à água, deixe ferver, coloque o açúcar e mexa em fogo baixo até que ela se dissolva. Deixe ferver, sem mexer, por cerca de 30 minutos. Para ver se está no ponto, coloque 1 colherinha de geleia num pires frio e incline o pires. A geleia enruga e está no ponto. Passe água fervente nos vidros e ponha a geleia.

Isto tudo é bem diferente da nossa tradição de café da manhã, mas a geleia é ótima para qualquer café do mundo. E já estamos quase escoceses ou chilenos. O salmão chileno criado chega aqui mais barato que nosso próprio peixe. Para cafés da manhã festivos é interessante ter alguma coisa com ovo, feita na hora, no réchaud. Na Inglaterra, pelo menos, nunca vi um breakfast sem ovos e bacon. E não é possível bacon com ovos tão ruins como na maioria dos hotéis. Há mil jeitos de acomodá-los, não sei como conseguem sempre o jeito péssimo. Agora, o cheiro vale a pena sempre. É demais para acordar de bom humor.

Mas cada um tem suas fantasias e bobagens na cabeça. Eu detesto café com leite, mas acho que tomaria todas as manhãs se fosse na tigela, como os franceses. Tem outro gosto, molhando os pedaços de pão rústico, como Heidi, na sua montanha. São duas jarras, uma de café e uma de leite, despejadas ao mesmo tempo sobre a tigela individual. Alguns gostam de porções iguais, outros de três partes de café para uma de leite. O café deve ser bem forte e a proporção, no mínimo, de duas colheres de café por xícara de leite. Esta, aqui abaixo, é uma amostra do café da manhã no Ritz de Londres.

WELSH RAREBIT

1 xícara de queijo picante, tipo cheddar, ralado; 3 colheres de cerveja preta; 2 colheres de manteiga; 1 colher (chá) de mostarda picante; sal e pimenta-do-reino; 2 torradas

Derreta o queijo na cerveja numa pequena panela sobre fogo baixo. Junte a manteiga e a mostarda. Polvilhe com sal e pimenta-do-reino. Despeje sobre a torrada e leve ao grill ou ao forno até o queijo ferver, formar bolhas e começar a queimar.

OVOS MEXIDOS COM SALMÃO DEFUMADO E CEBOLINHA FRANCESA

Serve de 2 a 3 pessoas.

2 colheres de manteiga; 4 ovos; 6 colheres de creme de leite

fresco; sal e pimenta-do-reino moída na hora; 3 colheres de salmão defumado, picado bem fino; 1 colher de cebolinha francesa, picada bem fino; 2 colheres de salmão cortado como palitos de fósforo; 2 fatias de pão preto, com manteiga; 100 g de fatias de salmão defumado; 2 tomates pequenos; limão

Aqueça a manteiga numa frigideira grossa até começar a espumar. Bata os ovos e o creme de leite juntos, com um garfo, juntando 1 pitada de sal e outra de pimenta. Abaixe o fogo, jogue o ovo batido e mexa com a colher de pau, sem deixar cozinhar. Tire do fogo. Junte o salmão defumado e a cebolinha. Ponha essa mistura sobre a torrada no prato e faça um xadrez de tiras de salmão por cima e as fatias fazendo pétalas em torno da torrada e de ¼ de tomate. Use ¼ de limão para espremer por cima.

BACON, TOMATES E PÃO FRITO

Para 4 pessoas.

4 tomates médios, bem maduros, partidos ao meio; 30 g de manteiga; 8 fatias de bacon; 4 fatias de pão, grossas, sem casca

Coloque os tomates numa panela, com a manteiga em quadradinhos por cima, e grelhe em um pequeno forno até ficarem macios, mas não moles, por mais ou menos 5 minutos.

Enquanto isso, frite o bacon numa frigideira e, quando estiver pronto, transfira para uma travessa de servir aquecida. Ligue o fogo e frite o pão na gordura do bacon até dourar dos dois lados e sirva imediatamente com os tomates e o bacon.

MINGAU DE AVEIA

É coisa que não pode faltar.
Serve de 3 a 4 pessoas.

1⅔ de xícara de aveia; 3½ xícaras de leite

Polvilhe a aveia sobre o leite e mexa. Leve ao fogo baixo e deixe alguns minutos até alcançar a consistência desejada (vai depender da aveia). Tire do fogo e deixe esfriar de 2 a 3 minutos. Misture bem antes de servir. É bom acompanhar com o molho a seguir.

MOLHO DE UÍSQUE

100 g de manteiga; 150 g de açúcar; 1 ovo batido;
6 colheres de uísque

Em fogo muito baixo e panela grossa, misture o açúcar e a manteiga, até que a manteiga derreta e o açúcar comece a dissolver. Junte o ovo. Continue a cozinhar até que a mistura engrosse, sem chegar perto de ferver. Tire do fogo e deixe amornar. Junte o uísque. Sirva numa jarrinha ao lado do mingau.

Frutas Brasil frutas

Frutas Brasil frutas é o nome do livro. Tem a maior cara de brinde de banco, com fotos excelentes, papel liso e brilhante, texto de bom gosto. Silvestre Silva começou a pesquisa quando lhe bateu a vontade de comer de novo a polpa branca e doce de um bacupari. Saiu procurando e, na caminhada de trinta anos, descobriu todas as frutas que fotografou. Que país engraçado este, onde as frutas nativas são exóticas para seu próprio povo! Um bebê urbano pode tomar suco de kiwi todos os dias e passar a vida sem provar um mingau de mandioca com açaí. De vez em quando dá desânimo de resgatar toda essa comida brasileira perdida mato adentro. Até os nomes soam estranhos. É só imaginar o quitandeiro com uns restos de sotaque português, aos berros, no telefone: "Pois não é que me chegaram aqui a cabeludinha e o araçá? Estou é às voltas com o cambucá e o sapoti que encalharam. Ou o produto é fresco e de primeira, ou nada feito! Fica aí o senhor com a pupunha e o bacupari!".

O livro, à primeira vista, dá uma sensação de déjà-vu. Já comemos aquela fruta, só não sabemos quando e onde. Estão todas lá, no inconsciente coletivo tropical. Tudo muito primitivo, a árvore de fruta-pão com aquelas folhas enormes, definidas, recortadas, e a fruta redonda e verde. Em Paraty, no quintal da Santa Casa há uma árvore dessas, e em noite de lua cheia só faltam aparecer os macacos que nos quadros de Rousseau chupam laranja com cara de sonsos.

A seleção é de frutas nativas e aclimatadas: banana, cajá, coquinho, maracujá, tamarindo, jenipapo, catalogadas com seus nomes científicos e populares em português e inglês. Pequi em inglês é *souari nut*, sabe-se lá por quê. Será que o mundo ainda vai descobrir, um dia, que com o pequi se faz o pior licor do mundo, mas o melhor arroz? É um gosto adquirido, como o do açafrão, que para os não iniciados tem gosto de remédio.

O autor, Silvestre Silva, quer, com o livro, resistir à destruição das matas e trazer de volta o que é nosso. Deus o abençoe, e lhe dê vontade de comer bacupari mais uma vez e força para mais volumes.

Outro lançamento foi *O livro dos enfeites*, primeiro de uma coleção. Tem tudo o que você queria saber sobre enfeites, principalmente legumes recortados, e nunca teve coragem de perguntar. De borboletas de limão a barcos de pepino, o autor mostra como se faz tudo, passo a passo. Um amigo de Lillian Hellman conta que, cozinhando na casa de praia dela em Martha's Vineyard, fez uma flor de rabanete e enfeitou a salada, esperando visitas. Quando a campainha tocou, Lillian empurrou o rabanete da salada e rugiu: "Que ninguém pense que estamos enfeitando saladas nesta casa! Só por causa desta flor podemos passar a temporada toda sem que uma vivalma nos cumprimente!".

Comprando *O livro dos enfeites*, corremos o risco de cair no ostracismo social, mas quem se importa?

Tenho uma edição do livro *Frutas de doce. Doces de frutas*, de Lúcia C. Santos. É só de frutas brasileiras ou aclimatadas, bom para quem tem um pomar antigo, ou simplesmente para quem quer fazer doces de frutas. A receita adiante, do livro acima, é interessante por usar a polpa branca do maracujá.

COMPOTA DE MARACUJÁ-MIRIM

Tomam-se 2 dúzias de maracujás-mirins, ainda verdoengos, com cabos, descascam-se (o que se pode fazer com um ralo fino), dá-se um corte ao longo do fruto, mas só atingindo a metade deste, deixando-o, pois, inteiro e com os cabos. Pelo corte, extrai-se a polpa que envolve as sementes. Põe-se, então, em um tacho com água e limão, e leva-se a cozinhar. Quando estiverem um tanto macios, escorre-se a água e vão para um tacho em calda fina, até tomarem o ponto desejado.

MUSSE DE MARACUJÁ

Mudamos um pouco uma receita de Jane Grigson e fizemos uma musse de maracujá extremamente saborosa. Costumamos pôr à sua volta a compota da polpa branca (receita anterior) e um molho feito com as sementes.
(O maracujá depois de descascado tem uma polpa branca, da qual se faz uma compota. Aberto ao meio, tem uma polpa gelatinosa que envolve as sementes, com a qual fazemos a calda ou molho.)

Musse: 8 maracujás; açúcar; 4 gemas; 6 folhas de gelatina

branca; 200 ml de creme de leite fresco e grosso, batido; 3 claras batidas em neve

Molho: 2 a 3 maracujás; açúcar; suco de 1 laranja grande; 1 colher de caldo de limão; 1 colher (chá) bem cheia de araruta ou maisena

Corte a fruta ao meio e separe as sementes com sua polpa gelatinosa para uma panelinha. Junte ½ xícara de açúcar e 1 colher de água. Cozinhe sobre fogo médio, até ficar bem quente, sem deixar ferver.

Passe por peneira, aproveitando o máximo possível a polpa gelatinosa. Guarde um pouco da semente para enfeitar e jogue o restante fora. A essa polpa junte as gemas, batendo bem. Ponha sobre uma panela em banho-maria e bata com a batedeira, até que cresça e fique cremoso. Tire do banho-maria.

Dissolva a gelatina em 6 colheres de água bem quente e junte ao creme de maracujá. Bata com o chicote até amornar, ficar quase frio. Junte mais açúcar a gosto e leve à geladeira. Quando começar a endurecer, junte delicadamente o creme batido, depois as claras batidas em neve dura. Ponha numa tigela de suflê ou numa fôrma de pudim com furo no meio e leve à geladeira.

Enquanto isso, faça o molho: ponha a polpa com as sementes de 2 a 3 maracujás numa panelinha com ¼ de xícara de açúcar e os sucos de limão e de laranja. Leve quase a ferver e junte a araruta ou maisena, dissolvida em ½ xícara de água. Deixe cozinhar até que a calda engrosse e fique clara, passe por peneira e experimente. Junte mais açúcar ou mais caldo de limão para enfatizar o sabor. Passe um pouco de calda sobre a musse, com um pouco de sementes para decorar. Sirva o restante do molho numa jarrinha. A musse pode ser servida em tigelinhas, sem desenformar, com as sementes por cima, ou pode ser grande e desenformada, com o molho e a compota de maracujá em volta.

O molho pode ser cru, passando-se a polpa das sementes rapidamente pelo processador ou liquidificador. Talvez seja até melhor.

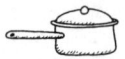

Por falar em melhor, o mais completo livro de receitas de frutas que conheço é *O livro das frutas*, de Jane Grigson.

Paloma

Maria Helena, minha cunhada, ligadíssima em comida, veio nos visitar. Na verdade veio foi roer a corda e dizer que não iria mais viajar comigo para um seminário de comida, e que eu teria de me virar sozinha.

Fiquei com a cabeça rolando, pensando em novas companhias e, ao mesmo tempo, tentando uma conversa mole para disfarçar a decepção.

"Maria Helena, você viu a Paloma no programa do Jô?"

"Não, não vi. Foi bom? Eu conheço a Paloma. Quando morávamos em Jay Mews, ela foi lá com o Manolo Blahnik."

"Com o Manolo Blahnik? O estilista de sapatos? Eles eram amigos? Que estranho..."

Na televisão a Paloma me parecera uma filha devotada, boa cozinheira, artesã das melhores, costurando para a mãe um livro feito à mão, de presente de aniversário. A voz pausada, um tempo de falar muito baiano, um afeto também baiano ligado à família e aos amigos, aos costumes da terra. Solta em Londres nos anos 1960 com Manolo Blahnik... Que improvável! Continuei o papo furado.

"Parece que o livro de receitas dela foi feito com muito cuidado, com o maior capricho. Pedi o copião para a editora, mas não consegui. Vou ter de ir à inauguração da Bienal do Livro."

Foi a vez de Maria Helena cair do cavalo.

"A Paloma escreveu um livro de receitas? A Paloma?"

"Pois é, você não ouviu falar? Foi às cozinheiras baianas, alugou até dona Canô, atrás de receitas típicas."

Minha cunhada só faltou morrer. Era como se a Paloma houvesse roubado dela, pessoalmente, a dona Canô, os baianos, um naco do Brasil.

"Mas como é possível? A Dedé Veloso sempre quis fazer um livro com as receitas de dona Canô, e agora vem a Paloma..."

Continuei, ingênua, a botar lenha na fogueira. "Achei a Paloma simpática, inteligente, toda explicadinha, o rosto bonito, gorda, o que dá mais credibilidade ao livro de cozinha."

"A Paloma, gorda? Não acredito."

O ambiente entre nós duas engrossava a olhos vistos, como se cada novidade fosse uma agressão às nossas ideias preconcebidas ou uma mentira deslavada.

Para acabar o assunto, Maria Helena ainda estranhou. "E ela deve ter viajado por todo o Brasil para ficar provando e escrevendo sobre comida brasileira. Eu não soube de nada. Aliás, nunca poderia imaginar..."

"Não, Maria Helena. O livro é só de receitas de comidas que aparecem nos livros do Jorge Amado. Quase só comidas baianas com trechos dos livros do pai."

A cara da cunhada se iluminou, mas ficou uma fúria, queria me arrancar os olhos.

"Você falou Paloma Picasso. Paloma Pi-cas-so."

"Não falei coisa nenhuma, falei Paloma, Paloma só, devia mais é ter gravado."

"E eu que fiquei imaginando a Paloma Picasso no colo de dona

Canô, toda perfumada, de batonzão, pegando receita de abará! Que coisa mais maluca!"

"E eu, o que você acha, atarantada, pensando na Paloma Amado, roliça, caseira, de óculos, dançando rock com o Manolo Blahnik, de sapato vermelho e salto oito? É mole?"

Desfeito o disparate.

A autora de *A comida baiana de Jorge Amado* é Paloma Jorge Amado Costa, filha de Jorge Amado, a editora é a Maltese. Fui à Bienal comprar o livro, é bonito, e falo sobre ele quando experimentar as receitas. Desconfio que seja bom...

VATAPÁ

Para servir 10 pessoas.
Segundo receita de dona Maria, do livro *A comida baiana de Jorge Amado*, de Paloma Jorge Amado Costa.

MASSA: 1 kg de pão dormido; 1 kg de cebolas; ½ kg de camarão seco; 300 g de amendoim; 250 g de castanha-de-caju; 1 copo de leite de coco grosso; 2 copos de leite de coco fino; 50 g de gengibre; 2 xícaras de azeite de dendê; sal a gosto

CALDO DE CABEÇA DE PEIXE: 1 cabeça de peixe; 1 molho de coentro; 3 dentes de alho; 2 tomates grandes; 2 cebolas grandes; 1 colher (cafezinho) de pimenta-cominho; 2 pimentas-de-cheiro; 1 limão; sal a gosto

Caldo de cabeça de peixe: Pique bem miúdo a cebola, o tomate, o alho e o coentro, ou bata tudo no liquidificador. Tempere com esses temperos, sal e limão a cabeça de peixe. Coloque a cabeça de peixe temperada numa panela com as pimentas-de-cheiro e ½ copo d'água. Leve ao fogo para cozinhar com a panela tampada. Deixe cozinhar até obter bastante caldo. Coe o caldo de cozimento da cabeça de peixe. Tire toda a carne da cabeça de peixe e bata no liquidificador com o caldo já coado e reserve.

Massa do vatapá: Coloque o pão picado numa tigela e cubra com o leite ralo do coco, deixe amolecer. Pique a cebola bem miudinho ou passe-a no liquidificador. Moa a metade do camarão seco, ou passe-o no liquidificador. Numa panela, coloque o azeite de dendê para aquecer e nele refogue a cebola e o camarão seco passado no liquidificador. Passe o pão amolecido no liquidificador e junte ao refogado. Bata no liquidificador o amendoim e a castanha com leite de coco ralo. Rale o gengibre. Junte tudo ao vatapá, mexendo sempre.

Junte ainda o caldo grosso da cabeça de peixe e continue mexendo. Coloque por último o leite de coco grosso e continue mexendo até soltar da panela. No final, regue com um pouco de azeite de dendê.

Observação: como diz o Caymmi na sua canção: não pare de mexer, que é para não embolar.

VATAPÁ ESQUISITÃO DE PAULO DUARTE

Para mim, este é um dos melhores vatapás e de esquisitão não tem nada. Esta receita saiu numa *Vogue* muito antiga, tem sido feita por nós a vida inteira com o maior sucesso. Eu achava que o bacalhau não era convencional no vatapá, mas descobri que é, sim.

1 kg de bacalhau bem limpo, de molho por 12 horas; 1 kg de camarão limpo; 1 prato fundo de castanhas-de-caju moídas; 4 cebolas grandes raladas; 1 cabeça de alho triturada (para fazer-se à provençal, pode-se chegar a 2 cabeças); ½ litro de leite de coco; 1 copo de bom azeite de dendê; alguns gramas de gengibre ralado; bastante coentro, malagueta, salsa picada, cebolinha verde, 1 filão de pão molhado n'água (a baguete de hoje) bem espremido para sair toda a água

Tudo isso, menos o coentro, deve ser posto a ferver em fogo baixo, em ½ caldeirão de água. Enquanto, ao se provar, sobressair o sabor de qualquer um dos componentes, não está no ponto, que se atinge quando o gosto for a combinação de todos os ingredientes. Não parar de mexer até chegar ao ponto que deve coincidir com um mingau grosso ou ralo, à vontade. Deixa-se descansar por uma noite. Quase na hora de servir, adiciona-se o coentro. Acompanha-se com creme de arroz.

Essa ideia subjetiva de estar bom quando nenhum gosto sobressair é bonita, mas não funciona. Não se pode deixar tempo demais, pois o óleo se separa do restante, e ainda por cima amarga. É deixar pouco tempo no fogo, sem ferver, e está pronto. Fica melhor quando descansa por uma noite, mas pode perfeitamente ser servido no dia.

Papillotes

O que é *papillote*? Pergunte à sua avó. Era com *papillotes* (ou papelotes) que ela fazia cachos no cabelo. Pegava uma mecha molhada, apertava dentro de um retângulo de papel dobrado e ia enrolando. O resultado final era uma cabeça de medusa, assustadora, e muitos casais já se terão separado por causa do amor com papelotes.

Mas tudo mudou. Os *papillotes* servem para aliviar o serviço da dona de casa. Cozinhar, sem dúvida, é criativo, é bom, é divertido. Limpar o fogão é que não é. Bem ao contrário, pode acabar com o elã, com o gosto pela culinária, de muita gente bem-intencionada.

Cozinhar em *papillote* utiliza o princípio de pressão, mas dispensa panelas. Atenção! Dispensa panelas. Você conta os convidados, abre uma folha de papel-manteiga (ou alumínio, ou, ou, ou), utiliza suas parcas noções de origami, põe a comida lá dentro, leva ao forno, e do forno à mesa. Nada se perde. Lá estão as vitaminas, os sais minerais, o sabor e, principalmente, o cheiro. E um certo toque de classe, convenhamos. Aquele papel-manteiga dourado, levemente queimado, e a comida lá dentro, chamando, fazendo psiuu...

Os arqueólogos descobriram que comida *en papillote* já era feita séculos e séculos antes de Cristo. Os nossos caiçaras, por sua vez, ainda não descobriram que se pode cozinhar em papelote com papel, em vez de casca de banana, que é para lá de exótico, mas trabalho estafante. Ir até o bananal com o penado, cortar as folhas, levar para a cozinha, domá-las... Enfim, vivam os *papillotes* dos franceses.

Gil Pique esteve no Brasil para promover seu livro *Papillote*. Pediu a nós que experimentássemos suas receitas com ingredientes brasileiros, antes que ele as lançasse num coquetel de noite de autógrafos. Ele, o autor, foi chegando ao Brasil devagarinho, via Paraty, *en bananote*. O Carlos Siffert, nosso chef, pôs-se a produzir os papelotes, que resultaram em três dias de pura comida boa. De vez em quando, vindo da cozinha aparecia o Carlos, com um pacote que, aberto, cheirava a camarões e gengibre, ou coxinhas de frango com shoyu, ou cogumelos com gosto dos primeiros cogumelos do mundo, pois nada se perdera. E melhor, melhor mesmo, é que tudo era light, comida de regime.

É claro que sabíamos fazer papelotes de longa data, mas as modas, os excessos de informação fazem com que a gente se esqueça e deixe de lado práticas já consagradas e de grande efeito, como os *papillotes* das avós.

CAMARÕES COM TRÊS PIMENTÕES

20 camarões grandes; ½ pimentão vermelho em tirinhas; ½ pimentão verde em tirinhas; ½ pimentão amarelo em tirinhas; 1 cebola roxa em cubos; 4 cebolinhas verdes bem picadas; 2 colheres de salsinha bem picada; 4 colheres de azeite de oliva; 4 colheres (chá) de vinagre aromático; 4 colheres (chá) de molho shoyu; 4 pitadas de pimenta vermelha em pó

Retire a casca dos camarões e faça um corte longitudinal da cabeça à cauda, obtendo o formato de uma borboleta de asas abertas. Mis-

ture os pimentões, as cebolas e a metade da salsinha. Adicione o azeite, o vinagre, o shoyu e a pimenta. Junte os camarões e misture tudo muito bem. Corte quantos pedaços de papel-manteiga, papel-alumínio, quantas forem as porções necessárias ou use sacos de assar. Disponha os legumes na embalagem e coloque os camarões por cima. Adicione o molho restante. Feche o papelote hermeticamente e coloque-o no forno para assar a 200ºC por 12 minutos. Antes de servir, salpique as porções com salsa picada.

DELÍCIA DE BANANA E CHOCOLATE

4 bananas; 60 g de chocolate meio amargo ralado;
2 laranjas; 1 maço de hortelã fresca

Corte 4 pedaços de papel-manteiga. Ponha o chocolate ralado no centro. Fatie as bananas em rodelas de 2,5 cm de espessura. Coloque-as sobre o chocolate. Descasque as laranjas e corte a casca em tirinhas finíssimas. Esprema-as e reserve o suco. Disponha as cascas das laranjas, na quantidade que você achar suficiente, e as folhas de hortelã sobre as bananas e despeje o suco de laranja por cima. Feche o papillote, leve ao forno.

Madame de Sévigné

Comprei o livro *Lettres de Madame de Sévigné*, para procurar a única menção que existe sobre o suicídio de Vatel. Achei a carta da mãe para a filha, carta que, em matéria de citação gastronômica, só perde para as madeleines de Proust.

As fofocas, se bem escritas, podem ter vida longa. Madame de Sévigné descreve uma festa em abril de 1671, em Chantilly, na França, quando Monsieur le Prince de Condé recebeu o rei. A lua estava tão clara que chegou a empanar o brilho dos fogos de artifício. O jantar, os jogos, as brincadeiras, tudo correu como num sonho, até o drama. "É que Vatel, o grande ex-maître d'hôtel de Monsieur Fouquet, e agora trabalhando para Monsieur le Prince, esse homem com uma capacidade extraordinária, com uma cabeça tão boa que seria capaz de tomar conta do país inteiro, esse homem que eu conhecia tão bem, ao se dar conta, às oito da manhã, de que o peixe não havia chegado, não resistiu à humilhação que se seguiria e se matou com um punhal. Você pode calcular a bagunça terrível em que se transformou a festa depois desse acidente horroroso. Imagine ainda que a encomenda de peixe deve ter chegado logo depois de sua morte [...]; não poderia acontecer coisa mais desagradável, numa festa de mil escudos."

Realmente, Madame de Sévigné, muito desagradável, até numa festa mais baratinha...

Essa trágica história, que precede centenas de artigos sobre comida, funciona como símbolo da devoção do cozinheiro à sua profissão e arte, mas, na verdade, só serve para humilhar, para todo o sempre, a raça de cozinheiros sobreviventes.

Quantas vezes, desavergonhadamente, evitamos encostar o punho da faca na porta, e entrar nela, como fez Vatel, com tanto garbo? Em meio a grandes desastres culinários, quantas vezes enganamos ou frustramos o cliente, pobres e omissos pecadores que somos? E se ameaçamos usar a faca, rangendo os dentes, é sempre contra o mau fornecedor, jamais num sussurrado mea-culpa.

Ah, os franceses, tão sérios, tão profissionais, competentes, suicidas, e a gente tão covarde, daquela covardia viscosa e torpe, que prefere espanar a vitela que foi ao chão a morrer por ela...

Só quem lida com comida pode saber que Vatel não se suicidou só pelo peixe, mas pelo stress da festa, pelos bastidores, pela responsabilidade de fazer comida para o rei, pelos talheres, pelo brilho da prata, pela limpeza do salão, pelas toalhas de linho mal passadas, pelos guardanapos manchados, enfim.

Quem sabe o estudo da comida francesa pode nos ajudar a ter o brio de um Vatel? Vão aqui nomes de livros interessantes de culinária francesa:

La Bonne Cuisine et les autres, de Pierre-Marie Doutrelant;
The French Menu Cookbook, de Richard Olney;
Cuisine niçoise, de Jacques Médecin;
Ma Cuisine, de Auguste Escoffier;
Cozinha francesa regional, de Elizabeth David;

The Food of France, de Waverley Root;
Ma Cuisine du soleil, de Roger Vergé;
Desserts traditionnels de France, de Gaston Lenôtre;
La Cuisine gourmande, de Michel Guérard;
Ma Cuisine pour vous, de Joël Robuchon;
French Regional Cooking, de Anne Willan;
La Cuisine du marché, de Paul Bocuse.

REMINISCÊNCIAS

Banzo

Custo a me lembrar do que comi ontem, e há quarenta anos, então, não é brincadeira. O lembrador da família era Arthur. Mas vamos lá.

O pai não era nada jeitoso na cozinha, fato confirmado pelo dia em que precisou fazer um chá e, como não voltasse nunca, foi descoberto a uns bons dois passos do fogão, jogando o fósforo aceso à distância, tentando acertar uma das bocas...

De resto, sabia comer bem, adorava um trivial fino de mesa burguesa, precedido da inevitável sopa. Para quem não tomasse a sopa, o castigo clássico era subir a escada correndo, com o pai nas canelas, dando uns suaves tapas na bunda. Chamávamos a corrida de "subir a escada de dois em dois", pois era o que fazíamos para diminuir o número de tapas.

Comer fora era raro, e só em comemorações especiais lá ia a família em bando até a Cantina 1060, no Brás, onde havia um menino garçom, malabarista, e um cantor gordo. Um deles era cego e impressionava; com toda certeza, o cantor. A pizza era gostosa, mas mais gostoso ainda era comer o frango à passarinho com as mãos.

Mais perto, no Jardim América, apareceu o Nosso Ponto, com um belo pernil assado, bem temperado, cortado em fatias finas para um sanduíche. Logo junto ficava a Doceira Paulista, para se comer um docinho qualquer, e pegado ao cine Paulista, na Augusta com Oscar Freire, tomava-se um belo sorvete. Em dias frios havia o chá com torradas da Vally, com as mesas de madeira todas assinadas com ponta de canivete, formando corações, testemunhando amores e namoros. Todos esses passeios eram feitos a pé, com muita conversa e uma parada em frente às casas modernas de Flávio de Carvalho.

No centro da cidade, o salão de chá do Mappin, de gloriosa memória, mas que era reduto das mães, sei lá por quê. Parece que os pais ficavam na calçada namorando as mães dos outros, qualquer coisa assim. Atravessava-se o viaduto do Chá de mãos dadas com o pai (havia sempre um fotógrafo para o flagrante) e chegava-se à coalhada fresca e à broa de milho da Leiteria Campo Belo. Ou ao cachorro-quente, grandíssima novidade, no térreo das Lojas Americanas.

Mas a grande emoção, a aventura, mesmo, era o Santa Cruz, o trem da Central, que ia para o Rio de Janeiro. Para começar, saía às onze da noite. Entrava-se direto no restaurante, para guardar o lugar, antes mesmo que tivessem ligado o ar-refrigerado gelado, e pedia-se um bife com batatas fritas, que não deixava lembranças. Era um mundo adulto e sexy, marcado pelo embalo da conversa, pelo adivinhar quem era quem, e o que fazia, pelas amizades que começavam ali e acabavam ali mesmo.

E o cheiro de trem? Tudo cheirava a trem da Central: a comida, as pessoas, a cabine pequena, a escada que levava ao leito de cima, a pia, o sabonete. E o café da manhã, as bolachas, os biscoitos, as torradas, as geleias, o suco de laranja, o café com leite, o chá. Tudo com cheiro de trem. E sacolejando. Eu adorava a bandeja, os bules e o açucareiro de alpaca, tão típicos de trens.

O Rio de Janeiro já tinha um ar de pecado, de descontração, e pai e filha pequena podiam levar vida desregrada. Depois de um jantar comportado na casa dos avós, fingíamos uma andança pela praia e íamos diretamente a um cachorro-quente com grapete, acho que pegado ao Teatro de Bolso. Não contentes com a bebedeira de suco de uva, entrávamos num teatro de rebolado, em Ipanema, onde o porteiro devia mamar uma boa gorjeta para deixar a menina passar. Tinha alguém chamado Daniel-Daniel, Raul Roulien e mais não me lembro.

A melhor lição nas fugas com o pai era que não havia lugares "finos" demais. Ou melhor, que os lugares nunca seriam mais finos que as pessoas, demolindo, assim, devagar, o medo de chefs pedantes, de maîtres esnobes. O Jockey Club foi uma boa iniciação a garçons amáveis, educados, conhecidos pelo nome, e às regras de como se comportar em convivência civilizada. Regras que deveriam ser obedecidas, mas sempre questionadas. Que coisa mais ridícula aqueles garçons de preto e luvas plantados nos barezinhos escaldantes à beira-mar!

E as bocas-livres do Ano-Novo no Jockey...? Depois de adulta tentei descobrir quem eram aqueles cozinheiros que montavam faisões com suas penas, cascatas de camarões e lagostas, mas nada kitsch, tudo lindo, técnicas de Carême. Morreram, sumiram, não deixaram traço nem seguidores.

Nos anos 1950, o pai passou a ser vítima da cozinha da filha. Só exigia que as comidas se parecessem com o que na realidade eram. Que frango tivesse cara de frango, e bode, cara de bode. As receitas vinham de *O Cruzeiro*, na página de Helena Sangirardi, ou do *Ladie's Home Journal*. O resultado das receitas americanas era sempre um mistério. Coisas enigmáticas que, batidas, misturadas e assadas, se transformavam em "ah, o chamado pudim de pão!", em português. A mãe só olhava, às vezes boicotando um pouco. Ela sabia que a comida honesta e gostosa haveria de ganhar sempre das novidades e frescuras da época.

Fins dos anos 1940

Quem teria sido o primeiro a atacar de garfo e faca a misteriosa, estranha alcachofra?

Aqui em São Paulo, foi lá pelo fim dos anos 1940 que os imigrantes italianos começaram a tornar cotidiano o duro cardo. Dona Hermínia, por exemplo, quando todos na rua só comiam couve e abobrinha, espantava a vizinhança com a sua familiaridade com *i carciofi*. Cozinhava a alcachofra em um pouco de água, sal e alho, com as folhas para baixo, numa panela que as acomodasse todas com certo conforto. Deixava até que, ao se puxar uma folhinha, ela oferecesse pouca resistência, mas não tão pouca que passasse do ponto e desmontasse inteira. Tirava da água e escorria.

Enquanto isso preparava o *trito*, picadinho de salsa, cebolinha e alho, juntava farinha de rosca, sal e pimenta-do-reino em quantidade que desse para rechear o miolo de todas as folhas. A alcachofra ficava bojuda e ia para a panela com três dedos de bom azeite de oliva e óleo bem quentes. Abaixava o fogo e ia fritando, regando, até ficar dourada. Depois de frita e escorrida, as folhas deslizavam entre os dentes, com a farofinha crocante e muito temperada.

O clímax era retirar o miolo fibroso e comer o fundo com os restinhos da farofa. Não era nem um pouco *nouvelle*, mas anunciava a bendita acumulação de hábitos alimentares, a quebra de preconceitos, a iniciação a outros gostos, outros paladares.

Ainda muito pequena, fui apresentada, num canto escuro da cozinha, ao *pay all*. Natália, a italianinha, de pele branca como leite e enormes olhos castanhos, afogueada de tanto brincar de pegador, puxou-me pela mão e às escondidas, como cabia a uma iniciação, cortou uma grossa fatia de pão. Picou bastante alho cru por cima, deixou cair um fio de azeite para umedecer tudo e polvilhou com sal. Esperou com paciência que eu fizesse o mesmo. Apertamos os pedaços de pão para que o alho não caísse e saímos para a calçada aos pulos, mastigando aquilo que para mim era o máximo do exotismo, a ser sussurrado, como pecado, ao ouvido da mãe, quando ela me cheirou, estranhando a cria. Desde então, a minha comida preferida é um prato fundo com um pouco de azeite, sal, alho cortado em rodelas, pimenta-do-reino talvez, um bom pão e um vinho tinto.

Por que será que tanta gente tem pavor de alho? O cheiro e o gosto fortes são sempre associados à pobreza, à força bruta. É uma parte do inconsciente que aflora. Alho não é fino. O alho é o id dos temperos, e como é bom.

Nos anos 1940, o Jardim América, ou melhor, Cerqueira César, que ia da Estados Unidos à avenida Paulista, era um *melting pot*. As vendas eram de portugueses, como a de seu Salvador, que vendia de caderneta, e onde as crianças se perdiam em volúpias de balas de goma. O empório melhor era o Santa Luzia, também de portugueses. Os moradores, na maioria, judeus, italianos e brasileiros. A dieta dos nativos não variava muito, além de arroz, feijão, bife, alface, abobrinha, frango ensopado, lombo, tutu de feijão. Aos domingos, em casa,

D. fazia empadinhas de camarão e frango assado, aprendidas nos dois volumes da Rosa Maria. Lembro-me da revolta quando justamente nesses domingos era convidada a passar o dia com uma alemãzinha amiga e tinha de deixar as brasileirices para trás e enfrentar uma carne de panela com batatas coradas. O que era sempre compensado por panquecas mínimas e finíssimas, que nós próprias fazíamos num maravilhoso fogão de brinquedo que cozinhava de verdade, orientadas pela avó Hartmann.

E de vez em quando, num susto, via-me envolvida por comidas estranhas, como pepinos agridoces, chucrute, *catalonha, pancetta, cotechino* e alcachofras. Dona Hermínia algumas vezes cozinhava o espaguete na hora, bem al dente. Enquanto isso, dourava um dente de alho no azeite. Depois era jogar dentro da frigideira um punhado de farinha de rosca até tostar bem. Outro punhado generoso de nozes picadas e polvilhava tudo sobre o macarrão.

E havia também uma sobremesa do outro mundo, não sei se polonesa, austríaca, italiana, ou tudo ao mesmo tempo. Íamos a pé até o Santa Luzia para comprar um pouco de damascos secos. Um pouco. O Santa Luzia era o único lugar onde se podiam comprar gramas de alguma coisa sem aguentar a cara feia dos empregados. Os imigrantes, criados numa cultura de poupança, devolviam o presunto e o queijo já fatiados se o ponteiro da balança acusasse um miligrama a mais do que o pedido. Bem, comprava-se o damasco e cozinhava-se com água e um pouco de açúcar até virar um purê. Recheavam-se, então, uns pastéis bem malfeitos, mal cortados, que eram cozidos no leite. Enquanto isso alguém fazia uma gemada com gemas, leite, açúcar em banho-maria, devagar para não talhar. O creme pronto, frio ou morno, ia para o fundo do prato, os pastéis por cima, polvilhados com canela e com uma farofinha doce de farinha de rosca e manteiga. Para comer de colher... Huum!...

1950 e 1960

Como se aprendia a cozinhar em São Paulo, entre 1950 e 1960? E olhem que foi ontem! As meninas de vestido rodado, tomara que caia, bolero de algodão de bolinhas, da Bangu. Sapato chispa de fogo, óculos gatinho, cintura de tanajura com cinto de elástico de dez centímetros, pelo menos. Grace Kelly virava princesa, Liz Taylor se casava pela segunda vez. Os filmes eram uma cantoria só, com Jane Powell, Mario Lanza, Kathryn Grayson, Howard Keel. E tudo, o mundo todo, sustentado por pés palito.

Bem, o jeito mais fácil de se aprender a cozinhar seria com a mãe ou a empregada ou a vizinha. E teria sido o caminho inteligente e sensato. Batalhando na cozinha é que se aprende a base. Mas, não. Fiz parte dos que pulam etapas, gritando: "Meu reino por um livro de cozinha!". Só aprendia o que vinha em letras de fôrma, não tinha jeito. Em casa tínhamos o Rosa Maria em dois volumes. Bom, mas que exigia do leitor um certo background de técnicas culinárias. O Maria Theresa Costa, interessante, deveria estar esgotado àquela época, pois só vim a conhecê-lo bem mais tarde. Nos anos 1960 surgiu o Marcelino de Carvalho com suas receitas e boas maneiras. No Rio, a Myrthes Paranhos, Maria Thereza Weiss.

Restava à noiva, à recém-casada, a revista semanal *O Cruzeiro*, com a página da Helena Sangirardi. As meninas mais vorazes podiam comprar em bancas o *Ladie's Home Journal* ou o *Good Housekeeping*, inteiramente voltados para a domesticidade, para a educação da mulher de subúrbio, para o *easy way of life*. Tornamo-nos americanas de carteirinha. Era tudo uma grande *family room*, com mulheres de avental e cabelos loiros de Clairol.

A aviação comercial criou asas e a Polinésia ganhou o troféu de comida mais exótica. De 1955 a 1960 só me lembro de luaus, melancias com saladas, abóboras recheadas de camarão, cocos rachados ao meio equilibrando sorvetes. E galantina de presuntada... Vocês podem imaginar o que é isso?

As multinacionais da alimentação distribuíam folhetos, livrinhos, criavam personagens que varavam décadas com a mesma cara. Betty Crocker foi a Dorian Cray da comida.

O prato único facilitava a vida. Era a *casserole*. A mais presente, de atum, brócolis e queijo, gratinados ao forno. Musses, gelatinas, marshmallows, glob, glob, glob. *Jello* verde.

Apareceram mais restaurantes. Podíamos checar in loco o resto do mundo.

A seguir, algumas comidas frequentes nos anos 1950 e 1960 (ainda do caderno das mães, sem frescuras e novidades gelatinosas).

PATO COM AMEIXAS E MAÇÃS

Se vamos fazer patos, é melhor sabermos o que estamos comprando.
Um pato ruim é sempre ruim, por melhor que seja a receita.

Tome 2 patos novos e gordos. Prepare, tempere com vinho, sal, ½ dente de alho e guarde na geladeira. No dia seguinte, pegue 4 maçãs, descasque, corte em 4 e retire os centros. Tome 200 g de ameixas-pretas e tire os caroços. Junte as maçãs, as ameixas, 2 xícaras de água e dê uma fervura rápida. Escorra, adicione um punhado de passas sem caroço, umas 6 nozes picadas, 1 colher de manteiga, 1 de açúcar e 1 cálice de vinho do Porto. Misture tudo, recheie o pato e costure. Antes de pôr no forno, besunte o peito de gordura, para depois regar de vez em quando com o próprio molho. Se sobrar recheio, junte ao pato na hora de servir. Leve ao forno quente. Depois de pronto parta em pedaços, e o peito em fatias. Para o molho, deite 1 xícara de água e 1 cálice de vinho do Porto na assadeira. Mexa para dissolver e tostar. Esquente, desengordure, coe, junte o fígado cozido e picado. Serve-se na molheira.

PATO NA CERVEJA COM RECHEIO DE CEBOLAS

Prepare 1 pato para assar, inteiro, tempere normalmente e deixe de molho de véspera, na cerveja. Encha o papo com recheio de cebolas.

Recheio: cozinhe 4 cebolas grandes e, depois de bem tenras, escorra e parta em pedaços grandes. Junte 150 g de miolo de pão umedecido no leite e esmigalhado. Junte 3 ovos duros e o fígado do pato, também picado e refogado na manteiga e sal. Encha o pato com essa farofa de pão e leve a cozinhar em panela, no fogo, com a cerveja. Quando estiver cozido, leve ao forno para dourar e assar, untado com um pouco de manteiga se for necessário, mas sem a cerveja.

PERU À LEONORZINHA

Colocar 1 peru de cerca de 7 kg na salmoura, sem mais nada, durante 2 horas. A salmoura deve cobrir o peru. Preparar uma vinha-d'alho com 3 cabeças de alho, 3 a 4 cebolas, salsinha, cebolinha, louro, pimenta calabresa e do reino, batidas no liquidificador, com um pouco de água. Juntar azeite bom, 2 garrafas de vinho branco seco, 1 garrafa de cerveja branca, sal. Descartar a salmoura do peru e cobri-lo com este molho. Se não der para cobrir, juntar água até cobri-lo. Deixar ficar até completar 24 horas e tirar para assar. Enxugar, molhar uns panos de prato no molho, colocar um no papo e outro na barriga. Secar.

Cobrir toda a ave com manteiga salgada e fatias de toucinho defumado, enrolar no papel-alumínio grosso. Colocar na assadeira, juntar a vinha-d'alho, reservando um pouco para molhar de hora em hora, descobrindo o papel e passando um pouco de óleo de cozinha para não queimar. Leva cerca de 4 horas para assar. Se quiser, pode dar injeções de manteiga derretida. Virar a cada 2 horas e, para tostar, tirar o papel e ir passando mais um pouco de manteiga.

ARROZ DE FORNO COM GALINHA

Quem se lembra do arroz de forno, desbancado pelo risoto italiano? Está de volta...

4 xícaras de arroz bem solto, preparado de maneira comum; 1 galinha cozida em molho bem gostoso; 200 g de ervilhas miúdas, cozidas; 3 ovos; 2 colheres de salsa e cebolinha verde finamente picadas; sal; 50 g de azeitonas pretas; queijo parmesão ralado

Ponha o arroz numa vasilha e adicione a galinha desfiada com o molho coado, as ervilhas refogadas na manteiga, os cheiros-verdes e 6 colheres de queijo ralado. Misture tudo e arranje numa vasilha refratária untada. Bata os ovos inteiros, junte 2 colheres cheias de queijo, tempere com sal e espalhe sobre o arroz. Salpique com manteiga e leve ao forno moderado por uns 20 minutos. Enfeite com as azeitonas pretas. Sirva na própria fôrma refratária.

CAMARÃO AO COCO

Este era obrigatório.

2 kg de camarões graúdos; 200 g de manteiga; 1 colher (café) de pimenta-do-reino; 1 colher (sobremesa) de sal; 1 colher (sobremesa) de curry; ½ xícara (chá) de conhaque; 2 vidros de leite de coco; ½ vidro de ketchup; 1 litro de creme de leite; 1 colher de mostarda em pó; 250 g de coco ralado para polvilhar por cima

Coloque a manteiga numa panela; quando estiver quente, adicione os camarões, deixando-os corar. Depois acrescente os outros ingredientes pela ordem, conservando o fogo brando por 15 minutos, mexendo sempre. Servir no próprio coco, cortado ao meio, substituindo o prato. O coco ralado é posto no final sobre os camarões.

Alguma coisa tinha o estrogonofe. Fácil de fazer. Pergunte a qualquer cozinheira de agência: "Conte, minha filha, um pratinho que você faça bem…". A boca da moça já se arranja no abrir de "es--tro"… e já se sabe que ela não cozinha nada. Mas todos os filhos comem vorazmente, os maridos também, só a dona de casa com aquela cara de "não adiantou nada eu educar vocês...", mas se entupindo disfarçadamente de batatinha palha. O estrogonofe deveria estar sob o título de comida perversa.

ESTROGONOFE DE THERESINHA

Não se assustem por causa do preconceito contra o estrogonofe.
E este ainda leva leite de coco!
O que o faz ficar parecido com comida
tailandesa, tão na moda. Sossegue.

> 2 kg de alcatra ou filé-mignon bem macios; 2 copos de vinho rosé; 250 g de champignons frescos; ½ copo de creme de leite fresco; 3 colheres de farinha de trigo; 1 copo de leite de coco, fresco ou de garrafa; 1 copo de ketchup; 1 colher rasa de pimenta-do-reino moída na hora; 2 colheres de molho inglês; sal; 1 folha de louro; 5 colheres de manteiga; 3 cebolas grandes batidinhas; 2 dentes de alho socados; 2 colheres de salsa picadinha; ½ xícara de azeite; 2 tomates passados em liquidificador; ramos de salsa e cebolinha verde

Primeira etapa: limpe a carne de véspera, corte em tirinhas e tempere com sal, pimenta-do-reino, o tomate passado no liquidificador, o azeite e 1 copo de vinho. Junte o louro, os cheiros-verdes, tampe e deixe na geladeira.

Segunda etapa: misture o creme de leite com a farinha, o ketchup, o molho inglês e reserve. Doure na manteiga o alho com as cebolas, junte a carne sem a vinha-d'alho, frite até dourar, adicione mais 1 copo de vinho, tampe e deixe ferver brandamente até completar a evaporação. Adicione então os champignons em lâminas e o leite de coco, e deixe *ferver até formar um molho grosso, ou melhor, até o leite de coco se reduzir à metade. Feito isso, junte o molho de creme de leite e mexa até ficar cremoso. Sirva acompanhado de arroz branco e batatinha palha.*

BOLO HELENINHA

Delicioso.

6 ovos; 200 g de nozes picadas; 200 g de uma fruta seca,
como damasco, tâmara ou ameixa, picada; 200 g de açúcar;
1 colher de fermento em pó

Bater as claras em neve, juntar as gemas batidas com o açúcar, fermento, nozes e frutas secas. Forrar a assadeira, untar com manteiga. Forno médio. Não cresce. Teste do palito. Servir com chantilly.

Quando apareceram os restaurantes chineses, queríamos aprender a fazer tudo, tínhamos a síndrome do Aji-no-moto e nem ligávamos. Os ingredientes eram impossíveis de serem obtidos, e o que é hoje carne de vaca foi uma luta para as jovens dos anos 1950-60.

CAMARÃO EMPANADO

Aprendi em livros chineses várias massinhas de empanar
camarões, boas, mas esta, mais confiável e que dá sempre certo,
foi ensinada por Celuta Brandão de Almeida, a professora de
cozinha mais organizada e cheia de timing que conheci.

½ kg de camarões médios; cebolinha verde; fatias de gengibre; 1 colher (café) de sal; 1 pitada de glutamato monossódico (Aji-no-moto)

Massa: 1 clara, 1 xícara de farinha de trigo, 2 colheres de maisena, ½ xícara (café) de óleo, 1 xícara de água gelada, 1 colher (chá) de fermento em pó, 1 colher (café) de sal, 1 pitada de Aji-no-moto; óleo para fritura

Tempere os camarões depois de limpos, deixando os rabinhos, com o tempero acima.

Massa: bata a clara em neve, acrescente a maisena e, sem parar de bater, junte a água. Em seguida coloque a farinha de uma vez, misturando bem. Por último junte o óleo. Deixe a massa descansar por meia hora na geladeira. Quando for fritar, acrescente o fermento. Ponha o óleo em panela e, quando estiver bem quente, segure o camarão pelo rabinho, mergulhe-o na massa e depois no óleo e só largue quando estufar. Na hora de servir, frite-o novamente para que fique crocante e quente.

Molho rosado: 1 xícara de água ou suco de laranja ou de abacaxi; 2 colheres de açúcar; 1 colher de maisena; 1 colher (café) de sal; 1 pitada de Aji-no-moto; ½ xícara de vinagre (se tiver usado água); 2 colheres de ketchup

Leve a água ou suco a ferver e separe ¼ dele. Acrescente ketchup, açúcar e sal. Dissolva a maisena no ¼ de líquido restante, separado, e junte ao molho, mexendo no fogo até engrossar. Tire do fogo e misture o vinagre (se tiver usado água) e o Aji-no-moto. Para comer, mergulhe a ponta dos camarões no molho.

Íamos à casa de dona Luizinha Barbosa de Oliveira aprender a fazer qualquer coisa. Ela sabia de tudo, era e é ótima cozinheira.

MOLHO DE *CAPPELETTI*

1 pedaço grande de 2 a 3 kg de coxão duro ou patinho;
5 cebolas grandes; 2 dentes de alho; ½ kg de champignons;
¼ de litro de creme de leite; 1 copo de vinho marsala; sal,
pimenta-do-reino, sálvia, estragão, orégano fresco; 1 salsão;
2 a 3 tomates bem maduros; 1 cenoura; 1 ramo de salsa;
150 g de manteiga e 1 xícara de óleo

Fritar a carne até dourar em 1 xícara de óleo e 150 g de manteiga. Juntar a cenoura e o salsão cortados em pedaços, a cebola em rodelas grossas, o tomate e o vinho. Deixar cozinhando em fogo brando, pingando de vez em quando caldo de carne ou água quente, se for preciso. Quando a carne estiver cozida, tirar da panela e passar o molho pela peneira. Levar o molho ao fogo novamente, juntar os cogumelos cortados em fatias finas e deixar cozinhar por 5 minutos. Adicionar mais 1 cálice de marsala, deixar evaporar e juntar o creme de leite. Temperar os cappelletti *com este molho e polvilhar com bastante parmesão ralado.*

Muito clássica para cozinhar e comer, com um paladar admirável, Dora, rainha do frevo e do maracatu, faz balas de coco maravilhosas há uns cinquenta anos. É a melhor doceira que todo mundo conhece, mas sempre se recusou a fazer doces para fora porque não lhe pagariam o que lhe seria devido pelo trabalho que os doces dão. De vez em quando, acho um horror que tudo aquilo se perca no dia em que ela morrer e arranjo uma aula com moçoilas jeitosas. Dora refuga, diz que não pode e afinal vai. Dá tudo de si, ninguém presta muita atenção e os que prestam também não aprendem. Por desencargo de consciência, vai aqui a receita de balas de coco, escrita por ela.

BALAS DE COCO DE DORA

Em uma panela funda, e de cabo, misturar muito bem 1 kg de açúcar com 1½ copo de água fria. Levar ao fogo forte até ficar uma calda meio grossa, despejar na calda 1 vidro de leite de coco, sem misturar e sem tirar a panela do fogo. Quando a calda estiver bem grossa, tirar o ponto em um prato com água fria, do seguinte modo: imaginar uma cruz, e com a ponta de uma colher de sopa, retirar um pouco da calda nas quatro extremidades dessa cruz, bem na superfície. Colocar no prato que está com água e verificar se vai se formar uma bala bem dura, quase vidro. Se nas quatro extremidades o ponto estiver bem duro, despejar a bala em uma pedra-mármore, untada com manteiga sem sal. Não aproveitar as raspas da bala da panela.

Quando a massa da bala estiver morna, juntar as extremidades no centro, formando um rolo, e puxar a massa, com as duas mãos como uma sanfona, no mínimo 120 vezes. Se depois de 120 vezes a bala não estiver bem frisada, puxar mais um pouco. Esticar na pedra-mármore deixando na espessura de dois dedos finos, e cortar com a tesoura em balas grandes. Depois de frias, espalhar as balas num prato até que fiquem açucaradas. Depois de açucaradas, guardá-las em lata fechada ou pote ou vidro hermeticamente fechado.

Lembrete: não se pode mexer a bala depois que a panela for ao fogo.

Não há aniversário na família sem balas de coco de Dora. Ela não acha, mas é uma complicação. O mármore tem de rebrilhar de limpeza, o sol tem de estar naquela nesga do horizonte, a porta da cozinha aberta para o vento...

BOMBOM DE COCO

Outra receita que vai documentando os doces de antanho é o bombom de coco, de Dora, também difícil para os não jeitosos e a coisa mais simples do mundo para ela. Lembrem-se: é para quem sabe glaçar com mão leve, deixando só uma finíssima película ao redor do coco, conhecendo os segredos do ponto exato da calda.

Retire a pele marrom de 400 g de coco e rale sobre uma tigela. É importante ralá-lo sobre tigela para segurar o leite, que é pouquinho, mas existe. Dá mais ou menos 350 g de coco ralado. Acrescentar a esse coco 4 colheres de açúcar e uma ponta de palito de vanilina em pó (comprada em casa de festas). Uma ponta de palito quer dizer que se enfia a ponta do palito no pó de vanilina e só. O mínimo dos mínimos. Formar bolinhas com o coco, do tamanho de uma noz, sem apertar demais ou de menos. Devem ficar firmes para não se desmancharem na glace.

Glace: 15 colheres de açúcar e algumas gotas de água (¼ de xícara). A própria Dora não dá medidas, que não adiantam mesmo, mas manda fazer uma pasta grossa e branca de água com açúcar. Vai para o fogo, mexe-se bem, sem parar, sempre no sentido circular. Negocia-se a calda. Se estiver muito grossa, mais um tico de água; muito fina, mais tempo de fogo. Esse é todo o segredo. Quem sabe pontos de calda não vê problema. É que quase ninguém mais sabe fazer doces finos. Dão trabalho demais...

Banhar na glace bola por bola de coco ralado, levantando-as com um garfo, mas sem espetar. Cada vez que se glaça uma bola, toma-se conta do ponto, que não pode se transformar em calda transparente. O melhor é retirar a calda do fogo, cada vez que se glaça uma bola. Bate-se a calda com o garfo e leva-se a panela ao fogo de novo. Antes de glaçar outra bola, deixar abrir fervura outra vez. Colocar a bola glaçada imediatamente sobre papel-manteiga. Se a glace estiver no ponto, a bolinha seca na hora. Enfeita-se rapidamente com meia noz ou um confeito prateado.

É uma coreografia interessante. A panelinha na mão esquerda, o garfo e as bolas de coco do lado direito, para não ficar trançando as mãos.

É um manjar dos deuses. Coco fresco, preso numa capinha finíssima de açúcar.

CROQUETES DE NOZES

Dora faz um gostoso bombom de nozes, também glaçado.
Mas sem a glace, para os desajeitados, também é muito bom.

500 g de nozes; 500 g de açúcar; 6 ovos

Moa as nozes e pese-as. Tome o mesmo peso de açúcar. Para cada 100 g de nozes, use 1 ovo. No final, acrescente mais um ovo. Exemplo: 500 g de nozes, 6 ovos; 700 g de nozes, 8 ovos. Misture todos os ingredientes, ponha na panela e vá mexendo no sentido do comprimento, com colher de pau, para não açucarar. Mexa o tempo todo. Quando soltar da panela, pegue um pouquinho com os dedos e verifique se enrola como bolinha. Se estiver no ponto, solta dos dedos. Faça croquetes, passe no açúcar refinado e coloque em forminhas, enfeitando como quiser. Com metade de meia noz, fica bonito e bom.

TORTA DE GALINHA DE DORA

Massa: 2 xícaras de farinha de trigo; 1 colher de azeite;
1 xícara de manteiga; 1 colher (café) de sal

Recheio: 1 colher de manteiga; 2 colheres de farinha

de trigo; 2 gemas; 200 g de ervilhas cozidas al dente;
½ cebola ralada; salsa, cebolinha; ½ colher de manteiga;
½ tomate picado; 1 frango ou 2 peitos de frango; 1 copo
de leite; 1 colher de maisena

Massa: misturar os ingredientes com a ponta dos dedos até obter uma farofa grossa. Juntar numa bola. Forrar uma assadeira de louça refratária redonda (ou não) com esta massa, espalhando-a com os dedos. Não é preciso guardar massa para a tampa, pois a torta é aberta.

Recheio: faz-se um roux, torrando bem a farinha de trigo, misturando a manteiga e juntando 1 copo de leite, mexendo muito bem com força, para não empelotar. Tempera-se com sal. Quando cozido e grosso, tirar do fogo, juntar as gemas, a ervilha e a colher de maisena. Separar.

Colocar em panela a cebola ralada, a salsa, a cebolinha, a manteiga e o tomate. Abafar. Juntar o frango em pedaços ou os 2 peitos de frango, e deixar cozinhar até ficarem macios. Desfiar o frango ou os peitos. Separar 1 copo de caldo do frango coado. Se não for possível obter 1 copo de caldo de frango, completar com leite. Misturar o frango desfiado, o copo de caldo e o creme.

Encher a fôrma com esse recheio de frango, levar ao forno em fogo médio. Estará pronto quando a massa começar a descolar dos lados, começar a dourar e o recheio borbulhar.

MACARONI E QUEIJO ALAIN SENDERENS

Serve 2 pessoas, ou 4, como acompanhamento.

sal; 2 xícaras de macarrão curto; 1½ xícara de creme
de leite fresco; 100 g de queijo gruyère (cerca de 1 xícara,
depois de ralado); 1 pitada de noz-moscada;
pimenta-do-reino branca; 1 gema

Leve 8 xícaras de água salgada a ferver. Junte o macarrão e retire-o ainda bem al dente. Escorra a massa no escorredor e mexa de lá para cá, até que esteja completamente seca. Não passe por água fria nem deixe esfriar. Ponha o macarrão numa assadeira refratária e junte o creme de leite, de modo que cubra a massa. Tampe e leve à geladeira por uma noite. No dia seguinte coloque a massa no escorredor sobre uma tigela e deixe escorrer por cerca de 2 horas, mexendo de vez em quando. Separe 2 colheres de creme. Despeje o restante do creme numa panela, leve a ferver, retire do fogo e junte o gruyère quase todo, separando somente ¼ de xícara. Acrescente também a noz-moscada, o sal e a pimenta a gosto. Misture esse creme ao macarrão e leve de volta à vasilha refratária. Asse em forno preaquecido de 15 a 20 minutos. Junte as 2 colheres de creme com a gema e o restante do gruyère. Ponha sobre o macarrão e deixe gratinar no forno até ficar dourado e borbulhante. Pode ser comido assim, puro, ou acompanhando uma carne branca.

PEITO DE FRANGO DA SANDRA

Temperar 5 filés de frango com sal, pimenta-do-reino, páprica e tomilho. Deixar descansar um pouco. Ferver 2 dentes de alho com casca, por pessoa, em um pouco de água que os cubra. Quando estiverem cozidos, retirar, descascar e cortar em rodelas. Em uma panelinha, engrossar um pouco de creme de leite, suco de limão e o alho. Fritar os peitos de frango em pouca manteiga, acrescentar ½ copo de vinho branco. Deixar evaporar um pouco, cobrir com o molho de creme e alho e servir.

Maria Helena, cunhada, chegou uma vez a São Paulo com uma receita dos anos 1960 que era o maior sucesso. Fora de moda ou não, ainda é uma delícia para se fazer para grupos grandes, pois aguenta bem o réchaud. Parece receita de inglês voltando da Índia, mas o engraçado é que os indianos também roubavam ideias da comida inglesa e as adaptavam aos seus curries.

FRANGO AO CURRY COM UVAS BRANCAS

Serve 5 a 6 pessoas.

1 galinha grande ou 2 médias (ou 1 peito para cada três pessoas dentro de um caldo de pés e carcaças, mais 1 galinha grande); 2 cenouras; 1 cebola grande; 400 g de uvas brancas; 1 folha de louro; 4 colheres de farinha de trigo; 3 colheres (chá) ou a gosto de *garam masala* ou pó de curry; 3 galhos de salsa; 1 xícara de creme de leite grosso; 4 colheres de manteiga; 2 a 3 cravos; sal, pimenta-do-reino, açafrão

Cozinhar a galinha em água com a cebola espetada com os cravos, as cenouras, a folha de louro, a salsa, o sal, a pimenta-do-reino e o açafrão. Deve ficar macia em cerca de 1 hora. Coar o caldo numa vasilha e, quando esfriar, tirar o máximo de gordura. Quando a galinha esfriar o bastante para ser tocada, desossar em pedaços bem grandes. Colocar em prato quente. Tirar as peles e as sementes das uvas.

Fazer o seguinte molho: derreter a manteiga, misturar a farinha de trigo e o caldo de galinha coado, o garam masala ou pó de curry e, quando estiver bem liso, juntar o creme. Não deixar ferver. Agora jun-

tar as uvas, de modo que o molho se misture a elas e, quando estiver bem quente, despejar sobre a galinha. Deve haver bastante molho para cobri-la toda. As cenouras e cebolas, ao lado, inteiras. Servir em travessa rasa, pois o molho tende a descer e se acomodar no fundo. Cuidado com o sal. Servir com arroz branco.

Nouvelle cuisine — 1970, 1980

Nos anos 1970, a nouvelle cuisine se consolidou lá fora e começou a engatinhar aqui entre nós. Nora Ephron, escritora norte-americana (*A difícil arte de amar*), resume os anos 1970 como a época em que os homens começaram a tirar a mesa com cara de merecedores de uma medalha de ouro. As mulheres saíram pelo mundo, livres, solteiras de novo, com a vida pela frente, só para descobrirem a terrível verdade de que a maior parte da conquista feminina dos anos 1970 foi a honra de dividir a conta do restaurante.

A comida símbolo dos anos 1960 foi a quiche; e a dos 1970, o *pesto*. Claro que conhecíamos manjericão no Brasil, mas não na forma de *pistou* ou *pesto*, tão elegante.

Eu me lembro de umas férias na Bahia, em 1976. Toda a família em Itapuã com as dunas como quintal. Solange, a filhinha da cozinheira, veio se despedir de nós com uma muda de manjericão plantada num vaso. A planta fez o roteiro Bahia-São Paulo de carro, regada em hotéis, com água filtrada.

Arthur fazia caldo de lambretas. Tínhamos de sair de madrugada para o Mercado Popular e, com sorte, ainda encontrávamos tinas cheias de lambretas. Era levar para casa, lavá-las bem em água corrente, escovando. Cozinhava-se em panela grande, com cebola, alho, salsa picada, pimenta-do-reino, água ou vinho branco. Quando as conchas se abriam, estava pronto. Tomávamos o caldo com a própria concha, com caldo de limão ao lado. Às vezes cozinhava-se o espaguete no caldo e servia-se com os mariscos, na concha.

Outras madrugadas eram no Mercado São Joaquim, atrás de lima-da-pérsia para suco, que devia ser tomado na hora, para não amargar. Tão cedo que o pessoal dos boxes ainda tomava o café da manhã e um dia dividimos com eles um prato cheio de mandioca cozida desmanchando na boca, soltando fumaça.

Em Itapuã, esperávamos o arrastão para comprar o peixe bem fresco, geralmente um vermelho que era passado na manteiga e servido com o próprio fundo da frigideira, com limão e salsa.

Maria Helena e Arthur haviam descoberto em Londres um maravilhoso molho de tomate, que comíamos com penne. E comer assim, na baía de Todos-os-Santos, do dendê, só podia ser a influência da comida nouvelle, da *cuisine du marché*. E, como sobremesa, os sorvetes de coco verde da Ribeira. De *cuisine minceur* é que esse regime não tinha nada, precedido de jurubeba Leão do Norte, muita rede, e entremeado de acarajés.

Nos anos 1970, esteve em São Paulo o cozinheiro Alain Chapel, que arrasou com seu perfeccionismo, disciplina, método e comida indiscutivelmente maravilhosa.

O mundo estava no auge da nouvelle cuisine, época de cozinheiros esnobes e pratos arranjados. Cozinheiro que prestasse ia ao mercado de manhã, fazia salmão fresco, peito de pato cru e *mâche*, a verdura musa.

Alain Chapel deu um curso para donas de casa, alguns donos de restaurantes e interessados em geral. O lugar era uma cozinha caseira, sem o mínimo a que ele estava acostumado na França.

Um dos maiores chefs da França, Chapel poderia ter enganado com umas bananas e uns kiwis flambados. Mas, não. Era um operário esforçado, aplicado e perfeccionista. Acabava a aula exausto, de olheiras, com um jantar inacreditável. E não são palavras usadas por usar. Fazia uma comida de não se acreditar, mesmo. Coisa de talento excepcional, que eu não sabia que pudesse existir na cozinha, nesse grau. Qualquer ingrediente saía da mão dele transformado no melhor possível.

Homem simples, honesto, dizia: "A cozinha de um homem é o reflexo dele". Absorveu tudo o que a nouvelle cuisine tinha de bom e descartou os excessos. Trazia como trunfos o ingrediente perfeito (produto da região e consequência de uma amizade sólida com os fornecedores), o respeito pela cozinha e a paixão.

Orgulhava-se de ter um restaurante para amigos e para gente que entendia de seu trabalho, que ia lá para comer e não para ver e ser vista. Queria que aplaudissem seu talento e esforço e exigia esse retorno como um ator. Achava que o restaurante era a cidade de Mionnay. Mandou para mim um conjunto de facas iguais às dele. "Espero revê-la em Mionnay, *ma chère madame*". Sóbrio, educado, sanguíneo, formal e um pouco triste, desconfiava que morreria cedo, e morreu mesmo, desgastado por tanta generosidade e intensidade.

As receitas de Chapel eram excepcionais para a época. Tudo aparentemente muito simples, mas feito na perfeição. Não era um cozinheiro da nouvelle cuisine propriamente dita, graças ao seu bom senso, mas nouvelle o suficiente para nos indicar o caminho de uma culinária mais moderna, menos elaborada e indigesta.

CEBOLAS CURTIDAS COM CASCA DE LARANJA

Acompanhamento para carnes.

15 cebolas cortadas em rodelas; casca de 3 laranjas *en julienne* muito fina; 7 cenouras cortadas *en julienne*; 3 tomates sem pele e sem sementes, cortados em dados; óleo neutro; sal, pimenta-do-reino; 2 punhados de açúcar; 2 colheres de vinagre de vinho

Colocar as cebolas para fritar em fogo forte. Deixar no fogo durante 20 minutos mexendo constantemente, em seguida acrescentar as cascas de laranja, as cenouras e os tomates; abafar durante 10 minutos. Regar com 2 colheres de vinagre de vinho. Retirar do fogo quando estiver corado e curtido.

FRANGO AO VINAGRE

É uma receita camponesa.
(Chapel estranhou o vinagre daqui e fez com vinho.
Mas, agora, já temos bons vinagres para comprar.)

Cortar o frango pelas juntas. Salgar os pedaços e fritá-los rapidamente em 200 g de manteiga e alguns dentes de alho com a pele e esmagados. Virar bem os pedaços, de todos os lados, com um pouco de vinagre, rapar a panela para aproveitar o que está grudado. Deixar tostar no vinagre, virando frequentemente os pedaços, e, se necessário, ir acrescentando vinagre. Em seguida regar com o seguinte molho: 5 colheres (sopa) de mostarda; 3 colheres rasas de concentrado de tomate; ⅓ de litro de vinho branco.

Deixar cozinhar em fogo brando durante 15 minutos, ou até o frango estar macio. Salgar. Retirar os pedaços do frango e conservá-los quentes na travessa.

Colocar sobre o frango 2 tomates cortados em quadradinhos e tostados na manteiga. Descartar o alho do cozimento do frango e passar o molho por coador fino. Acrescentar um pouco de manteiga e 1 colher (sopa) de creme fresco, pôr o molho sobre os pedaços do frango e guarnecer com salsa picadinha.

PURÊ DE CENOURAS

Chapel adorava fazer purês de qualquer legume.

Cozinhar 20 cenouras em água salgada. Passar por liquidificador e por uma peneira muita fina. Colocar numa panela, esquentar para perder um pouco do excesso de umidade, acrescentar 200 g manteiga e 2 conchas de creme fresco.

Pode-se substituir a cenoura por brócolis ou o que você quiser.

PERNIL DE CORDEIRO COM CEBOLINHAS

Gigot d'Agneau Braisé aux Petits Oignons.

1 perna de cordeiro com osso de bom tamanho; 3 ou 4 kg de cebolas pequenas descascadas; 1 xícara de *bouillon* de frango já preparado na véspera e conservado no gelo para ficar quase como uma geleia; 6 tomates; 6 alhos com casca; sal, açúcar, algumas folhas de aipo; algumas folhas verdes de alho-poró; 3 cenouras picadas em rodelas; tomilho; louro

Num tabuleiro untado com manteiga, colocar o pernil de carneiro, os alhos, o aipo picado, o alho-poró picado (não muito), 1 raminho de tomilho, 3 folhas de louro. Levar ao fogo forte para dourar por igual. Juntar, então, as cebolas, previamente salpicadas de sal e açúcar, e levar ao forno bem quente por 20 minutos, virando sempre para assar por igual.

Retirar o tabuleiro do forno, tirar o gigô e deixar só as cebolas e o molho que já deve estar formado por mais 10 minutos no forno. Tornar a colocar a perna de cordeiro no tabuleiro, agora com os pedaços de tomate por cima e a xícara de bouillon *de frango. Deixar no forno quente por mais 40 minutos, aproximadamente, sempre virando a carne e mexendo as cebolas para dourarem por igual.*

Adicionar um pouco de água sempre que o molho estiver secando. Diminuir bastante a temperatura do forno durante 10 minutos e retirar o tabuleiro. Deixar esfriar mais ou menos 20 minutos e retirar então os temperos verdes, os alhos e tornar a botar o tabuleiro no forno com o cordeiro, o molho que se formou e as cebolas, por mais 10 minutos.

O cordeiro vai estar pronto quando a carne se soltar dos ossos. Nunca espetar a carne com garfo ou coisa contundente, para saber se está assada, pois haveria perda de sucos.

Este gigô é servido bem cozido. Quando pronto, cortar em fatias finas (o molho e as cebolas devem ser levados ao forno para não esfriarem).

À parte, numa panela, coloque um pouco de água, 2 toques de manteiga fresca, desmanchando-a bem devagar em fogo brando até ficar bem derretida. Salgar.

Servir as fatias de cordeiro, o molho com as cebolas douradas e regar com a manteiga derretida. Contando com o tempo de assar, deve levar ao todo de 80 a 90 minutos.

Alicita Ferraz, professora de culinária que cedeu a casa, deixou sobre a mesa uma enorme montanha de manteiga da fazenda, que Chapel ia usando aos bocados, generosidade que fazia ver que não era adepto da *cuisine minceur*, e sim da cozinha gostosíssima.

POIRES AU BEURRE

Estas eram as peras na manteiga que emocionavam o chef,
pois eram a sobremesa que a mãe fazia para ele.

Tomar algumas peras doces, descascá-las e cortá-las em 8 pedaços. Para evitar que escureçam, passar limão e polvilhar com açúcar. Tostar em manteiga derretida, virando quando os pedaços estiverem dourados. Quando as peras estiverem tostadas, ainda na frigideira, tornar a pôr mais açúcar sobre elas.

A nouvelle cuisine deixou marcas e progressos, fez mudanças. Não há como voltar atrás em várias coisas que incorporamos para sempre. E a comida japonesa, a grande inspiradora da nouvelle? Nem falamos dela, mas está aí, para ficar.

Já ia me esquecendo de falar sobre o mais ubíquo e conhecido cronista de comidas do Brasil. Apareceu e deixamos de ser órfãos de literatura gastronômica. Nem sei dizer exatamente quando ele chegou aos jornais, televisão, rádio, aulas etc. etc.

Escrevia na *Folha de S.Paulo* e tinha duas colunas, uma didática, ensinando a cozinhar, a conhecer ingredientes, e outra sobre restaurantes de São Paulo. Conheci o Sílvio Lancellotti como um homem inteligente, eclético, espirituoso, uma ótima prosa, tanto escrita quanto falada, extremamente generoso.

Foi sempre muito criticado por escrever na primeira pessoa do singular. "Eu faço assim, eu provei isto e aquilo." Mas, pobres cronistas de cozinha... Como provar pela boca do outro, como testar o paladar por meio de um terceiro?

Na verdade todo mundo o lê e as queixas são queixas de amor.

O Sílvio foi um dos primeiros homens que se organizaram; levou a profissão a sério, trabalhando sem cansar, agitando coisas novas, sempre pronto a ajudar, a botar os outros para a frente, curioso, instigador e disponível.

Nem é preciso dar uma receita dele. Todos da geração dos anos 1950 aos 1990 o têm colado em seus cadernos e memória, e ele continua por aí, de página inteira, um bravíssimo escritor de comida.

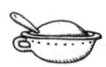

Nos anos 1980 passamos pelo vinagre balsâmico, pelos risotos italianos... E aqui vai um risoto, receita do Saul Galvão, que é a pessoa que melhor sabe escrever receitas, coisa quase impossível de se fazer com síntese, estilo e graça.

RISOTO DE SPECK
Saul Galvão.

Para quem gosta de presunto defumado, o speck *pode ser uma boa opção. Essa especialidade do norte da Itália, do Alto Adige, tem um paladar agradável e não muito forte. Ele é feito com carne de porco e agora há a versão nacional, excelente para algumas receitas que pedem um presunto cru, como este risoto.*

Para fazer o risoto, vamos precisar de 100 g, o conteúdo de 1 pacote. Um risoto fácil, com um paladar defumado, dos mais agradáveis. Também pode ser feito com presunto cru italiano. É melhor e mais prático usar o arroz italiano, do tipo arbório, que pode ser encontrado facilmente.

Corte 100 g de speck *em tiras finas e reserve. Depois esquente 1 colher de manteiga e 1 colher de óleo de milho e refogue rapidamente 1 boa cebola picadinha e 1 dente de alho também picado.*

Junte as tiras de speck *e também as folhas, as pequenas agulhas de 1 ramo de alecrim. Misture tudo muito bem e, logo em seguida, junte 300 g de arroz italiano. Refogue durante uns 2 ou 3 minutos com colher de pau, como se estivesse fazendo o prato do dia a dia.*

Comece então a cozinhar o arroz. Coloque uma boa concha de caldo de frango e vá mexendo até secar quase todo o líquido. Repita essa operação várias vezes, colocando o caldo e esperando evaporar o líquido, até o arroz ficar cozido, mas ainda um pouco durinho, al dente, e bastante úmido. Com o arroz pronto, na reta final, incorpore as folhas de outro ramo de alecrim e 1 boa colher (sopa) de manteiga. Apague o fogo, junte 2 colheres de parmesão ralado e o risoto está pronto.

FILMES

As galinhas de Hitchcock

Andei assistindo de novo os filmes de Hitchcock e resolvi observar quais as comidas que apareciam neles. Na verdade, o próprio diretor já havia afirmado seu interesse no assunto: "Gostaria de fazer uma antologia sobre comida, mostrando-a ao chegar à cidade, em sua distribuição, sua venda, e as pessoas fazendo a compra, cozinhando e os vários modos pelos quais o alimento é consumido". Deu uma amostra no filme *Frenesi (Frenzy)*, que gira em torno do mercado de Covent Garden, com pilhas de uvas e maçãs, o vaivém dos carrinhos, o corpo em rigor mortis, difícil de ser acomodado num saco de batatas.

No mesmo filme, o policial encarregado do caso come a comida francesa da mulher, desgostoso. É a briga declarada da culinária inglesa e francesa, a luta entre o Bem e o Mal, entre o bom e o mau. Os jantares seguem à risca o curso de culinária francesa frequentado pela dona da casa e aos olhos de Hitchcock são o que há de mais perverso, tão depravados quanto o crime e o assassino.

O interessante é a frequência do menu "galinha", nos filmes. Por dá lá aquela palha aparece uma galinha assada ou frita no cardápio dos personagens.

Em *Suspeita* (*Suspicion*), a atriz Joan Fontaine imagina que o marido, Cary Grant, é o assassino. À mesa ele faz perguntas insistentes a um médico amigo sobre um veneno que não deixe marcas, reforçando, assim, as suspeitas da mulher. O doutor responde, enquanto come, e comenta a biópsia de um envenenado, a faca rasgando o peito branco de uma galinha.

Em *Interlúdio* (*Notorious*), Cary Grant e Ingrid Bergman vão ao Rio de Janeiro como agentes americanos. Num terraço art déco, à beira-mar, acontece o beijo mais longo do cinema. Dentro do beijo, conversam sobre um jantar de frango e até dividem as tarefas de lavagem de louça. À noite, Alicia (Bergman) serve desajeitadamente uma galinha esturricada que ela própria declara não ter pego fogo por sorte. No Rio de Janeiro de 1946, as galinhas eram vendidas diretamente do galinheiro... Quem pode imaginar a sueca a estrangular e depenar o bicho no verão do Rio, numa cozinha mínima de flat?

Em *Trama macabra* (*Family Plot*), o padre sequestrado, preso, pede um momento a mais antes de ser sedado: "Ainda não acabei de comer a minha galinha!".

Joan Fontaine desmaia durante um julgamento, bem na hora em que Lawrence Olivier, seu marido, vai ser acusado do assassinato de Rebecca, a ex-mulher. O juiz suspende a sessão. Hitchcock trabalha as coisas para que seja um momento terno entre o casal. Os dois evitam repórteres e fotógrafos e entram rapidamente no carro. No banco, uma cesta maravilhosa, daquelas de palha, de piquenique, com pratos, talheres, comida e bebida. George Sanders, todo mundo se lembra dele, o primo cínico, sedutor, sarcástico e amante de Rebecca, interrompe o tête-à-tête. Quer chantagear o suposto assassino. Entra no automóvel, examina a cesta com olho comprido, enfia a mão e tira de lá uma coxa de galinha. Entremeia a conversa com duas mordidas e atira-a pela janela, não sem antes perguntar o que se costuma fazer com os ossos num caso desses.

Em *Ladrão de casaca* (*To Catch a Thief*), Cary Grant, num piquenique a dois com Grace Kelly, mordisca também uma coxa generosa, faz um trocadilho sexy e devolve a coxa à cesta.

Pois é, quem comeu, sabemos, mas quem matou essas galinhas?

Impossível imaginar Grace Kelly, no hotel Carlton, em Cannes, de anágua de renda e saia plissada rodada, às voltas com a comida para o ladrão de casaca. Perderia todo o glamour e chances futuras de reinar sobre o principado vizinho se flagrada numa tarefa tão chã...

Quem teria matado as galinhas, numa época em que ainda não existiam os *take-aways*? Os cozinheiros do hotel eram ex-presidiários comandados por um mafioso, prontos a mostrar seu lado façanhudo a qualquer provocação. Talvez por isso o galã, gato dos telhados, terá desdenhado sua porção de galinha. Malfeita, isso é que ela era.

No caso de Rebecca, é fácil saber de onde veio o frango frito do piquenique no carro. Provavelmente Ms. Danvers, a governanta cruel, comandou a operação galinha frita para o julgamento. Perfeccionista obsessiva, podia até envenenar a comida, mas faria um frango perfeito, instruída que fora nas lides domésticas por Rebecca, a mulher inesquecível. Em Manderley haveria a panela mais que adequada para a fritura, haveria qualquer panela possível, na mansão de uma cozinha inglesa, aberta a visitas. E o diretor até poderia ter filmado a cena de dentro da panela para fora, em meio ao óleo ondulante, sob a perspectiva da galinha. A sombra agigantada da governanta sobre a parede, com o garfo na mão, e Joan Fontaine correndo como um esquilo assustado, esperando como certo um cutucão no seu peito tímido de moça bobinha, de conjunto de cashmere e fio de pérola no pescoço.

Interessante é que em *Os pássaros* (*The Birds*), num bar em que se discute a tragédia das aves assassinas, escuta-se a voz estridente da garçonete: "Solta três galinhas fritas com batatas!". Comer galinha frita em *Os pássaros* é o cúmulo da falta de sensibilidade.

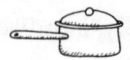

É interessante saber que Alfred Joseph Hitchcock nasceu em Londres, filho de um próspero comerciante de aves abatidas...

Para fazer essa crônica, assisti todos os filmes dele.

A *época da inocência*

No século XIX, culinária e administração do lar, ou economia doméstica, andavam de mãos dadas. Os livros de cozinha ensinavam não só a cozinhar, mas a limpar pratas, manter o verniz, colar o quebrado.

As mulheres tinham como profissão maior O Lar. Edith Wharton, apesar de ter lido toda a biblioteca do pai, não fugia à regra. Foi uma anfitriã de se tirar o chapéu.

Ela própria começou por escrever um livro de decoração de interiores e jardinagem, que era um assunto do qual as mulheres podiam falar à vontade e que ela sensualmente adorava. Sabia tudo, entendiam de cada móvel, de cada estofado, de flores secas arranjadas sob cúpulas de cristal, de gardênias na lapela e chá das cinco.

O filme de Scorsese, adaptado do livro de Edith Wharton, é perfeito na sua caça obsessiva aos detalhes da casa vitoriana, da moda vitoriana. É a total glorificação do mundo das coisas, tão típica da época, o *horror vacui*, todo o espaço entupido de objetos. Uma sucessão de louças, talheres, cristais, pratarias, vasos, conchas, estatuetas, xales, colares, pulseiras, panos, vestidos, almofadas, papéis de parede, quadros, molduras, canetas, cigarreiras, binóculos, bengalas, livros, *gadgets*. E como se não bastasse, tudo isso nomeado, catalogado, classificado. Coisas vivíssimas, coloridas, elaboradas, guarnecidas por quem, neste filme? Um trio de personagens principais, chatos, contidos, formais, afogados pelo décor, sem conseguir jamais passar a emoção subjacente. Complicações da linguagem do cinema. Eles tinham que parecer contidos e formais, falar uma coisa e sentir outra. Como é que fica o espectador nesse caso? Tem de se conformar com pequenos gestos, caretas conflitantes... Se não fosse a voz em off, imagino que a metade daquela explicação exagerada se perderia.

E a surpresa maravilhosa quando você pega o livro? Como ter chegado a esta idade vetusta sem ter lido essa mulher? É difícil mesmo filmar um bom livro. Neste caso o diretor pareceu esmagado pelos teréns vitorianos que ganharam a partida.

A parte da comida, em si, não é tão sensacional. As coisas aparecem sem muita explicação, e pronto. São tão lindas aquelas mesas vitorianas, quentes, excessivas, com seus *épergnes* floridos, enfeitadas de doces, mesmo durante a comida salgada. Engraçado é que a Nova York provinciana, de 1870, já se parecia, na sua percepção das coisas como objetos de poder e status, com a Nova York dos yuppies de cem anos depois.

E a apresentação da comida é toda nouvelle, como se Paul Bocuse, ele próprio, tivesse arrumado aqueles pratos. Será? Duvido. A comida era mais amontoadinha e mais farta nos pratos antigos. Repararam que nenhuma das refeições foi servida à francesa e sim à russa? No serviço à russa a refeição é mantida quente, num bufê ou mesa auxiliar, e a comida, trinchada e arranjada em pratos individuais pelo copeiro, é levada pronta a cada convidado. Eu adoro esse jeito de servir, tanto quanto detesto o serviço à francesa com o garçom no seu cangote, você toda torta, sem poder escolher aquela asinha preferida, com medo de entornar tudo no terno do vizinho. Quanta coisa teve de aprender o mafioso do Scorsese!

Li a autobiografia de Edith Wharton, *A Backward Glance*, e gostaria de traduzir, aqui, a parte sobre comida, mas é intraduzível. Quando chega a hora dos ingredientes com os quais não temos a menor intimidade, fica estranho, perde o sentido. Não se pode falar: "Comíamos patos de asas de lona, patos-selvagens do rio e tartarugas fluviais". Não é nada disso. Se eu encontrar o nome científico para esses bichos, vai soar tão estranho quanto.

Ela comenta que o divertimento preferido dos pais era comer fora e receber amigos para jantar. Havia tempo para conversas, licores, um bom charuto. A comida e o vinho velho, sempre ótimos, e o serviço também. O verdadeiro interessado em comida era o pai, descendente de holandeses. A mãe dele, uma Schemerhorn, tinha a melhor e mais famosa cozinheira de Nova York. A mãe de Edith, por sua vez, não era louca por cozinha, mas, como toda moça da época, carregava na bagagem o que era preciso para lidar com uma casa.

Edith herdou dois calhamaços culinários dela, um Francatelli's e um Mrs. Leslie's recheados de anotações entre as páginas, com receitas escritas com aquela letra fina e elaborada de antigamente. Ostras empanadas, galinha frita da tia Fanny, um ponche e as receitas especialíssimas de duas cozinheiras negras que ficaram para sempre na lembrança de Edith menina. Ela as acompanhava na cozinha, admirando os turbantes brilhantes, os brincos nas orelhas, o cabelo afro, os lenços estampados. Esqueceu-se menos ainda da perfeição, da técnica, do modo como usavam a cornucópia de ingredientes da estação que chegavam à casa nova-iorquina. Era a carne curada com salitre, sal e açúcar (*corned beef*), os perus cozidos n'água com salsão e molho de ostras, galinhas fritas, assadas, os bolinhos de milho, as panquecas de arroz, o bolo de morangos, o sorvete de baunilha. Isso, comida de todo dia.

Quando os amigos se reuniam para jantar, comiam alguma coisa que estivesse no auge, como os patos-selvagens, que só duravam dois meses, a tartaruga de rio, o siri-mole, o presunto de porco da Virgínia, alimentado a champanhe, as favas ao creme, o suflê de milho.

Os patos novos eram encontrados no mercado a partir de março. Eram chamados de patinhos, *ducklings*. Os patos *canvasbacks* adquiriram uma ótima reputação no país inteiro e eram encontrados do fim de novembro a março. O sabor especial deles era devido ao salsão selvagem do qual se alimentavam.

Ai, já imaginaram patos-selvagens alimentados a salsão? Achei ótima, também, a ideia de cozinhar peru em água com molho de ostra, molho que atualmente se encontra em toda casa de ingredientes chineses ou japoneses. Os perus andam tão sem graça que seria uma bela ideia cozinhá-los naquele molho fortíssimo e depois assá-los um pouco, só para corar.

Edith Wharton chora pela morte das artes domésticas: "Aquele currículo antigo de tomar conta da casa, esse currículo logo seria empurrado de lado pelo 'exército monstruoso' das emancipadas. Jovens senhoras aprendendo dos mais velhos a desprezar a cozinha e a lavanderia, e a substituir a arte muito mais complexa de um viver civilizado pela obtenção de graus universitários.

"O movimento começou quando eu era criança e agora que estou velha, que já vi e notei seus resultados, lamento mais do que nunca a extinção das artes domésticas. O que a técnica de congelar alimentos fez foi deplorável, mas foi mal muito menor do que a educação superior."

Chiii! Espero a reação. Eu própria vou me escrever uma carta de protesto.

Ela, por sua vez, conseguiu conciliar a vida de escritora ocupadíssima (que publicava livros como pão quente e ganhava muito dinheiro com isso) com manter casas enormes e impecáveis, receber os amigos como uma obrigação e tratá-los como se estivessem na casa deles. Engajava-se, ainda, em obras de caridade, ajudando os expatriados da Primeira Guerra.

Henry James, que a adorava, tinha um misto de pavor com pânico e alegria, tanto de visitá-la quanto de recebê-la. Ela lhe parecia um tornado, que virava a vida dele de cabeça para baixo... Era um azougue a nossa Edith.

Como água para chocolate

Água para chocolate, no México, quer dizer água a pique de ferver ou alguém a pique de explodir. O filme *Como água para chocolate* mostra o relacionamento de uma família de quatro mulheres, mãe e três filhas, numa fazenda mexicana, na época da revolução. Como o livro de Laura Esquivel, o filme é formado de doze receitas de comida, feitas quase todas por Tita.

A vida gira em torno da comida. Tita nasceu sobre a mesa da cozinha, no meio de alho, tomilho, leite fervido e muita cebola picada. Mama Elena (mãe madrasta) e ela choraram tanto por causa da cebola que a água cascateou pelas escadas. Mais tarde foram recolhidos cinco quilos de sal das lágrimas secas. Talvez pela circunstância de seu nascimento, Tita aprendeu a gostar do fogão, da lenha, da fumaça, da horta, do galinheiro, do pombal, de seus cheiros, cores e texturas.

A cozinha é o centro de seu mundo e ela se envolve numa relação íntima com os símbolos femininos, com as gamelas de cozinha, panelas, potes, tudo da mesma cor, do mesmo barro.

É através da lida da cozinha que Tita manifesta seu poder, sua rebelião, seu amor. O trabalho de cozinhar, de preparar a comida, terno, sensualíssimo, antecipa as festas, momentos de luz e alegria, que por sua vez antecipam o desastre e a morte.

Festa e dor são os dois polos da vida de Tita. Por ser a filha mais moça, não pode se casar, tem de ficar solteira para cuidar da mãe. É a tradição. O homem que ama casa com sua irmã mais velha para estar perto dela. As receitas funcionam como ampulhetas, marcam datas, são metáforas.

O bolo de casamento Chabella, com 170 ovos, vai para a festa de casamento da irmã temperado com lágrimas amargas que intoxicam os convidados. Codornas com pétalas de rosas fazem de Babette uma aprendiz de cozinheira. É uma preparação erótica para demonstrar ao cunhado o seu amor.

Tita se desmancha em corpo, sangue e alma no preparo daquelas codornas trêmulas, soltando a penugem nas suas mãos, no misturar dos ingredientes do molho — pétalas, castanhas, manteiga, essência de rosas, anis, mel e alho —, transformando o prato num potente afrodisíaco.

À noite, ela escreve em seu caderno de receitas a observação: "Hoje, quando comíamos este prato, Gertrudis, a irmã do meio, fugiu de casa". Esqueceu-se de mencionar que fugiu nua na garupa de um revolucionário.

Tita vai amadurecendo num mundo que explode a toda hora em fogos de artifício, onde o visível e o invisível se confundem, os mortos prestam visitas aos vivos, onde o rio que passa ao fundo assiste, caudaloso e impávido, à mudança das gerações e suas semelhanças.

Tita, nas horas vagas, tece em crochê compulsivo sua colcha, seu véu de noiva, sua vida, sua mortalha. É um filme de grande sensibilidade nas cenas ligadas ao cotidiano.

A receita final, para o casamento da sobrinha, é de pimentões com molho de nozes. Mil nozes a serem descascadas, peladas e moídas com queijo e creme, para formar o molho dos pimentões recheados e salpicados com sementes de romã. É um prato apoteótico, com as cores da bandeira, da independência do México e da independência da mulher mexicana.

Coisa que eu não esperava no México era a qualidade e tradição dos pães. Só me vinham à cabeça tortilhas e mais tortilhas. A uma certa hora da tarde, acho que voltando do trabalho, as pessoas passam pela padaria, pegam uma cestinha de palha e vão enchendo de brioches, pães doces, croissants, *muffins*, roscas de milho e o que mais quiserem, pois há uma infinidade de escolhas.

ROSCA MEXICANA

Ou de qualquer lugar do mundo.
A vantagem é que dá sempre certo.

1 tablete de fermento fresco (15 g); 1 xícara de água;
1 xícara de farinha de trigo; ½ kg de farinha de trigo;
1 batata cozida, passada na peneira; 2 gemas; 1 ovo inteiro;
½ colher (chá) de sal; 1 pitada de fermento em pó; 1 colher
de manteiga; 4 colheres de óleo; farinha o quanto baste

Misturar o fermento, a água e a xícara de farinha de trigo. Deixar crescer. Ir juntando o ½ kg de farinha de trigo, a batata, as gemas, o ovo inteiro, o sal, o fermento em pó, a manteiga e o óleo.

Sovar a massa e ir acrescentando farinha de trigo até soltar da mão. Não deve ficar uma massa dura. Abrir em 3 bolas. Fazer 3 cordões e trançar. Deixar crescer bastante. Pincelar com gema. Levar ao forno. Fica enorme e bonita.

Madame Bovary

Meu livro predileto!

Quase todo mundo que leu *Madame Bovary* sofreu com o filme, por um ou outro motivo. É um horror sentar naquela cadeira de cinema e ser atropelado por conhecidos antigos, irremediavelmente definidos. Como? Essa, a Emma? Que desplante...

Os detalhes da comida são tratados com rigor, como todo o resto. O casamento campestre, à luz do dia (ela gostaria de se casar ao luar), de Charles e Emma Bovary tem lugar de honra, aparece inteiro. Mas o célebre bolo de Madame Bovary não é igual ao bolo de *Madame Bovary*. Não se fazem mais pasteleiros como antigamente, ou questão de "budget", como diriam os franceses. Nada de barcos de avelã flutuando em lagos de calda, nem torres fortificadas, de pão de ló. E Cupido, num balanço de chocolate, balangando de lá para cá, foi substituído por dois noivinhos de padaria. Tanto pior.

O grande baile do castelo, no filme, não é tão grande assim. Mas foi lá que Emma viu pela primeira vez uma romã e um abacaxi, tomou sopa de amêndoas, comeu codornizes com suas penas e creme Trafalgar. Deslumbrou-se com o brilho dos cristais, com as lagostas transbordando dos pratos, os pãezinhos redondos, os guardanapos dobrados à moda de mitra de bispo.

A certa hora Emma Bovary segurou com a mão esquerda uma concha dourada com sorvete de marasquino (no filme, uma taça de champanhe). Semicerrou os olhos, com a colher gelada entre os dentes finos, e esqueceu sua vida passada. Esqueceu a quinta do pai, o leite que desnatara com as mãos, a vida achatada do interior, o marido que não amava. O sorvete foi como um *trou* que separa dois pratos numa refeição, e a vida de Emma se partiu em antes e depois. Estava pronta para enfrentar o brilho, a alegria, o luxo, a felicidade.

Na volta da festa, no dia seguinte, encontraram em casa a empregada ranheta, atrasada com o jantar de sopa de cebolas com carne moída e azedas. Charles esfregou as mãos de contente e Emma, cheia de coragem, mandou a infeliz embora: "*Partez!*", e em seu lugar empregou uma menina com o sugestivo nome de Félicité.

Charles Bovary, na primeira manhã em sua casa, depois do casamento oferece à mulher uma sopa, no café da manhã. Essa cena não existe no livro, mas poderia existir. Emma aceita de inocente, ainda pensa que um dia poderá ser feliz. Não imagina os perigos terríveis que viriam atrás daquela sopa, comida burguesa por excelência, cotidiana, previsível, envolvente, assassina. A mesa pequena, a terrina no meio, separando o casal já separado por mundos diferentes, e aquela hora inevitável. Charles comendo devagar, fazendo barulho a cada colherada, ruminando. Ela, que queria engolir o mundo inteiro, brincando com a faca no oleado e trincando uma avelã, enfarada. A umidade, o vapor da sopa, o cheiro de repolho e osso cozido invadindo tudo, entrando pelas paredes adentro, pelo chão, na roupa, nos cabelos, na alma, poluindo, corrompendo, fazendo penar.

"Toda a amargura da existência parecia-lhe servida em seu prato."

Emma Bovary não morreu de tanto ler romances, morreu mesmo de tanto tomar sopa, morreu mesmo de medo daquele dia a dia molhado de caldo de osso.

O casamento de Emma é campestre, a festa parece um quadro de Brueghel. É uma fase de transição, os homens sem suspensórios e as mulheres sem vestidos floridos. A comida ainda é boa. O leitão está na mesa, os lombos, os cabritos, chouriços e, nos quatro cantos da mesa, garrafas de aguardente. A única coisa que discordava de tudo aquilo era O Bolo. O *pâtissier* era de Yvetôt, recém-chegado no lugar. (A cidadezinha era tida por Flaubert como a mais provinciana e medíocre do mundo.) Para conseguir clientes e impressionar, ele dera o bolo de presente. E os convidados de Emma gritaram ao vê-lo.

"Na base havia um quadrado de papelão azul, figurando um templo com pórticos, colunatas e, ao redor, estatuetas de estuque em nichos constelados de estrelas em papel dourado. Em seguida, vinha, no segundo andar, uma torre de Bolo de Savoia, rodeado de minúsculas fortificações em angélica, amêndoas, uvas-passas, pedaços de laranja e, enfim, sobre a plataforma superior, que era um prado verde com rochedos e lagos de calda, barcos em cascas de avelãs, viu-se um pequeno cupido, oscilando num balanço de chocolate, cujas hastes terminavam no cume, com dois botões de rosas naturais, à guisa de esferas."

Mas não era demais, esse bolo? Não entendi mesmo o motivo pelo qual não foi copiado no filme, que queria e seguiu o livro à risca.

Emma deve ter adorado o seu bolo, tão rico, mas quase não participou da festa. Aliás, era quase anoréxica, a nossa Emma. Nunca a vemos comendo com gosto, a não ser na hora em que, com a maior voracidade, devorou o arsênico que a ia matar.

BOLO DE SAVOIA

Gâteau de Savoie.

Este bolo, parecido com uma *génoise*, deve ser servido com um creme, ou molho de frutas, compota, geleia ou calda de chocolate.

Tempo de preparo: 10 minutos; tempo de assar: 30 minutos.
Rende 2 bolos, cada um servindo 6 a 8 pessoas.

1 xícara de amêndoas branqueadas e cortadas em lâminas (opcional); 7 ovos médios separados; 1 xícara (250 g) de açúcar; 1 colher (chá) de água de flor de laranjeira; ¾ de xícara (100g) de farinha de trigo; ¾ de xícara (100 g) de maisena; 4 colheres (chá) (20 g) de açúcar; ⅓ de xícara (80 g) de manteiga derretida (opcional)

Preaqueça o forno a 180°C. Unte as fôrmas, polvilhe com farinha de trigo e enfeite o fundo com as amêndoas (opcional). Numa tigela ponha as gemas, o açúcar e a água de flor de laranjeira. Bata por 3 minutos em velocidade média. Junte a farinha de trigo e a maisena. Mexa bem. Bata as claras em neve, junte 4 colheres (chá) de açúcar enquanto bate. Com a espátula de madeira junte as claras e a manteiga derretida (opcional), com delicadeza. Deve ser colocado imediatamente nas fôrmas e assado por cerca de 30 minutos. Desenforme ainda mornos. Se bem embrulhados em papel-alumínio, ficam na geladeira de 3 a 4 dias.

Tampopo

Tampopo, um filme sobre comida, saiu em vídeo. Tem coisas lindas, como o velho professor da arte de tomar sopa que usa os hashis para acariciar levemente a superfície da tigela, conversa com o caldo, pede desculpas a ele, e dá *ciao* a um pedaço de carne que somente afastou, mas que logo voltará a comer. Come com a boca boa e com um leve sorriso, como se tivesse um segredo engraçado e difícil de compartilhar.

Nos créditos finais os caracteres japoneses passam sobre uma mulher que amamenta. Há comida para todos os gostos, até mesmo comida erótica para ninguém botar defeito, em imagens claríssimas, explicadas, sem-vergonha, quase anúncios de motel. Na narrativa o diretor encaixa comentários risonhos e importantes sobre a comida japonesa, talvez mais importantes do que a história do filme.

Atravessando todas as notas de pé de página passa a vida simples de Tampopo, viúva moça, pai e mãe de uma criança, dona de um pequeno restaurante de subúrbio.

Atualmente a metade da população japonesa, de mais de 100 milhões de pessoas, come refeições de tigela, como a sopa de *ramen* ou *lámen*. É a fast-food japonesa. Barata, rápida de comer, porque tem de ser engolida às pressas, antes que o macarrão perca sua textura al dente. O comércio dessas tigeladas passa por barraquinhas, bibocas, e chega a cadeias nacionais de restaurantes plastificados e anunciados em neon. Os japoneses se preocupam (os que fazem filmes, não os que tomam sopa) com a degeneração das tradições culturais e com a rapidez com que as outras influências culinárias se acomodam no país extremamente adaptável.

Equilibrar a tradição e a modernidade vai ser a tarefa de Tampopo. Goro, um caminhoneiro, se preocupa com a moça e tem a franqueza de comentar delicadamente sobre a sopa da casa: "Sua sopa é honesta, mas sem coragem". O ajudante de caminhão menos sutil completa: "É ruim, mesmo".

Tampopo, que sabia fazer os melhores pepinos em conserva, não aguenta essa humilhação. Há dentro dela uma urgência, um germe de perfeccionismo e, quando Goro já está dando partida no caminhão para ir embora, ela se dependura na janela, na porta e implora para que ele a ajude a se transformar numa boa cozinheira. O caminhoneiro aceita coadjuvar o projeto sopa. A filosofia básica era criar um caldo transparente, denso e vigoroso em que o *lámen* fosse ao mesmo tempo suave e forte. A verdadeira sopa. Só. Ah, mas quanta sutileza entre os talharins! A transformação de Tampopo é uma maratona de trabalho compulsivo, autocompetição e disciplina. A moça carrega caldeirões de água fervente de cá para lá, como um sargento. Tenta alcançar a marca cronometrada de três minutos para servir um freguês, faz jogging, passa por iniciações, provas, desânimos, miúdas vitórias. Os cozinheiros precisam de músculos e Tampopo deve ficar mais forte que um homem. Não faltam exercícios de memória, visitas a restaurantes concorrentes, incursões a latas de lixo à cata de ingredientes secretos, trapalhadas. Até o rosto de Tampopo vai mudando. Goro admite que está bonita, mas à francesa. (Impossível conter as influências, impossível não influenciar. Onde afinal se inspirou a nouvelle cuisine, se não no Japão?)

Tampopo consegue seu restaurante funcional, a melhor sopa possível, serenidade, confiança, tudo, só com a ajuda de homens, coisa que faz pensar. No final eles se retiram discretamente para que ela continue, sozinha, sua tarefa. Não antes que a cozinheira, muito zen, agradeça a Goro: "Todos nós temos uma escada na vida. Uns conseguem subir a escada inteira, outros nem sequer atingem o primeiro degrau. Você me ajudou a encontrar a minha escada".

JEJUNS E FESTAS

Páscoa, pão e chocolate

Na Quaresma, o jejum, e, para compensar, uma overdose de chocolate na Páscoa para ninguém botar defeito.

Sempre tive a nostalgia de festas sagradas mais ascéticas, o sentimento religioso mais profundo, em que se desse mais importância ao que se tem.

Comprei para o meu neto Pedro, de três anos, um coelho vivo, de verdade, cercado de cenouras, arauto da fertilidade, do renascimento. Pensei que era um bichinho frágil e que logo morreria de morte morrida. Mas, não. Mora num buraco do jardim, acaba com as plantas, come como um desesperado e vive em briga cerrada com o neto, que o queria imóvel e de pelúcia. O menino segura o bicho pelas orelhas, quando consegue, leva-o até a porta do forno e murmura entre dentes: "Vou fazer um bom churrasco e comer você inteirinho...". Nada menos pascoalino e cristão. Não deu certo, tive de voltar aos chocolates.

Lembro-me de uma vizinha portuguesa que me ensinava que o verdadeiro e único modo de se comer uma barra de chocolate era dentro do pão. Como variante, pão, chocolate e uvas. Parece estranho? Experimentem. Pode ser pão francês, ou pão doce, tanto faz. E, se o pão for mais suave, o chocolate deve ser amargo.

> *Já se vão 35 anos!*

Na Inglaterra comi chocolate com pimenta, *poivre rose*, que é mais fragrante do que picante. Temos o hábito de associar especiarias, como coentro, mostarda, pimenta, à comida salgada. Por quê? Muitas vezes um doce pede pimenta. Na Tailândia comem as frutas polvilhadas de açúcar com pedacinhos de pimenta vermelha, fresca, o que dá uma enorme graça aos morangos, por exemplo.

Quem já experimentou melão com uma rodada de moedor de pimenta-do-reino, como entrada?

Mas, voltando ao chocolate, façam um sanduíche de pão de miga, chocolate derretido e pimenta-do-reino verde. É um casamento talhado no céu.

Se alguém quiser se exibir um pouco na Páscoa, sem precisar entrar num curso de bombons, com suas fôrmas de coelhos de orelhas quebradiças, experimente esta trufa vergonhosamente fácil.

TRUFA DE CHOCOLATE

1 gema; 80 g de manteiga sem sal; 130 g de chocolate amargo amolecido em banho-maria; 100 g de açúcar; cacau em pó para polvilhar

Misture tudo muito bem e leve à geladeira da noite para o dia. Está pronta a massa da trufa. Na hora do cafezinho tire a vasilha da geladeira e pegue pedaços da massa com uma colher. Não importa que os pedaços fiquem irregulares. É até mais bonito. Passe em cacau em pó e sirva imediatamente. Derrete na boca.

SUFLÊ QUENTE DE CHOCOLATE DA ANA

2 pãezinhos franceses, velhos ou não, molhados no leite; 180 g de chocolate em pó; 150 g de manteiga; 6 ovos; 1 pequeno cálice de conhaque; açúcar a gosto

Bater a manteiga com o açúcar e as gemas. Acrescentar o pão bem espremido e o chocolate em pó. Bater as claras em neve e juntar. Colocar em fôrma refratária untada com manteiga e assar no forno de 30 a 35 minutos. Servir imediatamente com creme de leite batido, ou creme inglês, ao lado.

CRÊPES AU MIEL ET AUX PIGNONS DE PROVENCE

Receita de Roger Vergé em *Fêtes de mon moulin*.
O molho desta receita foi um pouco mudado pelo
Carlos Siffert, nosso ex-chef.
É uma receita excepcionalmente boa, que agrada a gregos e troianos.

¾ de xícara de farinha de trigo; 2 ovos; 2 colheres de açúcar; 3 colheres de caldo de laranja; 1 pitada de sal; ¾ de xícara de leite; 6 colheres de manteiga sem sal derretida

MOLHO: 1 xícara de chantilly bem fresco; 4 gemas em temperatura ambiente; 4 colheres de açúcar; ⅓ de xícara de mel; algumas gotas de Sambuca ou qualquer licor de anis; ¼ de xícara mais 2 colheres de pignoli

A massa do crepe: misture a farinha de trigo, as gemas, o açúcar, o caldo de laranja e 1 pitada de sal num liquidificador ou processador e bata até ficar uma massa homogênea. Gradualmente junte o leite e 2 colheres de manteiga. Ponha a massa na geladeira por, no mínimo, 30 minutos.

Enquanto isso faça o molho: ponha as gemas em panela com o açúcar e vá batendo, em banho-maria. Quando engrossar, ponha sobre vasilha de gelo e continue batendo até esfriar. Junte o mel, o Sambuca, o pignoli e mexa muito bem. Acrescente o chantilly, de leve, mexendo com gestos fofos. Está pronto o molho.

Os crepes: pincele uma panquequeira com o restante da manteiga e leve ao fogo médio. Quando estiver quente, ponha ¼ de xícara de massa no centro, mexendo em movimento circular para distribuir a massa homogeneamente. Deixe os crepes dourarem por 1 minuto. Vire com uma espátula e deixe dourar do outro lado. Continue a fazer os crepes assim, colocando em papel-manteiga, e amontoando-os até obter 12. Se estiver preparando com antecedência, cubra os crepes e o molho e leve à geladeira.

Dez minutos antes de servir, aqueça o forno em alto. Abra os crepes, recheie cada um com uma colher de molho, dobre em 4, despeje o restante do molho por cima e polvilhe com pignoli. Leve ao forno por 2 ou 3 minutos, só para gratinar.

SOPA DE FRUTAS

Outra sobremesa gostosa, rara no Brasil, é uma sopa de frutas. Limpar, tirar caroços, casca e pele de abacaxis, pêssegos, laranjas, cerejas; cortar as maiores em pedaços, deixar as menores inteiras. Branquear tirinhas de laranja e de limão na água fervente e refrescar em água fria. Pôr 1 garrafa de vinho tinto para reduzir pela metade, temperar com açúcar, juntar as cascas de laranja e um pouco de folhas de hortelã. Para servir, juntar todas as frutas preparadas e deixar na geladeira por 2 horas no mínimo. Pode-se variar, trocar as frutas, inventar novas especiarias. É sempre um sucesso como sobremesa.

TORTA DE PAPOULA

Não temos o hábito de comer tortas e bolos com semente de papoula. A meu ver é um gosto adquirido e que vale a pena ser adquirido.

> 6 gemas; 6 claras em neve; 150 g de açúcar; 200 g de manteiga; 100 g de nozes picadas; 150 g de sementes de papoula moídas (Existe um copo que, colocado no bocal de algumas marcas de liquidificadores, mói muito bem as sementes de papoula. Os pequenos moedores de café, importados, são ainda melhores.)

Bater as gemas com o açúcar, acrescentar a manteiga em temperatura ambiente, em seguida as nozes e a papoula moídas e as claras em neve. Assar por 45 minutos. Se quiser um bolo mais leve, diminua a manteiga para 100 g.

As tortas de papoula não são muito leves. Gostosas de comer em fatias finas.

Convida-se para um velório

Queria mais era saber dos nossos costumes funerários, de cada cidadezinha do interior, de cada canto onde morre gente todo dia. Mas para mim, pelo menos, a pesquisa é difícil. Tudo o que se acha por escrito não é brasileiro, começa na pré-história, passa pelos gregos antigos e para quase sempre entre a Primeira e a Segunda Guerra.

Quem ainda se lembra ou ouviu falar do tempo em que o morto se deitava na mesa de jantar, cercado pela família, amigos, carpideiras, regado a cafezinho, chá, cachaça, licor feito em casa, biscoito pingado, bolo?

Em algumas cidades inglesas o convite para o velório era feito de casa em casa e serviam-se cerveja e bolo, mais tarde substituídos por vinho e biscoitos. Pão de ló cortado em tiras, torrado no forno, para ser mergulhado no vinho do Porto pelos convidados. Para completar, os vivos levavam para casa o equivalente ao nosso bem-casado. Um brinde de biscoitos em pacotinhos de papel com desenhos de caixões, ossos cruzados, caveiras e ampulheta, com lacre de cera preta. E as fábricas desses biscoitos lutavam pelo mercado dos mortos com anúncios em jornais.

Na Rússia, em jantares de mortos, comiam e comem, para começar, três colheres de um mingau de trigo-sarraceno, muito doce, abençoado antes com incenso. (Interessante que, antes de saber disso, sempre achei o trigo-sarraceno com gosto de "roxo", logo, de velório.)

Em Portugal, depois dos funerais, a família participava da "patuscada mortuária". Queijos, figos do Algarve e um pão de trigo muito branco e mal assado para "embuchar". O pároco recebia uma cesta forrada de linho e cingida de preto, com um bacalhau, uma broa e uma garrafa de vinho.

Assisti em vídeo, para refrescar a memória, um filme americano, *O reencontro* (*The Big Chill*), em que sete colegas de faculdade, dos anos 1960, se reúnem para o enterro de um amigo. Glenn Close faz as honras da casa, num banquete de canapés, musses, saladas e carnes. Um dos convidados, de boca cheia, filosofa: "Que ideia! Dar um festão desses em homenagem ao sujeito, bem no dia em que ele não pode vir!".

Para evitar a cozinha num dia de morte, os tailandeses têm um costume interessante que acaba com a comilança, sem sair do assunto. Algumas pessoas, ainda bem vivas, fazem um pequeno caderno com suas receitas preferidas e mandam imprimir para ser distribuído no dia de seu enterro. Fúnebre? Mas é fúnebre, mesmo. Pode-se inclusive passar a vida pensando na capa do libreto, aperfeiçoando as comidas, caprichando na diagramação. No dia fatídico, lá estão os amigos, pouco à vontade, com aquele caderno na mão. Jogar fora? Impossível. Passar adiante? Pior ainda. E o cozinheiro será lembrado pelo resto da vida (dos outros) por um arroz com coentro, uma bananinha cozida no coco...

FAVE DEI MORTI

½ xícara de amêndoas peladas; 2 colheres de pignoli;
½ xícara de farinha de trigo; ⅓ de xícara de açúcar;
1 colher de manteiga em temperatura ambiente; casca
ralada de ½ limão; 1 colher de grapa ou uma aguardente
qualquer; 1 ovo

Bata as amêndoas e os pignoli com a faca ou processador até ficarem como grãos de arroz. Ponha numa tigela com o restante dos ingredientes e misture com as mãos até ficar uma massa elástica. Umedeça as mãos, retire os pedaços de massa do tamanho de um tomate-cereja, enrole como uma bolinha e achate um pouco. Coloque em fôrma untada e enfarinhada, em forno preaquecido, médio, por cerca de 30 minutos. Deixe esfriar e guarde em lata fechada. Dá cerca de 30 biscoitos.

BISCOITOS SIFFERT

Este é um biscoito delicioso e só tem em comum com biscoitos
de velório o ser molhado no vinho. Podem fazer sossegados...

2½ xícaras de farinha de trigo; ½ xícara de farinha de trigo
integral; ½ xícara de semolina; 1 colher (chá) de fermento
em pó; 1 colher (chá) de bicarbonato de sódio; ½ colher (chá)
de sal; 1 colher (chá) de canela; 2 xícaras de amêndoas
torradas com a pele; 1½ xícara de açúcar; ¾ de xícara de
açúcar mascavo; 4 colheres de manteiga derretida; 5 ovos;
1 colher (chá) de baunilha; 1 colher de casca de laranja
ralada; para pincelar, 1 ovo e 1 colher de água

Aqueça o forno em temperatura alta (200ºC). Forre três assadeiras com papel-manteiga, unte, polvilhe com farinha de trigo.

Peneire juntas as farinhas, a semolina, o fermento, o bicarbonato, o sal e a canela. Junte as amêndoas e misture. Em outra vasilha misture o restante dos ingredientes da massa.

Aos poucos junte as duas misturas, mexendo com colher de pau até obter uma massa pastosa. Coloque a massa aos poucos nas assadeiras preparadas, com um saco de confeitar sem o bico, e faça tiras grossas, de uns 6 cm de largura. A massa vai se espalhar um pouco e, por isso, deixe um espaço de uns 5 cm entre elas. Pincele com o ovo ligeiramente batido com a água.

Leve ao forno por 25 minutos ou até que, enfiando um palito, ele saia limpo. Retire do forno e, numa superfície lisa, corte com uma faca de serra em tiras diagonais de 0,5 cm. Arrume nas assadeiras e volte ao forno por mais uns 15 minutos até dourarem ligeiramente. Vire uma vez para secarem por igual. Deixe esfriar completamente para ficarem crocantes e guarde num recipiente fechado. Dá uns 200 biscoitos.

São excepcionalmente gostosos molhados em vinho do Porto, madeira, marsala.

Sexta-Feira Santa

Da Idade Média, existe o registro de um jantar magro de monges gordos. Peixes cozidos em vinho branco, arenques, manteiga e azeite. Pães, ovos, especiarias, verduras, açúcar, peras, maçãs e castanhas. Isso em dia de abstinência, o que explica muitas das frequentes indigestões dos religiosos. Engraçado é que um dos remédios indicados para as dores de barriga era "uma menina bonita e inocente nos braços". Belo conselho para um casto monge!

Nos anos 1950, muitos judeus se mudaram para o bairro de Cerqueira César. Gostaria de saber o porquê. Foi lá que conheci o jejum de Yom Kippur, que coincidia com a Páscoa, um mistério quase indecente, que deixava a loira Vivian, professora de inglês, a desmaiar pelos cantos, muito branca. Era como se a vida da comunidade estivesse em suspenso, como se todos os judeus do bairro se esvaziassem de sua normalidade e parassem um pouco para se reafirmarem diferentes, ligados, religados.

Os nativos, sangue português e italiano nas veias, passavam o ano naquela lenga-lenga de arroz, feijão, verdura, legumes e frango, com raras surpresas de uma alcachofra ou berinjela recheada. Nas sextas-feiras, um filé de pescadinha com bastante limão. Mas na Sexta-Feira Santa, vorazes como os monges, traçavam com alegria imprópria um belo bacalhau. O peixe era comprado em postas na casa Godinho, da cidade, para ser posto de molho na quinta-feira à noite. Uma comida sem receita, feita com displicência rústica e coragem. E é assim que fica bom.

BACALHOADA

1 kg de bacalhau; 12 batatas médias; 3 cebolas; 6 tomates; azeitonas verdes com caroço; pão frito em azeite, em fatias; azeite de oliva

Coloque o bacalhau de molho por uma noite. Afervente-o. Prove o bacalhau. Se ainda estiver muito salgado, dê outra afervantada. Retire a pele e as espinhas. Para o bacalhau não grudar no fundo, forre a panela com fatias de pão fritas em azeite. Esse pão tosta um pouco e absorve o sabor de todos os ingredientes. É uma das melhores coisas da bacalhoada.

Vá espalhando em camadas. Bacalhau, batatas cortadas em rodelas, azeitonas. Depois de cada camada regue fartamente com azeite. A última camada é de batata.

Tampe a panela e ponha em fogo médio. Estará pronta quando a batata estiver macia. O bacalhau não deve soltar água, mas sim cozinhar no azeite. Para esta quantidade vai quase ½ lata de azeite. Se parecer excessivo, depois de pronto, escorra um pouco. Sirva na própria panela, com molho de pimenta ao lado.

BOLINHO DE BACALHAU DEFINITIVO

2 xícaras de bacalhau bem demolhado, desfiado, levemente cozido e espremido; 3 xícaras de batata (esfarelenta) passadas no espremedor manual, nunca batidas; 2 cebolas, médias para pequenas, bem cortadinhas; 1 dente de alho bem picadinho; 1 xícara de salsinha e ½ de cebolinha, cortadas grosseiramente; 1 ovo

Desfiar o bacalhau com o garfo. Num pano de prato colocar o bacalhau desfiado, às colheradas, e enrolar. Fazer uma bola e com a outra mão esfregar, esfregar, esfregar. O resultado deve ser uma coisa fofa parecida com algodão-doce.

Misturar essa massa com a batata espremida, salsinha, cebola, alho e cebolinha. E a gema de ovo, levemente batida.

Bater a clara em ponto de neve. Misturar com a massa do bolinho, suavemente. Com as mãos.

O resultado deve ser uma massa de pingar com colher. Se for o caso, pôr mais um pouco de clara batida. Fritar em óleo quente, mas não fervendo.

Observação: a operação de desfiamento no pano é absolutamente essencial. A mistura de clara em neve deve ser seguida imediatamente da fritura.

Spa

Precisávamos emagrecer. Escolhemos um spa pela praia linda e vazia fora de temporada, pela pequena distância de São Paulo, pelo hotel despretensioso, sombreado por velhas amendoeiras. Pela liberdade de se seguir ou não o programa (o que faz com que seja obedecido à risca) e por não se parecer nada com uma clínica, mas sim com uma casa-grande de senzala.

Logo na entrada, você é despido de sua identidade, ganha um roupão branco e uma lista de atividades. Dessa hora em diante, dentro do hotel, você é um hóspede "spasiano" com direito a tudo que o hotel oferece, menos comida. A vida se desenrola num pátio interno, com piscina no meio, cercado por pequenas salas cobertas de sapé. As "mucamas" passam o dia te espremendo, te amassando com óleos e sal grosso, como enormes picanhas, envolvendo em panos quentes com ervas aromáticas, amarrando com tiras pretas elétricas, à Madonna. Ou se está fazendo ginástica ou se está sendo hidratado, desidratado, lambuzado de cremes, limpo com saunas úmidas e duchas certeiras.

A comida é boa, acreditem. Com um empurrão da brava Ala Szerman (a dona do spa), poderia vir a ser a atração da orla. Como está, já é infinitamente superior à comida do hotel. Imaginem, agora, um prato de estivador, enorme e alto, e dividam por quinze. Esta é sua porção, para o almoço e o jantar. Os ingredientes são frescos, e a comida é de um bom gosto inédito. Quase que imediatamente se começa a sentir o sabor de cada coisa, vai-se afiando o paladar. Cada vagem é comida devagar e com prazer. Na verdade, ela pode ser a última.

Durante a semana que passamos lá, a comida estava nas mãos da auxiliar de cozinheira. Aliás, nas mãos de duas moçoilas brasileiras, simples, sem curso nenhum, treinadas havia pouco, sabe-se lá por quem, provavelmente pela própria Ala. (Foi um custo conseguir qualquer informação. Os funcionários são ciumentos, parecem ter medo de que se lhes roubem uns segredinhos, uma receita... Eu, hein! Roubar receita de spa é demais.) As meninas cozinheiras se assustariam com as palavras *cuisine minceur, nouvelle cuisine, designer de pratos*. E que bom gosto inato elas têm, que delicadeza de mãos, nem uma flor a mais, e para ser justa nem uma alface a mais, também. Almoço e jantar se repetem com pouca comida e muita graça. Filezinhos de meia manjuba em ninhos de espinafre, um camarão pousado sobre um *coulis* de tomate, charutinhos de folha de uva, tomates recheados com legumes, um etéreo peru guarnecido por uma surpreendente *julienne* de manga fresca. Um sanduíche *fake* inacreditável, que é preciso ver para crer. E meias maçãs ao forno, musses de mamão, milhares de gelatinas em todos os tons e texturas. Só o assunto não muda, teimoso e obsessivo. Quem abre a boca, como sabe que não vai comer, fala de comida. Um "spasiano" mais ardente me encurralou num telefone para que eu ligasse para o Ritz e pedisse a receita da torta de galinha deles... e me prometeu de mãos juntas o bolo de laranja da mãe, com calda de laranja em ponto de fio. Estou esperando.

TORTA DE GALINHA DO RITZ

Recheio: 1 galinha grande; 1 cebola com cravo espetado; 1 cenoura; 1 galho de aipo; 6 galhos de salsinha; sal e pimenta a gosto

Bechamel do recheio: 2 colheres de manteiga; 2 colheres (sobremesa) da gordura da galinha; 5 colheres (sobremesa) de farinha de trigo; ½ xícara de creme de leite; 6 azeitonas em rodelas; 3 copos de caldo de galinha

Massa: 2 xícaras de farinha de trigo; ½ colher (chá) de fermento em pó; 5 colheres de manteiga; 2 colheres (sobremesa) de gordura sólida de galinha; 5 colheres (sobremesa) de leite; ½ colher (chá) de sal; gema para pincelar

Recheio: colocar a galinha numa panela grande e cobrir por inteiro com água. Juntar a cebola, a cenoura, a salsinha, o aipo, o sal e a pimenta. Conservar em fogo brando até a ave ficar macia. Separar o peito e desfiar em pedaços grandes. Descartar o restante da galinha. Deixar esfriar. Você só vai precisar de 3 copos do caldo da galinha e 2 colheres da gordura. Separar. Colocar ½ xícara de caldo sobre os pedaços do peito. Esquentar a manteiga e as 2 colheres de gordura de galinha, juntar a farinha, cozinhar por 3 minutos, juntar o caldo e o creme de leite de uma vez e mexer vigorosamente para não empelotar. Deixar engrossar e ficar homogêneo. Temperar com sal e pimenta a gosto. Guardar as azeitonas para misturar ao recheio só na hora de rechear.

Modo de armar a massa: bater tudo no processador até formar uma bola. É muito rápido. Manter na geladeira por meia hora. Forrar os lados da fôrma com metade da massa, rechear com o creme, a galinha, deixando o creme como última camada. Cobrir com a massa. Pincelar com gema de ovo. Assar em forno quente.

Pessach

Anos atrás, precisei conversar com alguém que me contasse sobre a experiência da comida de um menino judeu no Seder, o jantar de Pessach, a Páscoa judaica.

Conhecia de vista o Luiz Kupfer, para quem fazia as festas de aniversário das filhas, reuniões de amigos, mas não o conhecia de verdade. Só vim a perceber que era o maior entusiasmado por comida no dia em que precisei entrevistá-lo e ele se mostrou um grande *chacham*, o sábio que ensina às crianças o ritual da ceia, do Seder. Animou-se logo. Lembrou-se da mãe, preparando a casa. Era preciso fazer uma grande faxina, uma limpeza total, escrupulosa, que ia do chão às paredes, passando por bolsos e fundos de gaveta. Trocavam-se utensílios de cozinha, para que desaparecesse qualquer vestígio de fermento, que simboliza as paixões humanas, a corrupção da vida escrava. Remexiam-se os armários, arejavam-se as roupas, batiam-se os tapetes. Na casa já resplandecente de limpeza eram escondidos pedaços de pão, e as crianças saíam de vela em punho à procura deles, iluminando cada canto. Quem foi menino procurando o pão fermentado na noite escura não pode se esquecer da emoção. Enquanto isso, vai chegando a hora da ceia, na noite seguinte, quando a iídiche *mame*, a mãe judia, vai dar vazão à sua enorme necessidade de nutrir.

Luiz, o meu *chacham*, é guloso, um gourmet disfarçado. Até hoje peço emprestada sua coleção de vídeos de comida, que ele grava e generosamente cede a quem precisa. Pois é, voltando ao Pessach, Luiz foi ficando com a boca cheia de água só de se lembrar do macarrão da mãe, feito só com gemas de ovos de pata, um esplendor de amarelo, quase que divino, de tão bom. Não consegui entender muito bem como eram esses fios de ovos. Sem açúcar, feitos na água, e depois temperados como um macarrão comum? E o guefilte fish que não podia faltar, a conserva de beterraba com raiz-forte, o frango recheado com matsá. Matsá, e não farofa, insistia ele. A língua defumada, os bolinhos de chuchu ralado. Na hora do bolinho de chuchu, o Luiz se empolgou mais ainda. "Como é que minha mãe podia transformar um reles chuchu numa delícia daquelas? E essas meninas da família que perderam a oportunidade de aprender a fazer os bolinhos de minha mãe! Sem falar nas compotas de frutas secas, e os bolos, os bolos de Pessach... As tortas de maçãs com nozes, os doces..."

A mesa comprida do dia de Pessach reunia a família inteira, e os pedaços de pão ázimo ficavam no centro. A mãe acendia as velas do candelabro antigo, que faziam reviver o Pessach de outras gerações. Eva, a primeira mulher, apagou as luzes da vida eterna ao desobedecer a Deus. A mãe judia repara o erro cada vez que acende as velas, pedindo por uma longa vida de fertilidade e paz. Os pedaços de pão ázimo ficavam no centro e as crianças sumiam com eles, furtivamente, e só eram devolvidos no fim da refeição, em troca de um presente. Estratagema adulto para que elas ficassem acordadas até o fim do jantar e escutassem a narração do Hagadá, o livro que narra o êxodo, que é o assunto central do Pessach.

Um dos copos, na mesa, se diferencia dos outros, foi o que Luiz me contou. É o do profeta Elias. De acordo com a tradição ele nunca morreu, arauto do Messias que virá um dia, redimindo os judeus de todo sofrimento. A certa altura, enche-se o copo do profeta e as crianças abrem a porta para que ele entre, esperando ansiosas que um milagre faça descer o nível do vinho.

É muito bonita essa festa de Pessach. Neste ano vou tentar fazer macarrão de fios de ovos para meu amigo Luiz Kupfer, mesmo que ele ache que o da mãe era muito, muito melhor! E com certeza era mesmo.

MACARRÃO PARA SERVIR DENTRO DA SOPA DE GALINHA

3 ovos grandes; 3 colheres de água fria; 1 colher de farinha fina de matsá, de preferência para bolos; 1 pitada de sal

Bata os ovos, a água e a matsá *como para panqueca. Unte uma frigideira e faça nela pequenas panquecas muito finas, douradas do lado de baixo, só. Ponha sobre uma toalha com a parte de baixo, dourada, para cima, para esfriar. Enrole cada panquequinha, e corte em tiras bem finas. Coloque dentro do caldo quente de galinha, na hora de servir.*

CAVIAR DE BERINJELA À MODA DE LILIANE

6 porções.

2 berinjelas com pele; 2 pimentões vermelhos com pele; 1 dente de alho; 1 colher (chá) de sal; 1 pitada de pimenta vermelha; 1 pitada de pimenta-do-reino; 8 colheres de azeite de oliva

Assar as berinjelas e os pimentões na chama do fogão, até ficarem bem pretos e enrugados. Isso vai dar o gosto de defumado. Tirar as peles. Colocar numa tábua os pimentões e as berinjelas e bater juntos com faca pesada ou colher de pau, até ficarem com a consistência de patê. Temperar, enfeitar com tiras de pimentão e colocar na geladeira. Servir frio, com torradas, como entrada.

Tutto crudo

"Lina, corre, vem ver a Verônica!" A casa florentina do bairro paulistano de Vila Mariana, toda iluminada. Na Sexta-Feira Santa, da janela, a família assiste à procissão do Senhor Morto. A Verônica, toda de preto, desdobra o lenço estampado com o rosto de Jesus e canta, soltando a voz, em frente das casas maiores da paróquia.

Lina, descendente de vênetos e toscanos, lembra dos almoços de Páscoa, quando os cheiros da casa se aprofundavam e a preparação era frenética. Coisa demais para fazer e gente demais para comer. "Vamos ter um *agnello*, este ano?", perguntava o pai. "Pode ser, pode ser... Não serve um cabrito?" Ravióli de peito de frango, peru assado, com certeza. E com farofa.

Os frangos agarrados no galinheiro do fundo do quintal espalhavam penas, resistiam. Era um trabalhão para matar, chamuscar, depenar, fazer o recheio do ravióli, só de peito. O molho, de carne mesmo, ficava cozinhando em panelões por horas e horas. O peru, trançando as pernas, seria servido quente, um garçom trinchando e o outro despejando o caldo por cima.

Chegava o peixeiro, trazendo o toque final para as entradas de legumes e verduras que alegravam os mármores da copa. E mais os camarões, o presunto cru, o salaminho.

Como sobremesa, um doce que a tia havia recortado do *Fanfulla*, o *tutto crudo*, que se transformaria numa tradição da família. E mais a *pastiera di grano*, a colomba pascal, as frutas, os quindins, as compotas, amêndoas confeitadas, as peras, uvas, laranjas.

Misturavam-se a ressurreição do Senhor, a missa, os ovos de Páscoa, os coelhos, a prataria reluzente. Uma alegria de mitos, música e tradição, da qual Lina morre de saudade.

TUTTO CRUDO

Do *Fanfulla*.

200 g de manteiga sem sal; 4 gemas; 4 claras; 200 g de chocolate em pó da Kopenhagen; 2 colheres de leite; 2 colheres de açúcar; 200 g de biscoitos ingleses Diplomata; rum para amolecer os biscoitos

Bater as gemas com a manteiga e o açúcar. Reservar. Misturar o chocolate com 2 colheres de leite, no fogo, só para formar uma pasta. Bater as claras em neve e acrescentar à mistura de manteiga reservada e ao chocolate. Embeber os biscoitos em rum misturado com água e enformar numa fôrma de charlote. Encher a fôrma, forrando os lados e o fundo, e despejar a mistura dentro. Levar à geladeira por 24 horas. No dia de servir, desenformar.

Natais

Ai, quantos Natais, tantos! No princípio eram Natais ateus, anunciados não pelo anjo, mas pelas cestas de brinde. Dentro da palha brilhavam outros mundos, o luxo, a geografia do outro misterioso. Mínimas terrines de *foie*, pequenas alcachofras em azeite, damascos, avelãs, amêndoas, castanhas de Portugal. Mostardas inglesas que subiam ao nariz, cerejas preservadas em espíritos fortes, minúsculas mandarinas em compotas.

Todo esse mistério, surpresa, alumbramento, conviviam com o peru vivo que chegava, de presente, nas vésperas da ceia. Às vezes era entregue à noite, em caminhão barulhento, de entregas atrasadas. Recebedor e ave ficavam lá, abraçados, comovidos, corações disparados no escuro, num susto só. O bicho zanzava dias e dias pelo quintal, ressabiado. Quando começava a se acostumar, era a hora do porre. A cozinheira abria-lhe o bico e despejava duas colheres de pinga goela abaixo. Só isso bastava e ele amolecia, largava os músculos e derreava no chão. Quase sempre junto com a cozinheira. E depois da matança ia assar na padaria com um amarrilho na perna com o nome da família. Passava a noite no calor manso do forno já apagado. Voltava coradíssimo e cheiroso, mas diminuído, encolhido, e sempre corriam suspeitas de que fora trocado pelo peru da vizinha.

Meu pai era um natalino daqueles inveterados, que começava a comprar e esconder presentes em junho. Dona Anunciação, uma querida amiga portuguesa, viúva, passava o Natal conosco e todos os anos ganhava um livro de sacanagem, que escondia depressa entre saudáveis gargalhadas. Naquele ano, passou metade da ceia revirando os olhos e prelibando a leitura pornô. "Pois, pois, *Histórias do vovô Vicente*! Devem ser fortes e galhardas as histórias do vovô...!" A tempo, descobriu-se que o exagerado Papai Noel confundira um livro da neta com o da amiga.

Em meados dos anos 1950, a tradição de comidas natalinas bem brasileiras foi rompida. Havia mudanças no ar e o pernil e as aves guardaram suas farofas e apareceram guarnecidos de compotas doces de figos, pêssegos e abacaxis.

Ah, como sabiam bem aquelas comidas, aqueles cheiros, misturados ao encanto infantil de se estar vivo, à inconsciência do perigo de estar vivo. Pensávamos ainda que o único a morrer, ad aeternum, seria o peru.

Tentamos Natais religiosos para os filhos. Armamos com eles lapinhas, montamos presépios vivos. Quem seria Nossa Senhora, quem seria a lavadeira? Acabávamos sempre com duas Virgens e nenhuma lavadeira. E tudo se acabou no dia em que são José, esperando a meia-noite na copa, com fome, impaciente e acalorado, desceu o bordão florido nas implicantes Marias.

Diminuímos o grau de religiosidade e no ano seguinte resolvemos passar, antes da ceia, um pequeno Jesus de biscuit, numa salva de prata, para que fosse beijado por todos. Uma das convidadas, Ana Maria Lobo, entretida com uns americanos bonitões do Peace Corps, declinou, distraidíssima. "Não, obrigada, estou satisfeita." Pensou que fosse um último e rosado canapé.

E por essas e por outras, por Cristo e com Cristo, poupai-nos os Natais adultos, devolvei-nos por um dia que seja o olhar de criança, amém.

BOLO DE NATAL MARIA HELENA

Logo no começo do bufê Ginger fazíamos esta receita de bolo para o Natal. Maria Helena, cunhada, queimou as pestanas em receitas de bolos secos, que vendíamos para o Santa Luzia. Fizemos os bolos umas três vezes, com grande aceitação, mas o bufê foi aumentando e o grande número de festas impediu a continuação dos bolos, brownies etc.
Rendimento: 12 porções.

MISTURA DE FRUTAS SECAS: 250 g de ameixas-pretas; 250 g de damascos turcos; 250 g de peras secas; 250 g de passas brancas; 100 g de gengibre em calda, escorrido e picado; 60 g de cerejas glaçadas; raspas e suco de 1 laranja; raspas e suco de 1 limão siciliano; 1 colher de geleia de laranja--amarga; 1 colher de geleia de damasco; 1 xícara (chá) de maçã verde cozida (sem casca); 2 colheres de vinho do Porto

MISTURA DE OVOS: 250 g de manteiga com sal; 250 g de açúcar mascavo; 4 ovos; 1 colher (chá) de essência de baunilha

MISTURA DE FARINHA: 360 g de farinha de trigo peneirada; 1 colher (chá) de canela em pó; 1 colher (chá) de gengibre em pó; 1 colher (chá) de fermento em pó químico; 1 colher (chá) de noz-moscada; 1 colher (chá) de cravo moído; 1 colher (chá) de pimenta-da-jamaica moída

Brandy para regar

DECORAÇÃO: amêndoas cruas sem pele

Mistura de frutas secas: Numa tigela de louça ou inox, juntar todos os ingredientes. Misturar bem, cobrir e deixar macerar até o dia seguinte na geladeira.

Mistura de ovos: Bater a manteiga com o açúcar até obter uma massa cremosa. Acrescentar os ovos um a um, batendo, e depois a essência de baunilha.

Mistura de farinha: Juntar todos os ingredientes numa tigela e misturar. Adicionar à mistura de ovos, aos poucos, alternando com a de farinha de trigo e a de frutas secas. Mexer bem.

Forrar uma fôrma de 26 cm de diâmetro, de fundo removível, com 3 camadas de papel-manteiga no fundo e uma camada na lateral. Colocar a massa na fôrma, alisar a superfície e decorar com as amêndoas.

Levar ao forno preaquecido a 165°C por cerca de 1h30. Abaixar o forno para 150°C e assar por mais 1h30. Atenção para não dourar demais.

Tirar do forno, fazer furinhos com um garfo, regar com brandy e deixar esfriar sobre uma grade, dentro da fôrma.

No dia seguinte, desenformar e retirar o papel-manteiga. Embrulhar em outro papel-manteiga e colocar o bolo numa lata fechada, que não permita a entrada de ar. Guardá-lo por um mês.

PATRÕES, EMPREGADOS

As tias

São todas cartas ipsis litteris das tias.

Sempre me interessei pelo assunto patrão-empregado, senhor-escravo, mas tenho tido pouco tempo de estudá-lo. Vida afora, fui me contentando com *A cabana do pai Tomás*, *A escrava Isaura*, Gilberto Freyre, as deliciosas empregadas francesas de Gertrude Stein e Alice B. Toklas. Um dia vou tentar desvendar o relacionamento de Virginia Woolf e suas cozinheiras, que era o que havia de mais complicado na época, e fácil de entender para as donas de casa de hoje. Virginia adorava a sua privacidade e precisava dela para escrever seus livros. A empregada queria conversa, atenção, carinho. A escritora se torturava por não poder e não saber dar nada disso. Quando o problema da convivência chegava ao insuportável, tomava coragem e dispensava o serviço da moça. Passavam-se dias de felicidade total. Cozinhava uma comidinha qualquer para ela e o marido, tomavam um vinho espanhol, aquele silêncio na casa, até que chegava a enxaqueca que a prendia na cama por dias seguidos, e era a correria atrás de uma agência ou da própria cozinheira trazida de volta e entronizada. Isso foi um script repetido durante toda a vida da escritora.

Um roteiro semelhante tinham minhas tias, duas irmãs solteironas morando em Copacabana. Tenho todas as cartas delas, as entrevistas com empregadas em perspectiva, o modo padrão de mandá-las embora. Relendo as cartas, vê-se que a história se desenvolvia mais ou menos assim. Entrevista, escolha da que parecia melhor. Lua de mel violenta, e decepção mais violenta ainda. Anjos de bondade e capricho se transformavam em figuras perigosas, malignas, doidas, ladras.

Já velhinhas, lutavam briosamente pela sobrevivência, em meio a um sem-fim de empregadas que viviam por aquela zona. Meninas, moças, velhas descendo e subindo elevadores dos fundos, namorando porteiros, brigando e gritando de uma área de serviço para outra, suando suas alegrias e desejos nos quartinhos de metro e meio, um sufoco sem brisa naquele Rio quarenta graus.

As tias, nas cartas, têm uma linguagem escravagista ao descrever sua saga de domésticas, o que é interessante, pois em todos os outros campos da vida modernizaram-se, compreenderam, toleraram, aceitaram. Pensando bem, não estavam presas ao politicamente correto e diziam o que lhes vinha na telha.

Alguns extratos das cartas, a partir de 1960. A escrevinhadora era tia Lourdes.

"Temos tido problemas enormes com 'cucas'. A última é Maranhão, que chegou nesta cidade de São Sebastião do Rio de Janeiro no princípio deste ano. Tem 58 anos, mulata gorda e cinzenta, gordura mole, feita de miolo de pão. Chegou com fisionomia de cretina, a cabeça tombada de lado, sentindo uma 'tapagem' horrível no ouvido. Pacientemente, ensinamos a ela noções de cozinha. Não conhecia aspirador de pó, nem máquina de lustrar chão...

"Às vezes analisamos se cumprimos bem o nosso dever para com Maranhão. Arrancou vários dentes, tratou da vista, está de óculos, gosta de ler e escrever cartas. Continua com a sensação de entupimento no ouvido, e vive atrás de otorrinos. Mas aquela figura inexpressiva hoje está bem alimentada, pescoço firme, gordura rija, rodopiando num pé só na hora de ir passear. (Martha decidiu apelidá-la de Travolta.) Depois de fazer o almoço, que se depender dela é todo dia arroz, carne moída e batata ensopada, ou somente cozida, senta-se para ler ou somente pensar. Há oito meses que está conosco e nunca descobri o que comia Maranhão, a não ser arroz, que faz direitinho. Ontem, descobri: devia morar perto da mata, pois gosta de tatu, paca, cotia e até veado."

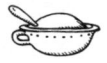

"Apareceu aqui Creuza, de forno e fogão. Trabalhara na casa de Didu Souza Campos, Carmen Mayrink Veiga, só gente bem. Tinha bico fino, queria trabalhar pouco e ganhar muito. O que fazer, na nossa situação? Peguei a moça com grandes expectativas. Ela entrou, passou a mão na vassoura e não largou mais dela, nem a muque. Eu, vendo as horas correrem, de barriga vazia há muitos dias, na esperança de poder enchê-la com os pitéus de Didu, mas neca... os dias foram passando. Nesta semana fui à cozinha abrir uma lata de palmito. Ela, em pé, junto à pia, eu bem pertinho. De repente ela se vira para mim e diz: 'Dona Lourdes, a senhora sabe que estou morta?'. Gelei. Olhei-a espantada. 'Não é possível, Creuza, logo você tão corada...' 'Pois a senhora se engana, estou morta, mataram-me no dia de são Jorge, no ano passado. Está completando um ano, hoje.'

"Bem, era louca furiosa, acepipes de Didu e Carmen, um delírio."

"Nina, nestes últimos anos ando sentindo uns sintomas esquisitos e acho que o sangue de meus ancestrais, mas ancestrais mesmo, alguma tribo indígena antropófaga, mexe comigo. Tenho uma vontade imensa de comer um bife malpassado feito com a papada do Delfim!

Sinto uma antipatia profunda por ele e no meu fraco entender acho que de economia pouco sabe e lá vai levando o Brasil para as cucuias...

"Você diz ter um amigo que filosofa que praga de rico são os ladrões e empregados. Acho que de pobre, também. Continuamos na luta. Arranjei uma empregadinha. Vou descrevê-la o mais detalhadamente possível e você vai ficar com água na boca! Negrinha, tem catorze anos, 1,75 de altura. Chama-se Andrea, e não Joana, Francisca ou Pafúncia. Apareceu aqui nas vésperas do Natal e Martha disse que fiquei tão encantada que era como se tivesse baixado aqui em casa um dos Reis Magos. O pretinho. Logo a apelidamos de 'Mon Petit Roi'.

"Ledo engano. Não sabe cozinhar nada, quer fazer o curso de manequim profissional enquanto trabalha conosco. O Senai fica a uns 5 milhões de anos-luz de Copacabana. Vai também estudar à noite, num colégio aqui perto. Só não descobri ainda a hora em que vai trabalhar.

"Já disse que traz um maiô na próxima saída e perguntou se vai sozinha à praia ou se quero ir junto. Hoje, de manhã, encontrei-a numa poltrona da sala, de minissaia bem curta, com uma das longas pernas descansando no braço da poltrona, fumando um cigarrinho. Fuma desde os onze anos.

"Nina, eu sei que você está com água na boca, paciência, empregadinhas boas, somente eu sei arranjar..."

Tia Lourdes, digamos a verdade, jamais havia feito um ovo na vida, enquanto morava com os pais. O seu caderno de receitas é totalmente sem charme, só tem uma geografia da fome, receitas variadas de uma *"recherche du temps perdu"*, atrás de bolos de fubá, quitandas, boa mesa, bom serviço, mordomias d'antanho.

PÃO COM OVO, CACHORRA

Torram-se metades de fatias de pão de fôrma. Refoga-se um molho bem apurado, cebola douradinha, alho e sal, pimentão, tomates. Quando estiver bem refogado, põe-se um pouco de água e quebram-se quantos ovos quiser, mexendo-se. Arrumam-se as torradinhas no prato e coloca-se o molho por cima.

(O título da receita veio de Octávio, com quatro anos, em dia de visita. Com o prato esticado, pedia mais um pedaço de pão com ovo. Martha, entretida com os convidados, não ouvia ou fazia que não ouvia. Ele, entre dentes e com ódio, insistiu baixinho, mas não a ponto de não ser ouvido por todos: "Pão com ovo, cachorra!".)

BOLINHOS DE SOBRA DE ARROZ

Passar 4 xícaras de sobra de arroz na máquina ou cozinhar mais um pouco no leite, até ficar papa. Amassar, então, com o garfo. Pôr 2 ovos, ½ colher de manteiga, um pouquinho de queijo ralado, 1 colher (chá) de fermento em pó. Bater bem. Muita salsinha picada. Fritar às colheradas.

BATATAS *DAUPHINE*

Ótimo para acompanhar carne assada.

2 colheres de manteiga; 1 xícara de farinha de trigo;

3 ou 4 ovos; 2 xícaras de batatas cozidas amassadas;
1 pitada de noz-moscada; sal a gosto

Levar a ferver 1 copo de água com a manteiga e o sal. Juntar a batata. Retirar do fogo e misturar a farinha peneirada de uma só vez. Mexer rapidamente até que a massa esteja bem ligada. Voltar ao fogo por 5 minutos até que a massa forme uma bola. Retirar do fogo e acrescentar os ovos, um a um. Temperar com sal e noz-moscada, misturando bem. Fritar em óleo bem quente. Deixar escorrer em papel-toalha.

A tia da Lélia, toda patroa, convidou umas amigas para o chá. Na hora, entrou na cozinha e encontrou a empregada de robe de cetim, cara abatida, mexendo um mingau. Mas e o chá, os biscoitos, os sanduichinhos de pepino? A moça continuou remexendo a panela e, com voz de desprezo, soltou a pérola: "Vós qué, vós faz"... E não é isso mesmo? "Vós qué, vós faz" é perfeito.

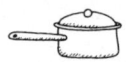

Sempre imaginei que se um dia escrevesse um livro de cozinha iria se chamar: "Vós qué, vós faz..." ou "Cuidado, madame!".

E a avó alemã da menina já bem brasileira trancava as empregadinhas no quarto, de castigo, escondia a chave e resmungava pelos cantos: "Emprregada é bicho burro, prrecisa levarr um surro!".

Valdirene

"Secretária" ou "auxiliar" deve ser o politicamente correto para empregada doméstica. Aqui em casa é empregada mesmo. Ela chega, jururu, de algum fim de mundo, lugar com praça, coreto, rio que corta a cidade, dunas brancas, chapadas diamantinas.

Disfarço, evito o olho no olho, não tenho coragem de perguntar por que não ficou lá, ao pé da mãe, jogando milho para as galinhas e tomando banho de córrego debaixo do pé de ingá, de combinação de algodão grudando, molhada, nas coxas.

Ela se planta bem no meio da cozinha, entre o fogão e o micro-ondas. Astronauta do São Francisco, inteligente, vai aprendendo depressa, apesar da malemolência. É sucessora de uma baiana que vendia comida de tabuleiro. "Que comida?" Logo me assanhei, pensando em panos brancos, cocada de fita e no safado do Gilberto Freyre, que me botou essas minhocas na cabeça. Não, fazia enroladinhos de mortadela. Meu Deus, onde estamos?

Esta nova experiência é uma mulata bonitíssima, menina, com um muxoxo descrente de quem chegou para a novela das oito e acabou num documentário barato. Dou risada dela, daquela cara de quem não confia em patroa. Quero saber quem é, como é. Tem muitos medos, não quer dormir sozinha, porque agora é Quaresma. A mãe morreu há pouco e o pai contava "causos" de alma, de arrepiar, em volta da fogueira. Arre!

"Você sabe fazer uma farofa, menina?"

"Sei, não."

Começo a ensinar. Na boca do fogão há um momento de irmandade. Ela faz o muxoxo de estrela e diz, altiva: "Sei fazer farofa, não. Faço é farinha. O pai deve tá lá colhendo mandioca que tava quase no ponto quando saí". Já sei. É do tipo que faz os ingredientes em si. Planta, colhe, come.

"Torresmo, você sabe?"

"Seeei. Lá em casa tem cinco porcos. Pai não cria mais porque tão roubando. Quando vão matá, saio de perto. Êis grita demais."

Já avisou que se encontrar um mandruvá no jardim desmaia. No fim de semana sai de short e bustiê, abafando. Se mandruvá pegar, babau... Trouxe da casa da tia um quilo de toucinho. Com uma faca amolada foi cortando a peça em dois, couro de um lado, gordura de outro, e começou um assunto de surubim, mandi e piranha-vermelha. Acho que vai dar certo.

TORRESMO

1 kg de toucinho fresco; 1 colher rasa de sal

Com faca bem amolada, cortar a peça de toucinho em quadrados grandes. Cortá-los no sentido do comprimento, ao meio, para não ficarem muito grossos. Você vai ter metade dos pedaços com couro e gordura unidos e a outra metade só com gordura.

Cortá-los em pedaços regulares, de cerca de 2 cm. Lavar bem em água corrente. Colocar em vasilha, jogar água fervente o bastante para cobri-los. Mexer e escorrer. Repetir o mesmo procedimento. Temperar com 1 colher rasa de sal, mexendo bem. Tampar e deixar descansar por meia hora.

Colocar em frigideira alta que acomode todos os pedaços, em fogo alto. Apertar um pouco com colher de pau, mexer com atenção, já que alguns ficam dourados antes dos outros. Retirar os que vão dourando. Todos estarão bons dentro de 15 minutos. Escorrer e servir com couve fininha feita na gordura do porco e feijão com farinha.

Maria José

    Maria José era telefonista, secretária, pé de boi, força oculta, mão direita, mão esquerda, costas largas, nas quais se acumulavam todos os pequenos desastres de um bufê. Com cinquenta e tantos anos era ágil, forte, usava bermudas, camisetas largas de malha e sapatos confortáveis. Dirigia uma Brasília 76 em perfeito estado, seu orgulho, e tinha uma mãe que ocupava cada milímetro de suas preocupações. Como telefonista, fazia parte da confraria misteriosa de todas as telefonistas do mundo. No minuto em que a primeira delas falou: "Com quem gostaria…?" ou "Não se encontra…", Maria José aderiu de imediato às frases truncadas e irritantes.
    Passava a vida tentando juntar lé com lé, cré com cré, e se inspirava em modelos de secretárias de cinema, televisão e folhetins românticos. Cheia de personalidade, turrona até, escondia-se atrás de passinhos saltitantes de gueixa, rosto pendido para o lado, óculos, sorriso no rosto, mão levantada com o lápis, numa atitude de "se estou atrapalhando que me esqueçam", mas nesse retrair-se, em marcha a ré, sempre trombava com alguém, o que estragava o clima da retirada, numa profusão de ais e uis de desculpas.
    Como encarregada do pessoal, nada lhe escapava, absolutamente

nada. Coisas terríveis, como o assassinato da ex-cozinheira, e coisas miúdas como a nova barra de crochê dos panos de prato. Intuía a gravidez da ajudante de cozinha antes que a primeira regra falhasse, por certos olhares distantes da menina, um copo quebrado, um recheio de barquete queimado e uma certa inapetência. Com sua banca montada bem no centro da cozinha, dividia-se, não sabia bem como se classificar, ora empregada, ora patroa, puxada ora de um lado, ora de outro.

Maria José foi moça nos anos 1950 e todos sabem a cicatriz que os 1950 deixaram em matéria de comida. Trocava os pacotes vazios de café por folhetos de receitas, recortava as novidades dos sacos de açúcar e das latas de leite condensado. Sua vingança sobre as comidas complicadas de um bufê vinha no dia em que era preciso servir cem refeições diárias numa feira de exposições qualquer. Só se ouvia o coro desesperado de "Maria José! Maria José!". Era a hora de comida de gente, comida que gente come todos os dias e gosta. Ela, então, pontificava, gloriosa. Nada de salmão, galinha-d'angola, vitelo, terrines, *pâtés en croûte*, quiches e *quenelles*. Tudo tinha a sua hora. Baixava a sanidade na cozinha. Eram os bolos de laranja, pães de ló, as broinhas de fubá, o bolo formiguinha. Manjares brancos com ameixas-pretas, rosquinhas, brevidades, quadradinhos tropicais, sequilhos de Socôco, estrogonofe, ponche e meia de seda. O seu maior sucesso era o bolo formiguinha mesmo, com chocolate granulado.

BOLO FORMIGUINHA

Massa: 4 ovos com as claras separadas batidas em neve; 1 margarina pequena, sem sal; 2 copos de açúcar; 1 copo de leite; 2 copos de farinha de trigo; 1 colher de fermento em pó; 50 g de coco ralado; 150 g de chocolate granulado

Glace: 4 colheres de leite; 4 colheres de açúcar; 2 colheres de chocolate ou Nescau; 2 colheres de manteiga

Massa: bater o bolo, de forma habitual, juntando a manteiga, as gemas, o açúcar, o leite e a farinha. Por último adicionar as claras em neve, o fermento, o coco ralado e o chocolate granulado, mexendo sem bater.

Glace: enquanto o bolo assa, misturar todos os ingredientes da glace e espalhar sobre ele, ainda quente.

PÃO DE LÓ SIMPLES

4 ovos separados, as claras batidas em neve; 3 colheres de farinha de trigo, misturadas com 1 colher (sobremesa) de fermento em pó; 3 colheres de açúcar; 1 xícara de açúcar de confeiteiro e 5 colheres (sobremesa) de caldo de limão para a calda

Bater as gemas com o açúcar, bem batidinhas, depois misturar a farinha com o fermento e em seguida as claras, bem de leve. Levar para assar em forno quente.

Misturar o açúcar de confeiteiro e o caldo de limão muito bem e, quando estiver cremoso, passar sobre o bolo já frio. Cortar em quadrados. É gostoso com chá ou café.

TORTA DE QUEIJO E LINGUIÇA

½ kg de ricota fresca e passada na peneira; 3 gemas; 3 colheres de maisena; ½ xícara de leite; 1 cebola pequena, picada; 200 g de linguiça defumada, em rodelas; 2 claras em neve firme; 2½ colheres de manteiga; 2 colheres de farinha de rosca; 1 colher de salsinha picada; sal a gosto

Numa tigela funda, misture a ricota e as gemas, a maisena, o leite, a cebola e a linguiça. Tempere com sal. Acrescente as claras em neve e misture cuidadosamente. Unte uma fôrma refratária média com ½ colher de manteiga. Despeje a mistura de ricota e nivele bem. Salpique com a farinha de rosca e espalhe pedacinhos de manteiga por cima. Asse em forno preaquecido por cerca de 30 minutos ou até que esteja dourada. Enfie um palito para testar se está boa; deve sair seco. Retire do forno, salpique com a salsinha e pode servir.

MEIA DE SEDA

Rende 1 litro.

1 lata de leite condensado; 2 latas de vinho do Porto; 1 lata de licor de cacau

Bater tudo no liquidificador.

> Uma cliente abriu a livro nesta página e se recusou a comprar por causa desta receita. Mas éramos assim nos anos 1950. "Escapar, quem há de?"

Zeny

Toda casa de praia que se preze tem uma caseira que passa para a história. A nossa se chamava Zeny, era quase moça, redonda, de óculos, fofoqueira como ela só, fazia colchas de retalho de bolinhas, em crochê, e vivia encomendando linhas Clea. Não se misturava nem deixava os filhos brincarem com o pessoal da redondeza, porque tinha nascido no Rio de Janeiro e se dizia menina de Copacabana. Cuidava das crianças com zelo de leoa, o que era um ponto a seu favor. Dominava o pessoal do sítio com mão de ferro. "Estevão!", e lá ia o velho empregado buscar água da bica, cortar um cacho de banana, arear panela na cachoeira, catar goiaba vermelha para doce.

O marido, em tese o caseiro, era lindo, moreno-claro, de olhos muito azuis, dentes perfeitos, e enfiava na cachola que sua única tarefa no sítio era caçar passarinhos. Sobrava para Zeny o fardo total de administrar o sítio do Caboclo, que é uma casa de praia sem juízo. Galinhas gordas em volta do terraço e uns patos e marrecos que passeiam sempre em dupla, muito sérios. "Esteeevão!", e lá ia um pato para a panela. Gostava deles de quatro meses, temperava com sal, alho, limão, furando bem a pele. Ia refogando os pedaços em pouco óleo, pingando água para dar um caldo grosso. Escorria a gordura e na hora de servir espremia o suco de uma laranja dentro da panela.

Bananada da Zeny não tinha par. Carregava seu próprio tacho debaixo do braço e só fazia o doce em fogão à lenha, variáveis difíceis de serem recapturadas na cidade. A receita era mais que subjetiva. Mexer até ficar com a cor bem bonita, botar açúcar até cheirar doce e pingar uma lágrima de água.

Mas, com todas essas benesses da Zeny, íamos cada vez menos à praia. E ela mandava cartas, cheias de erros e acertos, que nos davam a nítida ideia do que nos esperava num ingênuo fim de semana.

"Seu Silvio:
"Aqui tudo bem, graças a Deus. Só que o gado está ficando magro, porque faz mais de dois meses que não chove. Quero que quando o senhor vier, traga vacina contra raiva.

"Aí segue o dinheiro da banana do mês de agosto com as notinhas também. Deu um vendaval e derrubou metade do bananal. Seu Silvio pode ficar despreocupado porque está tudo em ordem. E com o Mário e o Cláudio, tudo piorou. O Cláudio, não pode mandar ele fazer nada porque ele disse que o senhor falou para ele fazer tudo que ele mesmo quisesse. E para acabar com a confusão, eu, no dia primeiro de agosto mandei ele embora daqui, mas ele não quis sair e está esperando, morando bem aqui na minha frente e dizendo que quem manda nele é o senhor.

"E no mais o senhor pode ficar despreocupado, porque aqui vai tudo bem. Espero que dona Dulce melhorou, porque tossiu demais, não adiantou os chás de guaco nem de casca de jequitibá. Ela saiu daqui muito ruim e eu fiquei sem notícias e achei que ela piorou porque todos sumiram daqui.

"Só tenho para mandar para vocês couve, salsinha, mostarda e ovos. Não vai mamão porque não tem. Parece que algum bicho comeu as galinhas-d'angola, porque não tenho visto mais elas.

"E no mais o senhor pode ficar despreocupado que aqui vai tudo bem.

"Dona Nina, não vai rir da minha falta de letras, porque eu não sei escrever muito bem, eu quase não estudei. A jabuticabeira do morrinho está secando, mas eu molho sempre. E quando o senhor vier aqui, traga o remédio para os carrapatos dos cavalos. No mais, tudo bem."

Um dia ela se encheu daquela vida e desafiou o caçador de passarinho a sustentar a família. Alugou um caminhão para a mudança e aboletou-se na frente com as crianças. Colchões ao vento e o Rex latindo atrás, deixou o auxílio do Estêvão, a bomba de água emperrada, muita chuva, muito mato, e botou banca de costureira na cidade. E no mais ficamos despreocupados, porque tudo bem.

BANANADA DA ZENY

40 bananas-prata; 15 xícaras de açúcar; 1 xícara de água

Levar ao fogo as bananas-prata, bem maduras, inteiras, com um pouquinho de água. Deixar amolecer. Se tiver muita água, escorrer. Pôr o açúcar e ir mexendo. Destampar e parar de mexer. Começa a fazer bolhas e espirra. Se achar que está endurecendo muito, colocar água e mexer outra vez. Quando achar a cor bonita, bem escura, o doce está pronto. O ponto deve ser mole.

PARATY

Regime de fim de ano

Existe ainda?

No caminho das férias as bananas-ouro aparecem na estrada, de cem em cem metros, absolutamente bonitas. São uma declaração amarela de que aqui é o Terceiro Mundo. Onde, num país civilizado, seria possível encontrar bananas no cacho primitivo, dependuradas em estruturas de bambu na estrada? Só de olhar, a boca se enche de água.

O restaurante Fazenda Santa Bárbara é na estrada dos Tamoios, São Paulo-Caraguatatuba, e já vai lá pelos seus oito anos, se não me engano. Como restaurante, nada de novo no front, muito pelo contrário, mas a venda que há ao lado ultrapassa todas as expectativas. Parar ali, já com um cacho de bananas no porta-malas, é uma obrigação. Pães pretos e quentes, manteigas, queijos, verduras estalando de frescas, ervas como dill e estragão. É a primeira vez que vejo estragão, assim, ao natural. Não sinto gosto nenhum. O que será?

Os donos já não conseguem satisfazer as encomendas. O engenheiro agrônomo que planejou a horta está lá, repondo as prateleiras, babando de gosto ao ver as coisas desaparecendo e sendo apreciadas.

→ Transformou-se em nosso velho amigo.

O mesmo papo até hoje. Não falei?

Como boa intenção de Ano-Novo sugeri o regime da revista *Newsweek*. Fiquei impressionada com a reportagem que saiu, principalmente porque era bem escrita e sem os exageros radicais de tofu com tofu. O que eles dizem, em resumo, é o que há muito tempo se sabe, que as carnes e os laticínios não estão com coisa alguma, e que a comida que faz bem é a feita em casa. Uma dieta centrada em grãos e hortaliças dá mais trabalho do que uma comprada pronta, de caixinha, é claro. Por isso, um supermercado americano tem instrutores para ensinar a comprar comida fresca e fazê-la, sem maiores complicações. O elo perdido é o do consumidor com o produto e produtor. Não é preciso saber o nome da vaca para se tomar um copo de leite, mas já ajuda saber de onde vem o leite, conhecer o seu gosto, saber se é bom ou não.

A comida boa tem gosto dela própria, dá prazer, é saborosa. O Departamento de Agricultura dos Estados Unidos criou uma pirâmide do bem comer. A base, ocupando um espaço maior, é formada de cereais. O meio, de um tamanho equivalente à base, é de frutas, verduras, legumes, e lá na ponta, num espaço mínimo, doces e gorduras, num quase nada. *À la japonaise*, e quanto mais fibra, melhor.

Nas ilhas de Paraty ninguém lê revista, quanto mais americana. E come muito parati, camarão e mandioca fritos. No Saco da Velha há um bar com ótima caipirinha, clara, forte, bem temperada. O bar da Almerinda fica debaixo de uma jaqueira improvável, carregada.

Os meninos, em canoas pequenas, pescam lulas, muito quietos e sérios. O pessoal de Paraty não gosta de comentar o que come, disfarça, "que diabos quer essa mulher?", esconde o riso atrás da mão, resmunga que é feijão com farinha, mesmo. Mas de onde virá este peixinho seco? Com certeza foi posto a secar no varal e agora está sendo comido como peixe azul-marinho, ou quase, outra receita que é toda segredo, variações. Nem muito boa, nem muito ruim, igual a tudo, explicam.

Numa das ilhas fazem um camarão "espanhol". Já havia visto em Portugal. É o seguinte: enche-se uma cumbuquinha individual com azeite português, juntam-se duas pimentas, dois alhos inteiros, sal e uns três camarões bem frescos, inteiros, com casca e tudo. Forno bem quente até o óleo ferver. Os camarões cozinham na quentura do azeite e são comidos com as mãos. O divertimento é o azeite, que fica com o gosto do camarão, do alho e da pimenta e é comido com pão. Pode ser melhor? Eu costumo aquecer o óleo, um pouco antes de levar ao forno, para que os camarões não passem do ponto.

E o que isso tem a ver com o regime da *Newsweek*? Que eu saiba nada, a não ser que os bichinhos são pescados ali mesmo, na hora, e todos conhecem o pescador pelo nome.

Mês de férias

Mês de férias. Caímos de boca na jaca, no cacho verde-amarelo de banana, na mandioca, no morro, no mar, na adjetivação piegas, contra todas as regras dos manuais de estilo. O sol de julho, em Paraty, não doura, mas prateia. Prateia a crista da onda, bate como lua sobre o jasmineiro, sobre cada folha chata e lisa, que faísca inteira.

As formigas, pragmáticas, em segredos e cochichos incríveis resolveram abater o jasmineiro. À noite, queixos para a frente, em fila, subiram até o último galho e começaram a destruição metódica da beleza excessiva. André viu a cena por acaso e, sem ligar a mínima para a camada de ozônio, foi lá e matou todas com spray, no maior gosto.

Dulce Mãe, outra espécie de formiga, sai de manhã com seu balaio para a pilhagem do sítio e acha centenas de laranjas-amargas desprezadas. Começa então o exercício de entrar no ritmo da cidade e sua gente. Sentar na cadeira de balanço, uma gamela de cada lado. Uma cheia de laranjas, outra vazia, para receber as frutas descascadas. Em movimentos pequenos e rápidos, vai-se raspando a casca amarela. Deve sobrar só a polpa branca. A luminosidade da época exagera os tons, e o doce, cozinhando, readquire uma cor condensada.

Um galho de caneleira cheirosa, por cima, encerra o expediente e Dulce sai de novo para a pilhagem dos urucuzeiros. As gamelas entram em ação. Uma forrada de fubá, outra com os urucus que estão maduros, marrons e secos por fora, com sementes vermelhas e úmidas por dentro. É só abrir o urucu e deixar que as sementes caiam sobre o fubá. Esfregar bem, entre as mãos, até que o fubá fique rubro. Peneirar e levar ao sol. E aparece mais um tom, o vermelhão do colorau, que tinge o arroz, o peixe, o frango. As abelhas tonteiam junto ao pó que cheira a flor de limoeiro e desabam sobre ele aos trambolhões. Isso é uma receita. Fubá com urucu dá um colorau gostoso, recendendo a limão. Faça sem frescuras de doses exatas, o que é impossível. Faça, simplesmente.

Não prestei atenção só na terra. Fui armada de boa vontade para melhorar minha cultura nula de beira-mar. Para aprender nomes de peixes e o modo de cozinhá-los. De ilha em ilha, de pescador em pescador, a conversa é sempre a mesma. Cada peixe tem seis nomes diferentes, que acabam em monossílabos ininteligíveis. E à pergunta: "Qual o melhor modo de fazer tainha?", a resposta é: "Frita". Robalinho? "Frito." Parati? "Frito."

Tudo frito. Não houve jeito, nem tempo de descobrir mais. Na pesquisa, testamos todas as cachaças e mandioquinhas fritas dos mais estranhos bares das ilhas. Um deles é encarapitado numa enorme raiz de jaqueira e há sempre aquele suspenso das jacas sobre as cabeças. O outro é pegado à insuportável tentação de uma gruta tão fresca que as pedras do chão são roxas. Um de nós não resistiu, entrou, escorregou na água, caiu sentado e esmagou o mistério.

E sempre a cor, a cor. No mar, estragando o mar com desenhos impróprios, os barcos modernos, aves de arribação, correndo, voando, com nomes de endereço telegráfico: *Anacris, Vioguima, Octaedro*, ou, então, *Ideia Fixa, Let's Go, Black Phantom*.

As baleeiras, as traineiras, barcos de pesca, arquetípicos, se despregam da paisagem, se desgrudam do verde, do azul, dos amarelos e dos ocres. Devagar, são eles próprios o urucu, a laranja-amarga, o umbigo de banana, a folha de caneleira. Chamam-se *Água Doce, João Moreno, Rosa do Mar, Poranduba, Proteção de São João* e pescam lulas do tamanho de uma unha. Fritas.

DOCE DE LARANJA-DA-TERRA

Usar frutas maduras e frescas, se possível com cabinho e folhas. Lavar e secar. Raspar a película alaranjada com ralador fino ou descascador de batatas de lâmina afiada.

Cortar a parte inferior da laranja, em cruz, sem completar o corte até o final para que os quartos não se separem. Retirar gomos, sementes e fibras com uma colher de sobremesa e descartá-las. Só vai restar a polpa branca da laranja. Pesar.

Levar as frutas ao fogo com água para cobri-las até levantar fervura. Deixar esfriar na panela. Escorrer. Colocar em vasilha e cobri-la com água fresca por 2 dias para que percam o gosto amargo. Mudar a água pela manhã e à noite.

Levar ao fogo médio uma panela com o peso de açúcar equivalente ao peso das laranjas e água que venha a cobrir as laranjas. Deixar 10 minutos até o açúcar derreter e a calda tornar-se transparente. Juntar as laranjas e deixar ferver. Retirar do fogo. Nos 2 dias seguintes repetir o processo. A laranja deve ficar macia, doce sem exagero e só com um leve toque amargo que lhe dará graça. Durante os cozimentos sucessivos, junte mais água se for necessário.

DOCE DE JACA DURA

A jaca tem aquele cheiro forte que faz com que muita gente fuja dela. Um amigo me ensinou que se deve dar a jaca para alguém tirar os gomos e descaroçar. Depois deve ser levada ao freezer e comida diretamente de lá. O cheiro some, ela nunca fica totalmente congelada e é saborosíssima.

1 kg de gomos de jaca dura, descaroçados; 1 kg de açúcar; 1 litro de água

Misture a água e o açúcar, leve ao fogo até ferver e engrossar um pouco. Junte os bagos e espere amaciar.

O que diria Bocuse?

Levamos um caseiro novo para o sítio. De manhãzinha, ele abriu as janelas da cozinha de par em par, respirou fundo, olhou o canteiro de salsa-crespa e cebolinha e gemeu: "O que diria Bocuse?". (É claro que caseiro tão ilustrado não serviu para sítio tão chinfrim.)

Não faço a menor ideia do que diria Bocuse da salsinha mirrada, mas imagino que espalharia mundo afora a receita de sopa de feijão rala com pedacinhos de clara de ovos cozidos e cubos de pão frito. E saberia apreciar o arroz solto, o feijão grosso, o angu mineiro sem sal, sem gordura, bem cozido, o caldo da comida umedecendo a pasta finamente granulada, e mais uns quiabinhos tenros, em rodelas, jogados na panela quase na hora de servir, com baba ou sem baba. Pode existir coisa mais exótica do que um quiabo? Rivaliza com o kiwi no verde e na estrutura interna compartimentalizada, sementinhas, tudo que um chef novidadeiro pode querer.

E o que mais? O torresmo pequeno, crocante, derretendo na boca, untando a couve fina, quase crua, passada só de leve na frigideira.

Alain Chapel, quando esteve no Brasil, ensinou como fazer as peras da mãe. Nada de grandes pirotecnias. Ela ia até o fundo do quintal, pegava lá umas três peras perfumadas, bem maduras. Descascava, cortava em quatro, passava na frigideira com manteiga e açúcar até quase caramelar. E o cheiro da sobremesa fazia o grande cozinheiro revirar os olhos para o céu. E as mães daqui fazem banana frita com açúcar e canela, e, além de fritarem a banana, costumam arranjá-la em volta de uma fôrma rasa. Depois vai uma gemada no centro, e as bananas são cobertas com claras batidas. Forno e sai aquela espécie de torta tremeluzindo dourados quentes à Pedro Nava.

E pastel? O que diria Bocuse do pastel? Pastel de carne moída, meio vazio, a carne sacudindo por dentro. Ou de queijo. Ou palmito. *Heart of palm*. Finíssimo.

E mandioca frita? Crocante por fora e desmanchando por dentro, polvilhada de sal.

E a canja de galinha, restauradora. Roosevelt, presidente dos Estados Unidos, o Theodore, não o Franklin, andou por aqui, tomou canja de jacu e se amarrou. Condecorou com cinco estrelas.

E a batata-doce? Bocuse faria um purê de batata-roxa, combinando *ton sur ton* com o *violâtre* do bife de peito de pato, quase cru. E seria mais uma foto, mais uns dólares, e quiçá mais uma estrela no velho azul do firmamento.

Conheço um chef paulista que enjoou dos seus quinhentos manuais de cozinha internacional ao descobrir que os pratos mais diferentes e estimados como exóticos em língua estrangeira acabavam por ser, em português, feijão-mulatinho ou sopa de fubá com cambuquira! Pois imaginem que cará é *Chinese yam*, e bertalha, *Malabar nightshade*, que poético...

E jabuticaba no pé? Alguém, aventureiro de muitas andanças pelo mundo, já viu lá fora uma árvore comprimida de frutas pretas, no tronco, tudo ali agarrado feito carapinha? Não dá para acreditar no jeito imprevisível das jabuticabas. Experimentem explicar uma frutinha dessas para um estrangeiro. Descrevam a casca, a gelatina que tem por dentro, o que se come, o que se cospe. Não entendem nada. É ficção científica da pura.

E o que diria Bocuse, em transe tropical? "*Le jabuticaba n'est pas pour le bec de tout le monde. Extraordinaire...*"

SOPA DE FEIJÃO

3 conchas de feijão-preto com caldo, batido no processador e passado por peneira (hoje em dia, com bons processadores, nem é preciso a peneira, a não ser que se queira uma coisa muito delicada); salsa; cebolinha; 3 claras bem cozidas e picadas; pedacinhos de pão fritos no óleo

Aqueça o caldo de feijão, junte a salsa e a cebolinha e na hora de servir ponha uma concha em cada prato, enfeitada com clara picada e o pão frito. Acho gostoso, também, com feijão carioquinha. Estamos acostumados com nosso feijão de cada dia sem muitas variações. É bom viajar e ver que companhias ele frequenta. Já comi sopa de feijão com camarão, feijão com lagosta, salmão sobre uma cama de feijão com coentro, e um prato delicioso e bonito: prato fundo, cheio de feijão-mulatinho e, por cima, de um lado, umas 2 colheradas de um ensopado brilhante, bem temperado e al dente, de abóbora com quiabos.

ANGU

2 xícaras de fubá; 1¼ de litro de água

Dissolver o fubá na água fria, levar ao fogo baixo e mexer com colher de pau, sem parar, até ferver. Depois de fervido, mexer só de vez em quando. Ao começar a soltar do fundo da panela, está bom, o que leva

cerca de 40 minutos a 1 hora. Não é bom secar demais. Despejar em fôrma de pudim, molhada, deixar esfriar e desenformar. Um angu bem-feito é aveludado e tem brilho.

MANJUBINHAS FRITAS

Para 6 pessoas.

1 kg de manjubinhas; farinha de trigo, ou fubá, ou farinha de mandioca

Limpe os peixinhos, deixando-os com as cabeças. Lave em água corrente e escorra bem. Tempere com sal. Passe em qualquer uma das farinhas acima e frite em óleo bem quente até que estejam tostados e crocantes. Sirva com quartos de limão, como aperitivo.

CAMARÃO COM CHUCHU

Para 4 pessoas.

750 g de camarão miúdo e limpo; 1½ kg de chuchu;
1 limão; 1 dente pequeno de alho; 4 colheres de azeite;
2 colheres de salsa picadinha; 3 tomates grandes e maduros, sem peles nem sementes; sal

Lave os camarões e tempere com limão e sal. Doure o alho picado no azeite. Refogue os camarões. Misture os tomates bem amassados com os chuchus, descascados, limpos e cortados em quadradinhos. Molhe com 1 copo de água quente, prove o sal, mexa e cozinhe em fogo brando por cerca de 20 minutos em panela tampada. Misture com a salsa na hora de servir. Algumas vezes o camarão fica pronto antes do chuchu. Retire-o e retorne-o à panela na hora de servir.

Laura

2019: Hoje Laura abriu um restaurante chamado Angelina, em Londres.

É uma temporada de férias marcada por pequenos assassinatos. Treina-se de manhã, com as jacas pré-históricas, casca dura. A faca entra com dificuldade e expõe os gomos moles e doces. À tarde, limpam-se lulas, bichinhos complicados, *en su tinta*.

A menina de quatro anos, cabelinho louro, pernas de saracura, desce o caminho íngreme, escorregadio depois da chuva, o ar encharcado de cheiros, para aprender como se mata uma galinha. O fogão à lenha de seu Estevão é lá fora, coberto, e sobre ele ferve a água, num caldeirão preto de fuligem. Primeiro o ritual de afiar a faca, para cima e para baixo, experimentando o fio de vez em quando.

A galinha já está esperando, ao lado do galinheiro, e é preta como o caldeirão. Cutucada com um pau de vassoura, vai para o lado do matador, e ele a agarra num esparramo de penas. Imobilizada no chão, ele pisa nos dois pés, passa a faca no pescoço, de leve, para retirar a penugem, e zás! O sangue começa a escorrer e a menina só pergunta: "Por quê, vó?".

O velho faz sinal para que ela suba no fogão à lenha para ver melhor. Mergulha a galinha por um segundo na água fervente e começa a arrancar as penas com toda a facilidade. "Ela está ficando pelada como as galinhas da viúva Chaves, não é, vó?", pergunta a implacável amiga de Juca e Chico. O homem põe fogo num jornal e chamusca a última penugem. Assim, no mato, a galinha não tem aquele cheiro brabo. Agora corta os pés e a cabeça com a faca e abre a ave ao meio. Vai limpando e separando as vísceras. "O que é isso, vó? O que é papo, vó? Por quê? Ela comeu milho? Olha os ovinhos, vó... Coração, por quê?"

Vamos indo com a galinha morta e limpa dentro de uma bacia e atravessamos o mata-burro.

"Aprendi, vó, da outra vez eu mato."

A avó se entusiasma com a naturalidade da coisa, surpresa e aliviada: "Tem uma vara de seu tamanho, lá dentro, Laura. Mais tarde podemos pegar um peixinho no riacho, você quer?". "Não precisa, vó", responde a menina, incisiva. "Nós já temos a galinha."

FRANGO DA BISAVÓ

1 frango; 2 dentes de alho; 1 colher de sal; 3 colheres de óleo; salsa e cebolinha; água fria

Corte o frango pelas juntas. Lave-o muito bem, tirando os pulmões. Separe os miúdos e os pés. Limpe e quebre os pés. Retire o que puder da gordura, inclusive as gordurinhas da moela e do pescoço. Ponha essas gorduras para fritar em panela grande, com 3 colheres de óleo.

Ponha os pedaços de frango, sem os miúdos e sem os pés, que não se refogam, sobre essa gordura, com a parte da pele para baixo, em fogo médio. Não é necessário mexer sem parar. O verdadeiro equilíbrio está aí, em fritar sem endurecer a superfície. Não é nada fácil. Para falar a verdade, exige anos de prática. Se você fritar o frango, ele vai ficar sem gosto e não soltará seu caldo. Se você não fritá-lo, vai ficar branco e sem graça. Vá experimentando, e com a prática vai descobrir o ponto exato.

Quando estiver bem corado, amasse o alho e o sal e junte ao frango. No momento em que o alho ficar dourado, e não queimado, junte 1 xícara (café) de água fria. Deixe secar, sem agarrar demais no fundo. Repita esse processo com mais 2 xícaras (café) de água. É isso que vai deixar a ferrugem no fundo da panela de onde sairá o caldo. Junte os miúdos e os pés.

Lembre-se, é esse fundo de panela que vai dar o caldo. Se estiver muito gorduroso, escorra. Cubra o frango com água fria, ponha sobre ele um amarrado de salsa e cebolinha. Ao ferver, prove o sal para ver se está bom. Abaixe o fogo e tampe outra vez. Não deixe o caldo secar; se for preciso, adicione mais um pouco de água. Retire os pés quebrados e o amarrado de salsa. Prove o caldo e sirva.

É inútil tentar seguir à risca a receita de um frango mineiro ensopado. Vai depender do frango, do fogo, da mão, do dia. A receita serve como referência.

O gambá

Aperto o nariz contra o vidro da janela da cozinha e vejo os cachos verdes de pimenta-do-reino pingando água. Tudo ensopado. Só D. não perde o bom humor e implora ao caseiro que vá correndo buscar o palmito do palmiteiro que caiu no meio da estrada. Lá embaixo, as galinhas, os ovos, as vacas, a couve, o inhame-roxo, a mandioca e os patos. E a banana, é claro. Com o leite fazemos uma coalhada leve e etérea, nada azeda, que se abre ao toque da colher. É só deixar o leite sem ferver nas tigelas bojudas e brancas, de um dia para o outro, e só. De manhãzinha D. vai até a horta mirrada e volta com um maço de couve. (D. faz tudo enquanto o bando de preguiçosos passeia de barco.) Lava, põe numa leiteira de louça, com água. Na hora do almoço, corta bem fininha, conforme a regra da ciência mineira, salga e passa rapidamente na frigideira, onde já refogou meio alho numa pincelada de óleo.

Os meninos vão descer e espero que não tragam siris vivos. Da última vez eles saíram do balde para o chão e formaram uma fila metódica à procura do mar. Os camarões são sempre uma boa surpresa, pequenos ou grandes, tão bons e frescos que dão gosto. É nessas horas de chuva e dificuldades de compra em Paraty que nossos olhos adquirem um certo brilho de rapina em relação aos patos e galinhas-d'angola. Mas, não tem importância. Clarice Lispector sempre soube das coisas. As galinhas gostam de ser comidas e se dão com a maior boa vontade ao apetite dos veranistas.

O menino que tira o leite das vacas chegou muito animado com um gambá de presente e pôs dentro da pia. Diz que vai fazer o nosso jantar. Tento disfarçar e mentir para S. que aquilo é um coelho. Ele aponta com o dedo acusador aquela ignomínia na pia e afirma: "Não é coelho, não, o coelho é assim e assado e tal...". Foi a pressão do gambá, o perigo do gambá que fez aflorar esse conhecimento jamais suspeitado sobre coelhos.

A coisa mais gostosa do sítio, além da farinha de mandioca, é a farinha de cachorro, feita de fubá. D. molha ligeiramente o fubá com água e põe numa panela de ferro já com a gordura de uns pedacinhos fritos de toucinho. Deixa torrar um tempão, mexendo sempre. Fica uma farofa pontilhada de torresmos, boa para comer com feijão de caldo grosso.

As ostras, os ouriços, os paratis são uma outra história...

PASTEL DE BANANA

Atualmente a massa de pastel comprada pronta é boa e todos temos preguiça de fazê-la. No caso de uma ilha deserta, lá vai.

Massa: 2 xícaras de farinha de trigo; ½ xícara de água com 1 pitada de sal; 1½ colher de óleo; 1 colher de aguardente

Recheio: bananas grosseiramente amassadas com açúcar

Amorne a água e o sal, misture o óleo e junte a farinha com a cachaça. Sove e amasse bem. Deixe descansar uns 20 minutos. Vá abrindo com o rolo, passando farinha de trigo no mármore. Corte os pastéis

e recheie com a banana, umedecendo as bordas com água para grudá-las bem. Frite no óleo quente e polvilhe com açúcar e canela.

Fica uma delícia rechear com marmelo cozido, substituindo a banana.

RISOTO DE ABÓBORA NOVA

5 xícaras de caldo de galinha; ½ dente de alho picadinho; 2 colheres de manteiga; 5 colheres de óleo; 1½ xícara de arroz; 1 abóbora bem pequena, em cubinhos, com casca; 1 xícara de queijo parmesão ralado na hora; sal, se necessário

Leve o caldo de galinha a ferver em fogo baixo. Ponha o óleo numa panela com 2 colheres de manteiga e frite o alho, sem queimar. Retire o alho. Junte o arroz e refogue bem. Junte ½ xícara de caldo e deixe quase secar, sempre mexendo. O segredo do risoto é ir juntando 1 concha de caldo de cada vez, ir mexendo sempre, e esperar secar. O processo inteiro dura cerca de 30 minutos. Quando faltarem uns 10 minutos para o arroz cozinhar, junte a abóbora. Na hora de servir, acrescente a manteiga e o queijo, misturando bem. Sirva imediatamente.

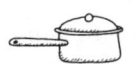

Muitas vezes, em Paraty, encontrávamos no meio do mar um pescador que concordava em nos vender alguns camarões. Geralmente uma das mulheres doava sua canga, enchíamos de camarões fervilhantes e voltávamos correndo para o sítio. A receita mais fácil e rápida era uma que Silvio trouxera do restaurante La Paillote, de camarões ao alho.

CAMARÕES AO ALHO

1 kg de camarões miúdos; 120 g de manteiga; 6 colheres de azeite; 2½ colheres de suco de limão; 30 g de cebolinha; 2 colheres (chá) de alho bem picado; 1 colher (chá) de sal; pimenta-do-reino; 3 colheres (sopa) de salsinha picada; limão em pedaços

Descasque e limpe os camarões. Enxugue-os. Derreta a manteiga numa frigideira que possa conter todos os camarões sem sobrepô-los. Se não for possível, repita a operação de fritá-los, várias vezes. Junte 6 colheres de azeite, o suco de limão, cebolinha, alho, sal, pimenta-do-reino e os camarões, juntos, mas bem acomodados.

Vire-os na manteiga até ficarem brilhantes de todos os lados. Não deixe a manteiga pretejar e queimar. Deixe-os na frigideira quente, fora do fogo, por uns 5 minutos. Leve-os outra vez ao fogo, cuidado para não passar do ponto.

Transfira os camarões para pratos individuais, sem o molho. Ponha o arroz ao lado, despeje o molho por cima do arroz e polvilhe com salsinha picada. Coloque 1 pedaço de limão ao lado para que cada um o esprema sobre os camarões.

Aprendi um acompanhamento para peixe com o Hiltinho, dono do restaurante que leva seu nome, em Paraty. Não tem medidas exatas. É pegar a farinha de mandioca branca, principalmente a de lá, que é deliciosa, e ir juntando salsinha picada e caldo de limão até saturar a mistura. Quem gosta pode juntar um pouquinho de coentro.

Maio

Já pedimos ao Almir, o pescador e líder da ilha do Araújo, em Paraty, que conte e ilustre as histórias do lugar. É bonito, o lugar. Hoje, o céu está azul, o mar sem ondas e há um sol frio de maio. O estoque de cachaça está chegando de barco e todos ajudam, numa boa vontade que dá ideia do prazer com que será bebida. As garças-brancas pousam em todas as pedras numa perna só, e uma árvore está inteira carregada delas como se fossem mangas ou goiabas. Alguns homens costuram redes, dona Rosa frita peixes e pastéis. A criançada descamba do morro a cada barco que chega para vender conchas, conversar, saber novidades da festa do Divino. Uns rapazinhos carregam tinas de camarões fervilhando de frescos.

O assunto da ilha é comer, talvez falte outro. Nas noites de trovoada correm para pegar caramujos, e quando uma jaca despenca é dividida em gomos e distribuída com dedos pegajosos. O fundo da rede, aqui, não é desprezado. Uma das famílias leva os siris para casa. A receita é siri com arroz. Só lavados, limpos e cozidos com casca, junto com o arroz comum de todo dia. Fica interessante. O arroz solto e aqueles cascudos azuis e alaranjados aqui e ali, dando gosto e beleza. Outra maneira, ensina a mulher, é ensopar os siris muito bem, com alho, cebola, cebolinha, tomate e salsa. Dá aquele caldo grosso. Faz-se com ele um arroz úmido, e os siris vão sempre inteiros, misturados, dando a nota imprevisível.

O robalo fresco é assado numa grelha no fogão à lenha. A grelha é toda forrada com folhas de couve, para não sapecar demais o peixe. Vira-se de vez em quando. Fica o puro peixe, e para quem gosta não há receita melhor. Vai bem com o arroz de siri.

As crianças trazem ostras aos montes e ficam ao redor observando os que comem, ajudando a abrir. Dentro de algumas delas, um monstro minúsculo, com cara de caranguejo: "Come, dona, que é bom para o enjoo do mar"; o menino careca devolve o bicho à concha, espreme limão por cima e engolimos o estranho, assim, vivo da silva. O menino caçoa que vai fazer cócega na barriga, mas que é mesmo tiro e queda. Vai sempre pescar com o pai e nunca enjoou. Arrumamos umas ostras sobre a cinza quente. Na verdade, são melhores cruas, comidas à beira do mar, com cheiro de água salgada.

À noite, em casa, Arthur resolve que ainda falta um fecho para a comilança do dia. Unta fartamente, com bom azeite, uma frigideira de ferro. Corta cinco tomates ao meio, tira as sementes e os põe ao redor da frigideira com a parte cortada para baixo. Pica cinco alhos e espalha no fundo. Tampa, mal tampada, e os tomates vão soltando sua água em fogo baixo. Depois de tudo murcho e cozido, quebra ovos no meio, que vão fritar e cozinhar ao mesmo tempo. Sal e pimenta-do-reino nas gemas. Serve sobre grossas fatias de pão italiano.

Essa dieta revigorante faz-se necessária para quem passa feriados no sítio. Antes de deitar, ao fechar as trancas das portas, Silvio acha no chão, junto da gamela de tangerinas-do-rio, uma pequena, brilhante e lindíssima cobra-coral. No quarto do meio aparece uma aranha enorme e preta, de olhos brancos esbugalhados que ela revira com gosto. Dormimos todos de luz acesa, que é o mínimo que se pode fazer nos tristes trópicos.

Adoro esta receita. Foi meu irmão que a intuiu, depois de muito comê-la numa trattoria, com umas ajudas da dona, que ficou sua amiga. Reparem que é um molho extremamente simples e que não leva água, como a maioria.

MACARRÃO À RÚSTICA

Para 5 pessoas.

10 dentes de alho cortados em 3 pedaços cada um; salsinha; 1 pitada de canela; 10 tomates, bem maduros, vermelhos, cortados em quartos, com pele e sementes; 1 pitada de açúcar; sal e pimenta vermelha em flocos (a que se chama às vezes, e cada dia menos, de pimenta calabresa); 0,5 cm de azeite de oliva no fundo da panela

Frite o alho no azeite, sem queimar. Jogue dentro o tomate, a salsinha a gosto, a canela e o açúcar. Deixe em fogo médio mexendo de vez em quando por cerca de 20 minutos. É importante aprender quando está pronto. Ao passar a colher no fundo da panela, o azeite deve se separar do tomate. Se você não perceber logo essa mudança, o tomate pode ressecar. Ponha a pimenta a gosto. Na verdade, é bom, mesmo, muito apimentado. É a graça dele. Fazendo umas duas vezes pega-se o jeito.

Come-se em prato fundo, individual, cheio de penne, com o molho no meio, posto na hora, para você mesmo misturá-lo aos poucos, conforme quiser.

O bar da Almerinda

Passamos o Carnaval em Paraty e fomos ao bar da Almerinda, como sempre. Dona Almerinda mora numa quase ilha, com a casa espremida entre a mata do morro, aroeiras, hibiscos, flores caipiras e a praia de areia boa com um marzão esverdeado a perder de vista. Acho que resolveu abrir esse bar há uns dez anos. Escreveu o nome das especialidades numa pedra enorme, lambida de água, fez um puxado bem fresco, de bambu coberto de sapê, distribuiu uns bancos e mesinhas de madeira à volta. Bem no meio dessa cozinha improvisada há uma jaqueira enorme, que é o charme do lugar. É debaixo de sua sombra e ameaçados pela queda das jacas que se come e se bebe no bar da Almerinda.

Nas temporadas o sol é quente, aparecem mosquitos e borrachudos. As escunas trazem centenas de turistas, inocentes, barulhentos, esfuziantemente felizes. Uns de boia, outros que pulam n'água apertando o nariz, outros que se espatifam em barrigadas. O turista em grupo é um alegre, senão não seria turista. Deprimido, incomodaria o outro; pensativo, não poderia usufruir a passagem do pacote até Angra; distraído, perderia o apito do comandante que regula o horário da cerveja.

Os grandes barcos e iates ricos também param na dona Almerinda e descem mães com filhotes, em botes infláveis. (Quanto mais rico o barco, mais alto e longe do mar ele fica.) Ouvem-se gritos para os pais das crianças: "Traz o repelente, o protetor, o baldinho e a pá!". É preciso gritar por causa do barulho difuso das lanchas offshore, dos motores de popa, de centro, da Cabrasmar 56, da Cobra 32, dos jet skis, que, ávidos, procuram no raso alguma cabeça de criança.

No ar o cheiro é de citronela, gasolina, diesel, caipirowska, cerveja. O genro da Almerinda, testa pingando suor, debruçado no balcão de bambu, luta com a calculadora, faturando. Almerinda se esfalfa nos fogões, fritando lulas crocantes, cozinhando camarões frescos no bafo, fazendo azul-marinho (sob encomenda), frigindo mandioquinhas rendadas, peixes pescados na hora. Os filhos carregam isopores com gelo e os netos se travestem de garçons sérios e finos. A comida dela é boa e é bem animado o bar da Almerinda.

Na Quarta-Feira de Cinzas, o palco como que gira e a cena muda. O mar toma outra cor, plácida, aveludada, os peixes são vistos a olho nu. As baleeiras e traineiras, barcos de madeira coloridos, da cor do mato, das bananas, das quaresmeiras, que estavam como camaleões, imóveis, astutos, só um olho aberto, esperando, começam a balançar, devagarinho. Homens se espreguiçam, costuram redes. Os garçonzinhos gentis arrancam a camisa e empurram suas pequenas canoas de tronco para o mar e, com um remo só, deslizam, cheios de água de coco e a boca lambuzada de jaca grudenta e abricó. As noras grávidas da Almerinda entram na água com a saia entre as pernas para refrescar as barrigonas, jogam a cabeça para trás, molham os cabelos compridos, torcem num coque, banham os filhos pequenos, brincam.

Almerinda, empresária bem-sucedida, com o bolso tilintando, corre aos seus varais, cantando, e dependura camisas, cuecas, camisetas, num vento fresco que cheira a jasmim e goiaba, entre galinhas ciscadoras que ela empurra com a perna, carinhosa.

O genro contador desce da cozinha, senta numa das mesas vazias e, olhando para o mar, come, triste, um carapau frito.

Ai de ti, Paraty, ai de ti. Não vai ser nada bom acordar um dia, com a jaqueira da Almerinda podada pela raiz. Com a galinha dos ovos de ouro esganada por um turismo sem pé nem cabeça, predatório, burro... Abre o olho, Paraty, abre o olho, velha dama à beira-mar pousada...

Acertei? Acho que não. Continua lindo.

BOLINHOS DE JACA

A coisa de que mais tenho vontade é dar esta receita
para a Almerinda, mas nunca tive coragem.
Ela vai dar uma risada, fingir que gostou, e pronto.
Não se acostumaria, jamais.
É um prato vegetariano muito bom, receita da Meeta Ravindra,
testado e publicado pela revista *Claudia*. Dá 12 porções.

1 jaca bem verde, pequena

MASSA: 1 cebola grande cortada em pedaços; 5 dentes de alho; 1 pedaço de gengibre de 1 cm; 2 colheres (chá) de cúrcuma; ⅔ de xícara de farinha de grão-de-bico; 2½ colheres (chá) de pimenta calabresa moída; ½ xícara de coentro picado; ¼ de xícara de suco de limão; 2 colheres (chá) de *garam masala*; 1 colher (chá) de sal; óleo para fritar; ½ xícara de coentro picado para polvilhar

MOLHO: ½ xícara de óleo; 1 folha de louro; 4 cm de canela em pau; 4 cravos; 1 colher (chá) de erva-doce; 1 colher (chá) de cominho em grão; 1 cebola grande ralada; 8 dentes de alho espremidos; 1 colher (chá) de gengibre ralado; 2 colheres de coentro em grão moído; 2 colheres (chá) de pimenta calabresa moída; 1½ colher (chá) de cúrcuma; 4 tomates picados sem pele; 3 colheres (sopa) de purê de tomate; 1 colher (chá) de sal; 3 colheres (chá) de *garam masala*

Abra a jaca e separe os caroços e a polpa. Cozinhe-os separadamente, já limpos em água, até ficarem macios. Escorra e reserve.

Prepare a massa: bata no liquidificador ou processador a cebola, o alho, o gengibre e a cúrcuma, até obter uma mistura homogênea. Coloque numa bacia e junte a polpa da jaca e o restante dos ingredientes da massa. Misture e amasse bem.

Com uma colher, vá fazendo bolinhos achatados de massa. Frite aos poucos em óleo bem aquecido. Escorra em papel-toalha e reserve.

Prepare o molho: aqueça o óleo junto com o louro, a canela, o cravo, a erva-doce e o cominho. Quando começar a pipocar, acrescente a cebola e frite até dourar. Adicione o alho e o gengibre. Mexa sempre e, se secar, adicione um pouco de água. Junte os caroços cozidos e o restante dos ingredientes do molho, exceto o garam masala. Refogue, mexendo de vez em quando, por 30 minutos. Acrescente aos poucos cerca de 3 xícaras de água, até o molho ficar consistente.

Adicione o garam masala. Misture bem e junte os bolinhos preparados. Tampe a panela e cozinhe até aquecer.

Coloque numa travessa funda e polvilhe com o coentro picado.
Observação: para limpar o caroço da jaca, retire a polpa que envolve o caroço e a película marrom.

Piquenique

Fui convidada para um piquenique no Dia das Mães. Não quero, não gosto e não vou. Na minha cultura de brasileira não há boas lembranças de convescotes à margem de riachos sussurrantes. Europeus, indianos, árabes comem ao ar livre com grande satisfação, mas os brasileiros preferem festejar na sala e na cozinha. Por quê? Muito trópico, formiga, mosquito, cobra? Será? Nos Estados Unidos, sim, fui parar no Midwest e descobri que mulher americana faz tanto piquenique para, acabada a refeição, poder jogar fora copos, talheres, pratos, toda a tralha, sem precisar lavar nada, feliz da vida...

Lá em Illinois, subimos a um cruzeiro, no topo de um morro escarpado, coberto por quilômetros de florzinhas amarelas que sacudiam de cá para lá com o vento. E que vento! A manteiga de amendoim, os pedaços de melão, os sanduíches de pão preto, tudo num rodamoinho surrealista, à nossa volta. A ordem era agarrar o que não estivesse voando, ou que passasse pelo seu nariz. E esse não foi o último, aconteceram muitos, logo depois. Por qualquer motivo acendia-se uma fogueirinha num parque, grelhavam-se salsichas, abriam-se latas de *baked beans* e a festa estava pronta. No dia da minha volta, foram me levar ao aeroporto e não me deram café da manhã, para meu desgosto. Numa curva da estrada pararam a perua e, *surprise*, cobriram o capô com toalha xadrez, apareceram *doughnuts* de todos os feitios e garrafas térmicas com suco e café. Belo piquenique que não pude aproveitar, de salto alto e aquela angústia neurótica de perder o avião, ou a vida no avião.

Espremendo bem a memória, lembro, sim, de preparativos para um piquenique de escola primária, no museu do Ipiranga. Primeiro correríamos as bases culturais para, depois, o *déjeuner sur l'herbe*. Cada um levava sua lancheira, de couro, com buraco para passar o gargalo da garrafa de suco ou café com leite. O meu suco era caseiro e vinha arrolhado.

Logo na entrada, o saguão, o chão de mármore, tudo imponente, tudo grande, para o bando de miúdos. D. Pedro nos esperava, em estátua. Por qualquer lei da física minha rolha estourou com estampido seco de revólver e foi acertar o meio do miolo do imperador. Um tiro bem no centro da testa. Não foi fácil explicar.

Quem compra um sítio em Paraty é envolvido imediatamente por coisas brasileiras. Começa a tecer colcha de bolinhas de retalhos, faz doce de banana, babado de rede de macramê, ponto de cruz em algodãozinho, e por que não um piquenique com cesta forrada de linho antigo e empadão de galinha e ovos recheados? Por que não? Comida bem-acondicionada, jipe pulando pela areia, chegamos a uma curva solitária de água esverdeada, borboletas azuis, debaixo de pitangueiras carregadas. Abriu-se o piquenique no território de ninguém. Desconfiado, sorrateiro, apareceu o primeiro cachorro e depois o segundo, o terceiro, e logo, logo compreendemos o significado da palavra matilha. Dentes arreganhados e rosnando, voltamos para casa, sem piquenique, e de coração magoado, e não há de ser no Dia das

Mães que eu vá me meter a procurar novos insucessos. Muito obrigada, mas, não.

Em todo caso existe um sanduíche italiano que, apesar das aparências e do excesso de ingredientes, é delicioso, de verdade, e próprio para piqueniques. A antiga revista *Gourmet* pediu que nós o preparássemos para uma produção. Não tive o menor palpite nele, deixei-o fora da geladeira e no dia seguinte foi devorado pela família. É gostoso, mesmo.

MUFFULETTA

Deve ser comido 24 horas depois de pronto.

1 pão italiano grande e redondo

Molho: 1 xícara de azeitonas verdes, picadas; 1 xícara de azeitonas pretas, picadas; ⅔ de xícara de azeite de oliva; 5 colheres de salsinha bem picada; ½ xícara de pimentão picado; 1 colher de alho amassado; 1 colher (chá) de orégano; 2 colheres de suco de limão; grãos de pimenta-do-reino

Recheio: folhas de alface; fatias de tomate; 200 g de mussarela fatiada; 150 g de mortadela fatiada; 150 g de salame do tipo italiano, fatiado

Misturar todos os ingredientes do molho, tampar e deixar tomar gosto por 24 horas.

Para montar o sanduíche, cortar o pão ao meio, no sentido horizontal, e retirar boa parte do miolo, conservando um pouco das paredes do pão, para que não fique muito fino e vaze.

Besuntar o interior das 2 metades com o molho preparado de véspera. Forrar as duas partes com a alface, o tomate e ir intercalando fatias do queijo, do salame e da mortadela. Juntar as 2 metades, embru-

lhar em filme de plástico e colocar um peso sobre o pão. Deixar abaixar bem. Para servir, cortar em triângulos. Por incrível que pareça, fica ainda melhor no segundo dia.

NON BOSTON, NON BAKED, NON BEANS

Uma amiga americana faz estes *Boston Baked Beans*, aqui no Brasil, que apelidamos de *Non Boston, Non Baked, Non Beans*, de tão adaptada a receita.

Qualquer feijão serve. Fizemos com mulatinho novo. Cozinhamos na água e sal mas, se já estivesse pronto e temperado normalmente, também serviria. Numa panela, fritar toucinho defumado em quadrados de 2 cm em fogo bem baixo, para sair a gordura. Acrescentar 2 cebolas cortadas em rodelas finas e dourá-las na gordura do toucinho. Escorrer. Juntar 1 xícara de açúcar mascavo, 1 xícara de mostarda boa ou 2 xícaras de preparado de mostarda. Adicionar isso ao feijão cozido e bem quente, temperado ou não. Deixar no fogo em panela tampada durante cerca de 2 horas. Fica quase sem caldo. Pode-se colocar quase só os grãos e ir pondo água aos poucos. É muito bom e pode ser feito no forno, se quiser.

Veja que é uma receita de "se quiser". Vale tudo, contanto que tenha gosto de feijão, bacon, mostarda e açúcar.

ON THE ROAD

A Grande Maçã

O *foodie* que se prepara exaustivamente para dez dias em Nova York, centro nervoso da comilança mundial, fica tonto com a caleidoscópica quantidade de informações sobre a cidade. Tonto e enjoado, pois as revistas de comida entraram na onda da propaganda perfumada e de dez em dez páginas seu nariz é assaltado por Oblivion, Escape, Poison. Ele acharia mais coerente que na *Food and Wine*, por exemplo, pusessem perfume de louro, alho-poró ou até de um bom arenque defumado.

Não é sopa ser um *foodie* consumidor em Nova York. Altos padrões, um leque enorme e diversificado de opções. O jornal *The New York Times* dá o sinal do que está ou não na moda, coisa que pode variar de uma semana para a outra. (Em 1993, a moda eram os bistrôs de comida robusta, e o bistrô mais na moda era o de Daniel Boulud, ex-Le Cirque.)

Se o *foodie* quer se preparar de antemão para evitar demoras e riscos na sua peregrinação culinária, pode encomendar guias da cidade e livros sobre o assunto. Nahum Waxman é dono da Kitchen Arts and Letters, um livreiro com paixão por comida, e com uma lojinha com títulos raros e contemporâneos, ficção gastronômica, receitas, memorabilia na forma de latas antigas, cartões-postais, pôsteres. Mandam-se o nome do livro, o número do cartão de crédito internacional e a validade, e recebe-se a encomenda em casa. É bom pedir também o catálogo da livraria para futuras encomendas. Ou entregar nas mãos de qualquer livraria que faça isso em São Paulo.

O *foodie* que vai se hospedar em flat deve, para ter gosto de andar pelas ruas com as sacolas da Dean Deluca, da Balducci's, pedir o livro *New York Eats*, de Ed Levine, Saint Martin's Press. É o guia-mor para a mordida na Grande Maçã. Padarias, açougues, butiques, delis, bares, carrinhos de rua... Ed Levine dá 350 endereços, das melhores baguetes às massas mais bem-feitas, a torta essencial, o melhor salmão defumado, o pastrami de veludo. Informa o nível de preços, os horários de pico, os mercados de produtos exóticos (inhame, quiabo, camarão seco etc.). Passeia pela Bowery, a rua dos profissionais das panelas e utensílios, e das fôrmas e facas jamais vistas.

Alimentado e armado, o *foodie* obsessivo pode fazer um curso de cozinha em Nova York escolhendo a especialidade para a qual leva mais jeito. É bom encomendar *The Guide to Cookery Schools*, Shaw, do ano em que lá estiver. Uma boa ideia é assinar a *Gourmet* para estar em dia com a crítica de restaurantes, a revista semanal *New York* para as compras, o *The New York Times* de domingo para informação e maior intimidade com a cidade, e a revista *New Yorker*, idem.

Estou indo passar dez dias lá, só para ter o que contar a vocês nesta virada de ano. O meu mais profundo desejo é ir às bibocas da vida para provar uma panqueca, numa deli para comer um sanduíche, mas já pedi emprestado um casaco vermelho do Calvin Klein para poder entrar em pelo menos um lugar elegante. Daqueles lugares onde você se sente mal sob o olhar implacável do maître e desconfia que ele sabe, dentro de toda a sua empáfia, que aquele casaco vermelho do Calvin Klein não é seu.

A chegada

Nos primeiros dias de Nova York tive um pouco de aflição. É Natal demais, uma disneyzação do Natal que incomoda. Muito anjo, muita estrela, muito boneco batendo tambor, mega-árvores com megalâmpadas, miniárvores com minilâmpadas. As escadas rolantes das lojas sobem e descem carregadas de multidões boquiabertas, empacotadas, que não sabem se olham para cima ou para baixo, porque afinal de todos os lados é Natal. A situação foi logo remediada por uma neve fina e benigna que cobriu a cidade e afundou a breguice em beleza pura. Grudou nas caras de Papai Noel, amontoou-se na cabeça dos anjos, sufocou os cantores de coral, tingiu os pinheiros e fez de um Natal de plástico um Natal de verdade.

O maior presente que NY recebeu, além da neve transformadora, foi a retrospectiva de Roy Lichtenstein, no Guggenheim. Inacreditável. Você não visita o museu e olha os quadros, como de costume. Você é os quadros e eles se estendem pelas ruas da cidade com seus personagens de gibi. E dá-lhe Lichtenstein! O frio lá fora é pontilhista e desenha o cheiro de carvão das carrocinhas de comida. Nova York é faláfel, *gyro, chicken kofta, hot pretzel, hot knish, chili dog,* hambúrguer, *coffee shops, bagels* com gergelim.

O Natal dos *foodies* é o Balducci's com sua fartura colorida, seus ingredientes saídos da boa terra americana e do resto do mundo. Como explicar o Balducci's? É o céu que todo *foodie* pediu a Deus. É o empório Santa Luzia num desvario de LSD. As mesmas velhinhas judias inspecionando o salmão e as frutas. O mesmo *canter* dos yuppies pelas alamedas, mas que salmões, que frutas, que yuppies! Nos caixotes, nêsperas e romãs que no Brasil crescem no quintal da vizinha. Nos balcões, o queijo maduro e o peixe de olho de cristal. O Balducci's é a maior experiência de ingredientes frescos e comidas prontas de Nova York. Das trutas de Idaho ao prato pronto das *patate della nonna*, é demais.

O meu presente de Natal foram doze ostras de caras e gostos diferentes, acomodadas numa cama de gelo, no Oyster Bar da Grand Central, o enorme terminal de trens de Nova York. Naquele lugar tão lindo, naquela estrutura digna, contida e rebuscada, ao mesmo tempo, juntei as ostras, ostras tão simples e tão boas, com as alcachofras roxas do Balducci's, com a obra do artista pop ingênuo-sabido e me senti livre, alegre, americana, num Natal de extremo bom gosto.

FALÁFEL

Dá sete sanduíches ou 35 porções individuais.

400 g de grão-de-bico, posto de molho de um dia para o outro e escorrido; 3 dentes de alho amassados; 1 cebola grande, bem picada; ⅓ de xícara de salsinha finamente picada; 1 colher (chá) de semente de coentro moída;
1 colher (chá) de cominho moído; 1 colher (chá) de sal;
1 colher (chá) de bicarbonato de sódio dissolvido em
½ xícara de água; óleo vegetal para fritar; 7 pães sírios (pita) cortados em cima, na boca, como um pequeno porta-níqueis; molho de gergelim (*ver receita*); molho picante (*ver receita*); 1 cabeça de alface grosseiramente picada;

2 tomates grosseiramente picados; 7 pequenos pepinos (*gherkins*) em conserva, cortados em rodelas

No processador ou liquidificador, moa o grão-de-bico demolhado. Junte a cebola, o alho, a salsinha, o coentro, o cominho, o sal e o bicarbonato dissolvido na água. Bata bem até que a mistura fique lisa e homogênea.

Numa panela grande, aqueça uns 6 dedos de óleo até que fique bem quente. Faça bolinhas de faláfel com o utensílio de fazer bolas de sorvete. Deixe a bolota cair no óleo, com cuidado. Continue jogando os faláfeis no óleo, mas cuidado para não encher demais a panela. Frite os faláfeis até dourarem, por uns 3 minutos. Vire e frite mais 3 minutos. Retire com escumadeira e escorra em papel-toalha. Conserve quente e continue a fritar até acabar a massa.

Para servir como sanduíche, coloque 4 bolas de faláfel no bolso de um pão sírio. Ponha por cima 2 colheres de molho de gergelim e 1 colher de molho picante. Junte um pouco de tomate e alface, mais um pouco dos dois molhos e acabe com um picles. Continue até fazer todos os sanduíches.

Para servir como hors-d'œuvre, faça um molho com 2 partes de molho de gergelim e 1 parte de molho picante. Ponha uma tigela com molho no centro de um prato cercado de folhas de alface. Frite e escorra o faláfel, espete um palito em cada um, arrume em volta da tigela de molho e sirva.

MOLHO DE GERGELIM

Dá 1½ xícara.

1 xícara de pasta de gergelim (tahine); 1 dente de alho amassado; caldo de 1 limão; ¼ de xícara de água fria; ¼ de colher (chá) de sal; 1 pitada de pimenta-do-reino moída na hora

Misture todos os ingredientes numa tigela e bata até ficar homogêneo. Leve à geladeira até a hora de servir.

MOLHO PICANTE
Dá 1½ xícara.

1½ xícara de purê de tomate; ½ colher (chá) de pimenta vermelha em flocos; ¼ de colher (chá) de sal; 1 pitada de pimenta-do-reino moída na hora

Misture todos os ingredientes numa panela pequena e aqueça sobre fogo baixo mexendo de vez em quando, por cerca de 10 minutos ou até que a mistura se reduza um pouco e cubra as costas de uma colher. Retire do fogo e deixe o molho esfriar à temperatura ambiente.

BABA GANOUSH
Bom para comer com pão sírio (pita).

1 berinjela grande; ⅓ de xícara de pasta de tahine comprada pronta; 2 dentes de alho, amassados; ½ xícara de salsa picada; caldo de 1 limão

Preaqueça o forno a 375ºC.
Fure a berinjela com um garfo. Embrulhe em papel-alumínio. Asse em forno quente até que ceda facilmente à força de um garfo, por cerca de 1 hora.
Retire a berinjela do forno. Deixe esfriar. Descasque e amasse a polpa numa tigela média. Junte todos os outros ingredientes restantes e mexa bem.
Conserva-se por 1 semana na geladeira. Dá cerca de 1½ xícara.

CHOPPED LIVER

Patê de fígado. Dá 3½ xícaras.

450 g de fígado de galinha, limpos e lavados; 1 cebola branca, moída; 6 ovos cozidos duros, sem casca e picadinhos; cerca de 2 colheres de banha de galinha ou manteiga derretida; 1 pitada de páprica; sal e pimenta-do-reino moída na hora

Coloque os fígados de galinha em muita água fervente, cubra e deixe ferver sem exagero até que os fígados estejam acinzentados e firmes, de 5 a 7 minutos. Escorra bem e deixe na geladeira por 40 minutos.

Com uma faca afiada, pique os fígados até ficarem uma pasta lisa. Com uma colher de pau, misture os fígados, a cebola, os ovos, tudo bem mexido. Junte banha de galinha para umedecer e manter o fígado unido. Junte a páprica e tempere com sal e pimenta a gosto.

CHEESECAKE LINDY'S

Serve de 8 a 10 pessoas.

1 xícara e mais 3 colheres de farinha de trigo; 2 xícaras de açúcar; 2½ colheres de casca ralada de limão; ½ colher (chá) de essência de baunilha; 3 gemas; ½ xícara de manteiga sem sal, amolecida; 1,125 kg de cream-cheese, amolecido; 1½ colher (chá) de raspas de laranja; 5 ovos inteiros; ¼ de xícara de creme de leite grosso

Numa tigela, misture 1 xícara de farinha de trigo com ¼ de xícara de açúcar, 1 colher (chá) de casca ralada de limão e ¼ de colher (chá) de

essência de baunilha. Forme um poço no meio e junte 1 gema e toda a manteiga. Trabalhe com um garfo para fazer uma massa. Junte 2 colheres de água, se preciso, para fazer uma massa maleável. Forme uma bola e leve a gelar por 1 hora.

Preaqueça o forno a 400°C. Unte uma fôrma de anel de 24 cm.

Na tigela da batedeira, misture o cream-cheese, o restante do açúcar, 3 colheres de farinha de trigo, 1½ colher (chá) de raspa de limão, toda a raspa da laranja e bata bem. Junte os 5 ovos inteiros, as 2 gemas restantes e ¼ de colher (chá) de baunilha. Bata bem. Junte o creme e bata mais.

Abra ¾ da massa gelada sobre uma superfície enfarinhada. A massa vai estar muito úmida e frágil. Corte em pedaços e coloque no fundo de uma fôrma já preparada. Não se preocupe se parecer que vai desmanchar. Asse até que fique dourada, por cerca de 45 minutos, e esfrie na própria fôrma, sobre uma grade.

Abra o restante da massa em pedaços e coloque dos lados da fôrma. Cuidado para não deixar buracos e tente moldar bem as bordas.

Aumente a temperatura do forno para 550°C. Derrame a mistura do cream-cheese na torta já assada. Asse de 12 a 15 minutos. Reduza o calor para 200°C e continue a assar por 1 hora. Desligue o forno e deixe a porta dele aberta com a torta lá dentro, esfriando, por 30 minutos.

RELISH DA LINA

6 pimentões verdes; 6 vermelhos; 6 cebolas médias; 1 xícara de açúcar; ½ xícara de vinagre; 2 colheres rasas de sal

Tirar as sementes dos pimentões, passar na máquina de moer carne com a cebola. Colocar em uma vasilha e cobrir com água fervente. Escorrer muito bem em peneira. Juntar os outros ingredientes e levar ao

fogo. Depois que abrir fervura, deixar mais 20 minutos e está bom. Ótimo para acompanhar carnes e hambúrgueres. Excelente receita.

PÂTÉ CAMPONÊS DO CARLOS

½ kg de toucinho defumado inteiro sem couro; ½ kg de bacon em fatias; ½ kg de carne de porco magra; ½ kg de fígado de galinha; 100 g de creme fresco; 1 ovo; 2 colheres de farinha de trigo; 1 cálice de conhaque; 1 cebola ralada; 1 dente de alho; 1 colher (café) de gengibre em pó; noz-moscada; pimenta-do-reino; salsa; cebolinha; louro; aspic (ou gelatina branca)

Limpar os fígados. Passar pela máquina de moer o toucinho cortado em cubos, o fígado e a carne de porco, separados. Numa frigideira, refogar a cebola e, quando começar a amolecer, adicionar o alho picado. Misturar tudo muito bem e passar pelo processador. Isso se quiser uma massa lisa. Se quiser mais grosseira, amassar bem com uma colher de pau, ou no almofariz.

Forrar duas terrines ou fôrmas de pão inglês com o bacon em fatias e dividir a massa entre as duas. Cobrir com mais bacon e 1 folha de louro. Levar ao forno, após ter envolvido completamente cada uma das fôrmas com papel-alumínio, fazendo um orifício no meio. Assar em banho-maria por cerca de 2 horas em fogo baixo. Para servir, retirar o bacon externo e pincelar com aspic *ou simplesmente gelatina branca para dar um certo brilho.*

Daniel Boulud

↳ *Hoje consagrado.*

O chef Daniel Boulud é a sensação do momento em Nova York. Boulud nasceu numa fazenda em Lyon e começou seu treinamento com os melhores chefs da França aos catorze anos. Hoje, deve estar chegando aos quarenta, com cara de menino tímido, sorriso modesto de perfeccionista disfarçado, mãos e olhos de cirurgião especializado. Deixou o Le Cirque há uns sete meses para que pudesse trabalhar à vontade, fazer comida boa para gente que gosta de comer e não de aparecer. Não conseguiu. O investimento era enorme, tinha sócios, os clientes foram atrás dele e seu sonho de ficar na sala conversando com os amigos está cada dia mais longe. E o interessante é que dizem que para um americano comum o restaurante francês é uma terrine de constrangimento. Querem seu steak com fritas, a segurança de uma comida conhecida, e a terrine de perdiz é uma ameaça. Quem é, então, essa gente que invade a praia do Boulud, diariamente? São os ricos e famosos e os *foodies*, que estão atrapalhando o sonho de Boulud de ir construindo seu lugar devagarinho. A cobertura de imprensa, a cobrança de assustar e uma clientela vip capaz de dar a síndrome da terrine em qualquer um atrapalham bastante. Tudo que é exagerado atrapalha o prazer simples de comer… O ambiente é melhor no almoço, quando o chef geralmente está presente, com sua generosidade risonha. À noite é aquilo mesmo que todo mundo conhece, as mulheres de pretinho, os cinquentões de barriga incipiente e poderosa.

Bem, o chef Boulud tem um restaurante francês em Nova York, nem feio nem bonito, com comida e serviço excelentes. Isso posto, enverguei meu casaco Calvin Klein emprestado, dei o braço a uma amiga linda e moça, que só se deixou levar, arrastada, argumentando que com o dinheiro do jantar poderia comprar um tênis para cada filha. Abrimos a porta, rendemos nossos casacos emprestados (*so much ado about nothing*) e caímos no menu-degustação do Boulud para conhecer pela rama o trabalho do chef.

Como entrada, uma salada em morrinho. A penúltima estética era pintar o prato com a comida, e as hordas faziam a moldura. Hoje os cozinheiros puxam a comida para cima, em alto-relevo no meio do prato. Tiras de alcachofra, aspargos frescos, um naco de lagosta, montes de *cress*, um agrião miúdo, tudo delicadamente temperado, cada gosto no seu lugar.

Depois, a sopa, ou melhor, o creme camponês, feito com abóbora muito doce e castanhas, um fio de creme de leite e galhos de salsa. Até então, tudo leve, suave, como se não tivéssemos comido nada.

A massa eram três raviólis grandes, recheados de ervas variadas, condensadas, salpicados de pignoli e cogumelos e lascas grandes de parmesão, em cima de dois molhos, um de tomate, outro de ervas, com cara de influência de Roger Vergé e Georges Blanc, ao mesmo tempo.

Depois, um bacalhau fresco, úmido, coberto com gengibre finíssimo e crocante como cabelo de anjo. E a audácia do chef pôs o peixe sobre uma cama de repolho cozido al dente.

Pode existir excesso de uma coisa muito boa? Excesso de ótimo?

O prato seguinte eram costelinhas vermelhas de *venison*, um leve purê de nabo e um chutney.

"*Venison*? O que é *venison*?", perguntou minha amiga, desconfiada. Disfarcei. As mesas são muito juntas e todo mundo comenta que são muito juntas. Os críticos, o guia *Zagat*, o chef, os clientes. Por isso, o casal da mesa pegada escutou e veio em socorro: "*Deer, my dear*".

"Veado? Não como. É bicho de ver, não de comer." Empurrou o prato, só um pouquinho, para mostrar a revolta. O casal ainda tentou defender, era veado criado em cativeiro, patati, patatá. O molho do veado criado caramelizava-se numa fragrância de bagas frescas de zimbro, de *juniper berries* frescas que eu não merecia...

A sobremesa veio aliviar a tensão. Uma sopa gelada de morangos com uvas cortadas em rodelas, abrigando no meio um sorvete azedo de maçã. E, só então, começou a aparecer a arte do *Pâtissier*, com maiúscula mesmo, François Paillard. Esses, eu admiro mais ainda. Num prato salgado dá para disfarçar um erro, mas num doce... Já os nomes são haicais de açúcar: "*Gratin de chocolat et verveine fraîche sur un pain sucré croustillant*".

Para orgulho imoderado da *foodie* presente, o chef saiu de seus cuidados na cozinha e veio à nossa mesa. (Homenagem aos Suaudeau, que haviam feito a reserva.) Conversou, autografou livros e voltou para o fogão. De lá nos torpedeou com gentilezas, um tiramisu do céu, uma massa folhada recheada de marrons, tortículas de limão e queijo, a mesa foi ficando pequena, o maître ria, cúmplice do patrão, agradando as brasileiras.

Debruçada sobre uma grande xícara de café, rodeada daquele sonho-pesadelo, minha amiga gemeu: "É muita tentação. Aqui não volto. Nunca mais. Nem morta". E não voltou mesmo, vítima da "síndrome da terrine". Tive de continuar sozinha a via-sacra gloriosa e padecente do mestre Boulud, o que é uma outra história, que fica para outra vez...

Restaurant Daniel
20 E. 76th St (entre 5th e Madison Aves)
Fone: 288-0033

O livro de Daniel:
Cooking with Daniel Boulud, Random House

Esses livros de restaurateurs são, geralmente, muito parecidos e não trazem consigo grandes novidades, porque o segredo deles está, realmente, nos ingredientes espetaculares e nas técnicas simples, não menos espetaculares. Ideias novas aparecem sempre ao mesmo tempo, como um sarampão, e a comida dos grandes chefs num certo momento se confunde, na sua semelhança.

Uma coisa que cada vez mais vem se tornando uma verdade absoluta é que os grandes cozinheiros quase não cozinham. Quero dizer que elaboram muito pouco, tudo muito leve e fresco. O principal, o vital é o ingrediente ser perfeito... É só grelhar, cozinhar no vapor, acompanhar com um molhinho também feito com ingredientes sem par. A nossa luta aqui deveria ser com os fornecedores, incentivando-os e aceitando o que eles têm de melhor, para uma comida digna de nota e além disso saudável.

Esse livro do Boulud tem, no fim, a lista de ingredientes da estação, quando estão no seu pico, e uns palpites interessantes de como lidar com eles.

FRANGO QUENTE E CROCANTE DE MEU JEITO

Do livro de Boulud. Para 4 pessoas.
Este é o meu modo favorito [de Boulud] de preparar o frango; é facílimo de fazer, muito aromático e saborosíssimo. Wasabi, gengibre, alho e coentro criam um gosto definido de Extremo Oriente, que brilha, quando colocado junto a uma simples saladinha, o *mesclun*, os primeiros verdes e ervas do ano. Pode-se empanar o frango e preparar o molho da salada 1 hora antes, mas o frango fica melhor quando assado 30 a 40 minutos antes de servir.

2 frangos de cerca de 1,200 kg cada um, cortados em pedaços para servir (2 peitos partidos ao meio, no sentido da largura; 2 coxas; 2 sobrecoxas e 2 asas com as pontas cortadas); sal e pimenta-do-reino em pó; 1 colher (chá) de wasabi (tipo de raiz-forte japonesa, fácil de ser encontrada em casa de produtos japoneses; se não se achar, umas 2 colheres (chá) de mostarda Colman em pó); suco de ½ limão; 1 colher (chá) de coentro moído; 1 colher (sopa) de gengibre ralado; 1 colher (chá) de alho picado; 1½ colher (chá) de mel; 2 colheres (sopa) de azeite de oliva; 3 ovos; 1½ colher (chá) de molho de soja; pimenta-do-reino moída na hora; 2 xícaras de farinha de rosca; ½ xícara de farinha de trigo; 1 colher (chá) de manteiga sem sal para untar a fôrma; 1 galho de coentro fresco, só as folhas

MOLHO: 3 galhinhos de coentro fresco, só as folhas, finamente picadas; 1 colher (chá) de gengibre ralado; 1 colher (chá) de molho de soja; 1 pitada de pasta de wasabi; suco de ½ limão; 3 colheres de azeite de oliva; sal, pimenta-do-reino moída na hora

SALADA: 450 g de *mesclun* (verdes variados e ervas) ou 1 cabeça de chicória-crespa; 2 cabeças de radicchio; 1 maço de rúcula

Preparação do frango: tempere os pedaços de frango com sal, pi-

menta vermelha em pó, pasta wasabi, caldo de limão, coentro moído, gengibre ralado, alho, mel e 1 colher (sopa) de azeite de oliva. Misture bem, tampe e deixe marinar de 3 a 4 horas na geladeira.

Preaqueça o forno a 400ºC.

Numa tigela, misture os ovos com 1½ colher (chá) de azeite de oliva, molho de soja, sal e pimenta-do-reino. Espalhe a farinha de rosca numa assadeira. Passe cada pedaço do frango na farinha e sacuda para retirar o excesso. Mergulhe na mistura de ovo e passe na farinha de rosca, apertando com força para grudar a farinha no frango. Ponha os pedaços de frango numa grande assadeira untada. Espalhe o azeite de oliva restante sobre o frango e asse no forno de 30 a 40 minutos, ou até os pedaços ficarem dourados, virando-os na metade do tempo de cozimento.

Enquanto o frango assa, prepare o molho. Misture o coentro, o gengibre, o molho de soja, wasabi, caldo de limão e azeite de oliva. Tempere com sal e pimenta-do-reino a gosto e separe, junte à salada e mexa na hora de servir. Coloque o frango num prato quente e polvilhe com as folhas de coentro.

Sirva a salada com molho de gengibre e soja, ao lado.

CAÇAROLA DE COELHO COM NOVE ERVAS

(Ainda de Boulud. Para 4 pessoas. Preste muita atenção
na qualidade do coelho. Coelho duro nem o Boulud dá conta.)
Apesar de seu gosto delicado, o coelho é ótimo para "carregar"
outros sabores, principalmente alecrim, tomilho, alho ou mostarda.
Nesta receita, combinamos 9 ervas frescas e verduras para criar
um molho verde pungente, cor de esmeralda, que enriquece
sobremaneira o ensopado de coelho. Pode-se preparar este prato com
1 hora de antecedência, reaquecer e completar na hora de servir.

1 coelho de 1½ kg a 2 kg (peça ao açougueiro para cortar o coelho em 8 pedaços); sal e pimenta-do-reino moída na hora; 1 colher de óleo para cozinhar; 12 cebolinhas descascadas; 1 xícara de champignons; 1 xícara de cenouras raspadas e cortadas em rodelas de 0,5 cm; 1 *bouquet garni* (1 folha de louro, 1 haste de salsão, 10 galhos de salsa, 2 ramos de tomilho, amarrados com barbante); 1 dente de alho sem casca e picado; ¼ de xícara de vermute branco (Noilly Prat); 3 xícaras de caldo de galinha; 1 xícara de arroz basmati; 1 folha de louro; ½ xícara de creme de leite grosso; 3 gemas

MOLHO: 1 pequeno maço de agrião, só as folhas; 60 g de azedinha, só as folhas picadas; 3 colheres de cebolinha picada em pedaços de 0,5 cm; 3 colheres de cerefólio, só as folhas; 1 colher de endro (dill), só as folhas; 3 galhinhos de salsa comum, grosseiramente picada; 1 raminho de folhas de manjericão cortadas em tiras largas; 2 colheres de folhas de salsão

Polvilhe os pedaços de coelho com sal e pimenta-do-reino. Aqueça o óleo. Junte os pedaços de coelho e doure delicadamente de todos os lados. Junte a cebolinha, os cogumelos, as cenouras e o bouquet garni e deixe cozinhar por 5 minutos. Junte o alho e mexa por 4 minutos. Junte o vermute e cozinhe por 5 minutos até o álcool evaporar. Junte 1 xícara de caldo de galinha, tampe e cozinhe em fogo baixo por 20 minutos.

Retire o bouquet garni, *os pedaços de coelho e legumes em escumadeira. Separe. Reduza o líquido de cozimento para ½ xícara, sobre fogo médio, coe e deixe de lado numa panelinha.*

Enquanto cozinha o coelho, prepare o arroz. Leve as 2 xícaras de caldo de galinha restantes, com 1 folha de louro, a ferver em fogo alto. Junte o arroz, 1 pitada de sal, tampe, diminua o fogo e cozinhe por 15 minutos. Tire do fogo e mantenha quente.

Na hora de servir, misture o creme com as gemas numa tigela. Leve o líquido de cozimento do coelho a ferver em fogo médio. Junte, mexendo sempre, com chicote, a mistura de 9 ervas, sal e pimenta.

Mexa o molho com colher de pau até que fique muito quente, mas sem deixar ferver para não coalhar. Se o molho ficar muito grosso, junte um pouco de caldo de carne ou água para diluí-lo.

Ponha os legumes e os pedaços de coelho numa travessa. Despeje o molho por cima e sirva o arroz ao lado.

Afif Mateen

Em Nova York telefonei para a empresa Tel-Aviv, pedindo um carro. "Qualquer coisa, menos uma limusine", pedi. E qualquer coisa foi um carro com três portas, a quarta enguiçada para sempre. O motorista era o Peter Sellers disfarçado de indiano, pele mate, sorriso simplório-pestanudo, cool, até onde pode ser cool um chofer nova-iorquino.

Sabia onde encontrar facas para cortar tomates maduros e prensas para fazer tortilhas e o que não sabia logo aprendia com as páginas amarelas e um orelhão. O seu inglês era ótimo mas sobravam-lhe as letras V, que além de serem espalhadas ao léu, substituíam os W. "*Vud you vant a cup of tea?*" Fomos nos entendendo tão bem que ele me convidou para uma *vauthentic vindian meal*, uma autêntica refeição indiana com sua família. Infelizmente não foi possível, mas Mateen — o nome dele era Mateen — não desanimou. Finíssimo de modos e de alma, pediu a honra de me mostrar um naco da Índia em Nova York, num almoço rápido. "*Very real thing. Vonly Indians.*"

E era mesmo. Um bandejão ou "*vast-vood*" numa esquina da Lexington, com mulheres de sári e pinta na testa. Fui instalada na mesa de fórmica número dois, no Shaheen Restaurant, e ele, com ares de nababo, foi conferenciar com a dona do negócio. Logo depois chegaram os pães, ainda estufados (chapatis) e pakoras de legumes, fritas na

> *Cresceu desmesuradamente.*

hora. A um sinal da mulher, ele me deu precedência no caminho das bandejas. Arranjei-me com um curry de galinha e um ensopado de grão-de-bico, enquanto ele se serviu de uma exagerada porção de cabrito. Comia, balançando a cabeça, triste. "*Vit is not vi same thing*! Em casa é muito melhor!" Acreditei, mas, paciência! Acabada a refeição, pagou doze dólares escondendo a conta com a mão em concha, e, com todo o respeito, minha senhora, gostaria que conhecesse a casa ao lado, a Kalustyan's.

Parecia uma caixa de especiarias pegando fogo. Cheiro de *garam masala* (que preparam lá mesmo), amêndoas e nozes assadas, amendoins, sementes de melão persa, mostarda-preta, lentilhas de todas as cores, chutneys de manga verde, folhas de betel para mascar, ouro em folha para grudar na comida de festa. De enlouquecer. Fui para o carro carregada de pacotes, já pensando na alfândega. Claro que errei de porta. A cara de mágoa de Mateen, cada vez que eu parava em frente da porta quebrada, era um estudo de humildade ofendida.

O indiano mais simpático de NY aprontou uma última surpresa. Pediu licença, demorou um pouquinho e voltou do Kalustyan's com uma toalha de papel que estendeu no banco de trás. Pôs em cima uma bandeja de doces: "*I vant to introduce vyou to our sveets*. Quem come destes doces se converte a eles. Viciam", disse ainda. Arre, Virgem Maria! Fiz como ele mandou, com medo de não aguentar a overdose e ofendê-lo. Dei uma mordida em cada um, mastigando e saboreando, mesmo. Eram incrivelmente doces como calda de melado, ou azedos como tamarindos, ou doces e azedos ao mesmo tempo. Tinham gosto de tudo. Índia, Turquia, Brasil.

"*Thank you, Mateen, for such a vonderful Indian party!*" Relendo o que escrevi, parece que estou rindo de Mateen. Nunca. Era um gentleman de verdade.

Kalustyan's
123, Lexington Avenue

LASSI

2 porções.

Uma das poucas bebidas, além de água, tomadas nas refeições na Índia. É extremamente refrescante.

1½ xícara de iogurte; 1 xícara de água; 3 pedras de gelo; 1 colher (chá) de açúcar; gotas de água de rosas (opcional); 1 pitada de cardamomo em pó (opcional); 2 folhas de hortelã (opcional)

Misture todos os ingredientes, menos a água e o gelo, no liquidificador e bata durante alguns segundos, até ficar cremoso. Junte a água e o gelo e ligue o liquidificador 3 vezes seguidas. O gelo fica grosseiramente picado.

Dodos muito doidos

Desde 1978, sempre acontece entre setembro e outubro, na Universidade de Oxford, Inglaterra, no St. Antony's College, o encontro anual de um bando de cozinheiros acadêmicos, historiadores, nutricionistas, sociólogos, botânicos, escritores, livreiros e interessados por comida.

Já decepcionados, os leitores dirão: "Mas que fixação tem essa mulher com as coisas de longe? Por que não fala de uma reunião mais perto, em Jundiaí, por exemplo?". Não falo de um simpósio em Jundiaí porque lá não tem simpósio, só por isso.

Oxford também não tinha um que falasse de comida e cozinha. A partir de 1978, Alan Davidson, ex-embaixador da Inglaterra no Vietnã, e Theodore Zeldin, conhecido historiador, se reuniram, com uma única ideia. Viabilizar um projeto arrojado, o de tratar de uma das mais antigas funções da universidade: a reflexão sobre o cotidiano. E o que há de mais cotidiano que o cotidiano da comida?

O grupo tem sua própria revista, a incrivelmente pedante *Petits Propos Culinaires*, a PPC, que aceita trabalhos sobre qualquer assunto comível. Duas páginas sobre um inseto africano, o nome esquecido de uma panela antiga de fogão de lenha, cogumelos da Tailândia e uma seção de crítica de livros de comida, que conta todas as novidades que aparecem e faz uma resenha que dá a noção exata do livro. Os ingleses não têm a melhor comida do mundo, mas como escrevem bem sobre ela!...

Davidson, o grande instigador da empreitada, é um sujeito brilhante. Tem sessenta e poucos anos de inglesice totalmente excêntrica, escreve como ninguém, com um senso de humor finíssimo, um conhecimento profundo de peixes de todos os oceanos, uma honestidade desconcertante em relação a tudo e a todos. Com toda a credibilidade do inspirador, o Simpósio de Oxford foi de vento em popa. Os temas anuais variam enormemente. Em 1988 foi "A panela". Exemplo de trabalhos apresentados: "Minha panela favorita: um pequeno ensaio sobre a beleza da forma e a promessa fragrante de uma panela de barro com tampa". Outro trabalho: "A panela ideal. Propriedades dos materiais usados para o cozimento de alimentos. Propriedades estruturais, densidade, condutibilidade de calor, capacidade térmica, coeficiente de expansão térmica".

Mais um assunto interessante: "Primeiro pegue seu homem". Um leve ensaio sobre canibalismo que começa com uma receita ditada por um chefe africano, de como cortar, cozinhar e comer alguém de sua própria espécie.

Bem, já se pode fazer uma ideia da parte acadêmica e excêntrica do simpósio. Resta a comilança, em que cada um chega com seu prato predileto, coisa de escoteiro inglês. Só que os pratos são levados pelos maiores chefs, editores, escritores, jornalistas, cineastas e desocupados do mundo inteiro, o que faz uma pequena diferença.

Já pensaram em berinjelas recheadas feitas por Claudia Roden, com receita secreta, não incluída em seus livros sobre o Oriente Médio? Um peixe estranho, cozido pelo próprio Alan Davidson?

Pelo símbolo do simpósio de 1994, é fácil descobrir qual o assunto deste ano. O dodo. Uma ave desengonçada, gorda como um peru, de asinhas curtas, que a impediam de voar. Extinta, totalmente extinta. Vivia nas ilhas Maurício e foi vista pela última vez em 1681. O nome vem do português "doudo", "doido", "doidão", "bobo". O dodo é a criatura mais famosa da fauna de Oxford e jaz no Museu da Universidade, como um conjunto de ossinhos — uma garra pontuda e um crânio com bico comprido —, no meio de dinossauros e bustos de cientistas eminentes.

É tudo que resta do dodo, mas nenhum museu do mundo tem coisa melhor, como meio dodo, que seja. A Europa conheceu doze dodos vivos, um deles o de Oxford. Mas só lá foi imortalizado. Não por sua carne oleosa e enjoativa, comida só por porcos, macacos e marinheiros, mas por Lewis Carroll, que o usou como personagem de *Alice no País das Maravilhas*. Muito em segredo o autor se identificava com o dodo, no desengonço, timidez e atabalhoamento.

O tema deste ano, com o dodo na proa, é o seguinte: "Desaparecendo hoje, extinto amanhã. Ingredientes, técnicas e pratos em perigo". As reflexões, provavelmente, vão girar em torno de questões como: o que está desaparecendo no mundo em matéria de comida natural ou processada?

Só de vez em quando um ingrediente natural se perde para sempre, como o dodo. Normal é que as coisas desapareçam de uma ou mais regiões ou que passem de comuns a raras. Variedades e cultivares de frutos e hortaliças muitas vezes somem da vista, e o processo de resgatá-las é difícil e complicado.

Os especialistas andam com os cabelos em pé atrás de batatas e maçãs perdidas. Pode chegar o dia em que nós, já desenvolvidos e primeiro-mundistas, estaremos chorando de saudade da banana-ouro, da manga coquinho, do araçá, do jambo-branco, da bala de ovo, do alfenim.

E a poluição? A exploração excessiva? Os custos impossíveis? As idas e vindas da moda?

Serão apresentados cinquenta pequenos ensaios, e alguma novidade há de surgir. Mesmo no meio dos famigerados *foodies*, que costumam ser politicamente incorretos no desvario de papar bem depressa a comida em extinção, antes que ela acabe de vez.

Agora, neste momento, só me preocupa que comida levar para inglês ver. Que ideia de dodo esta, de me meter em má hora, num mundo que não é o meu. Alguma coisa representativa do país de origem... Cachaça? É bebida, não é comida. Goiabada? A alfândega não vai deixar passar. Uma cabacinha para deitarem água na comida? Será que a cabacinha é brasileira ou sempre floresceu dependurada nos muros de Oxford, por *saecula saeculorum*? Maldita ignorância!

Despreparo total para enfrentar os dodos ingleses, mas a sorte está lançada. Seja o que Deus quiser e vamos lá com a mala atulhada de fotos de uma casa de farinha em Paraty. Farinha não vou levar. Acham exótica demais. Talvez umas castanhas-do-pará? Café? Um palmito fresco escondido do Ibama debaixo da saia? Palito de pica-pau para mexer caipirinha? Oh, céus!

Cerca de cem participantes do mundo inteiro compareceram ao 10º Simpósio de Comida e Culinária de Oxford, que aconteceu entre os dias 9 e 11 de setembro de 1994, no St. Antony's College, na Universidade de Oxford.

Todos os jornalistas de gastronomia da Inglaterra, escritores, críticos, Paul Levy (o inventor da palavra *foodie*), cronistas de revistas, como Jeffrey Steingarten, da *Vogue*, e editores, como a esplêndida Jill Norman, a melhor editora de livros de cozinha do mundo, a meu ver.

Os organizadores Alan Davidson e Theodore Zeldin presidiram as sessões principais. As reuniões menores, para discussão, tinham como mediadores figuras conhecidas do público europeu: Alice Rios (Espanha), Claudia Roden (Oriente Médio), Sami Zubaita (países muçulmanos), Rena Shalaman (Grécia) e muitos mais.

Alguns dos ensaios apresentados deram o que falar, outros fizeram rir. Exemplos: "Ascensão e queda do rei Arenque"; "O desaparecimento da sexualidade na confeitaria monástica do sul da Itália"; "Comidas em extinção, de quem é a culpa?"; "O destino do rabo de carneiro"; "Morrendo de fome no supermercado"; "A cozinheira em perigo". Acho que dá para ter uma ideia do teor das discussões.

A maioria dos ensaios queria refletir sobre a deterioração da qualidade dos ingredientes e as tradições perdidas. A oposição argumentava que isso era romantização do passado e atitude negativa quanto à mudança e progresso. O *coup de foudre* sobre os reacionários foi a pergunta: "Alguém pode imaginar a comida tradicional da Itália ou do Mediterrâneo sem o tomate?".

Os tradicionalistas não se deixaram abalar nem um pouco e retrucaram que o tempo do tomate já era. Até os anos 1950, as coisas aconteciam devagar. Agora, a velocidade das mudanças e a enormidade das áreas atingidas pela homogeneização das comidas são de assustar. Sem falar na tendência de reduzir a variedade dos produtos e a urgência de apagar hábitos e paladares.

O objetivo de tudo isso seria a criação de um mercado de massa, com o controle de cada faceta da produção, do consumo, da distribuição, do marketing, da comunicação. O produtor tradicional, muito em breve, não aguentaria a luta contra os poderes econômicos, detentores de todo o poder de decisão.

Um ensaísta francês acusou a cozinha caseira e a alta cozinha de estarem mancomunadas encorajando o consumo de comida pré-cozida e congelada e fazendo ruir a delicada e complexa estrutura da comida francesa. Brigou-se ainda por causa da ocidentalização do paladar asiático e por causa da orientalização do paladar europeu!

Como poderia um país manter sua identidade culinária? Um primeiro passo seria o autoconhecimento. Aquele que quiser ser visto como possuidor de uma cultura gastronômica variada, de boa qualidade, tem de acreditar na sua cultura, ter orgulho dela, desenvolver sua identidade sem xenofobia e tentar passar para o mundo essa imagem.

Mas melhor que as discussões foram as comidas, a melhor parte do congresso, numa história que fica para outra vez.

No meio do bando de acadêmicos, moços e velhos, mais velhos do que moços, é verdade, brilhou Sri Owen, que pôs a mão na massa. Owen é de Sumatra, uma mulher de meia-idade, rosto redondo como a lua, dentes separados, sorriso pronto, cara de mãe. Está em seu terceiro livro, *Rice*, que vende como pão quente. Não dá para acreditar que é ela que escreve tão bem, com tanto estilo e naturalidade. Depois de ler um dos livros dela sobre comida indonésia, você se acha a maior conhecedora do assunto e sai por aí ditando regras.

Logo na primeira hora foi avisando que iria fazer o almoço do dia seguinte para os cem participantes do simpósio. O prato estava em extinção, é claro, e se chamava *bebek betutu*. Passo a palavra a Sri Owen:

"*Bebek betutu* é um modo de cozinhar um pato inteiro recheado com uma mistura de folhas e temperos. Conheci esse pato em 1962, quando fazia pesquisa para um livro, em Bali. O dono da casa chegou com tudo pronto, feito pela mãe, uma balinesa aristocrata e tradicional. Eram doze patinhos, bem pequenos, cada um embrulhado em seu pacote de folha de bananeira e recheado com folhas de mandioca rasgada. Temperadíssimo. A panela, uma casca de coqueiro, enterrada por horas nas brasas já quase extintas de uma fogueira. Quando abrimos os embrulhinhos a carne do pato estava escura e úmida, tão macia que desgrudava do osso, só de encostar. Uma das coisas mais gostosas que já comi.

"Pedi a receita da mistura de temperos, que era a alma do negócio, e todos me respondiam a mesma coisa: *baso gede*, que quer dizer 'tempero completo'. E não foi fácil achar quem soubesse, ainda, fazer *bebek betutu*. Nem em Bali as pessoas têm tempo. É a novela, o trabalho, a casa nova de concreto, o pão branco da padaria. A lista de ingredientes de *baso gede* é grande e o cozimento demora horas. Custei para montar a receita.

"Para amanhã inventei um jeito novo. Se a gente se apega demais às tradições, acaba não fazendo nada. Quem ainda pode fazer uma fogueira no quintal para o almoço? Nada disso. É hora de aproveitar o processador e o micro-ondas. Em vez de usar o tempero completo, vou usar *bumbu setengah*, que significa 'tempero pela metade', na Indonésia. *Seludang moyang*, que é a casca do coqueiro como panela, nem pensar. Mas não abdico da folha de bananeira ou de uva, para embrulhar o pato, mesmo que ponha folhas de alumínio por cima."

Pedi a receita explicadinha para ela, que deu risada: "Tenho cá minhas suspeitas de que pratos e técnicas mudam muito mais depressa do que pensamos, sem deixar traço nem pista. Daqui a cem anos esta receita pode muito bem aparecer como típica do Brasil e ninguém vai desconfiar de nada…".

No dia seguinte, o pato de Sri Owen arrasou. Estava realmente muito saboroso, servido com arroz branquinho, uma salada de vagens e milhos bebê e outras misturinhas que não identifiquei. Só que ela havia inovado e feito só com o peito do pato.

E sabem qual foi a entrada? O nosso pastel de feira, de cada dia, com o apelido de *martabak*. É comida de rua dos indonésios, e Sri Owen acha que o pastel pode ser um derivado do *burek*, do Oriente Médio, levado para a Indonésia pelos mercadores muçulmanos ou recebidos do sul da Índia, onde vendem coisas muito semelhantes, na rua. Vai saber...

BEBEK BETUTU

1 pato de 2 kg e 1 xícara de folhas de mandioca ou uva ou espinafre; folhas de palmeira ou bananeira para embrulhar

Pasta da marinada: 2 cebolas; 4 dentes de alho; 5 pimentas vermelhas sem sementes; 2 nozes macadâmias (opcional); 2 colheres (chá) de semente de coentro levemente tostadas; 1 colher (chá) de sementes de cominho; 2 cravos; 2 cardamomos; ½ pau de canela; 1 pitada de noz-moscada; ½ colher (chá) de cúrcuma; ½ de colher (chá) de gengibre; pimenta-do-reino branca; a parte branca da raiz da erva-cidreira; pasta de camarão seco (encontra-se em lojas de produtos asiáticos; quem não encontrar deve usar camarão seco moído, a gosto); 3 colheres de suco de tamarindo ou de limão; 2 colheres de óleo de amendoim; 2 colheres de água; 1 colher de sal

Bata todos os ingredientes da marinada no processador. Leve ao fogo brando de 6 a 8 minutos, mexendo sempre. Deixe esfriar. Corrija o tempero. Misture com a metade das folhas rasgadas. Passe essa pasta por dentro e por fora do pato. Embrulhe com folhas de banana e 3 camadas de papel-alumínio. [Não se assustem com essa história de folha de banana. É muito fácil embrulhar alguma coisa em folha de ba-

nana, e comece a observar que são encontráveis até em terrenos baldios, na cidade.]

Deixe na geladeira por uma noite. Asse em forno médio de 3 a 4 horas. Abra o pacote. Transfira o pato para um prato e separe os sucos e óleo. Coe os sucos, adicione a outra metade das folhas, aqueça um pouco e sirva como molho sobre o pato. Acompanhe com arroz branco. Se o pato for muito gordo, retire o excesso de gordura do molho. Não rende quase nada. Dá para cerca de 3 a 4 pessoas.

De volta a Londres, deixando para trás a turma de Oxford e um jantar memorável em todos os sentidos, fui direto à livraria Books for Cooks, junto de Portobello Road. Que vontade de ter uma coisa assim, por aqui. Só livros de comida, o lugar ideal para comprar livros novos e vender os velhos.

É um lugar pequeno, jeitoso, e no meio de suas prateleiras com 10 mil livros correm três inglesinhas desgrenhadas de tanto atender a clientes do mundo inteiro.

Ao fundo, uma cozinha totalmente ligada à livraria, soltando almoços e lanches para as quatro mesas do restaurante. A dona, Heidi Lascelles, tem uma gerente entusiasmada, Rosie, que sabe das coisas; uma vendedora loirinha, que é a peste em pessoa; e Patricia, uma cozinheira bonita, inteligente, que trabalha sem parar, fazendo tortas, bolos e comida vegetariana com toque oriental, numa bagunça cheirosa.

Antes, havia chefs convidados, que davam aula na própria livraria, mas agora os cursos foram promovidos para o andar de cima, de onde se escutam risadas divertidas. A programação é intensa, quase todos os dias há um lançamento de livros ou outra função qualquer. Vale a pena conhecer. Gostei. Até convidei a Patricia para vir a São Paulo e acho que qualquer dia ela estoura por aqui.

Londres tem também muita biboca tailandesa, indiana, indonésia, onde se acha tudo que temos no Brasil e mais umas novidades exóticas em matéria de panelas, palhas, legumes e temperos.

Os ingleses estão colonizados às avessas. Mastigam coentro com graça baiana, e pimenta nos olhos deles é refresco mesmo. Fomos a um fim de mundo, uma quitanda tailandesa, Talad Thai, em Upper Richmond Road. A comida tai é um fenômeno. Aonde chega, vence. Quando não é muito fina, como a desse boteco onde almoçamos, é preciso cuidar para que a pimenta não te arranque o céu da boca para sempre.

Os sabores até que fazem lembrar a nossa comida baiana, sem o dendê. Muito amendoim, leite de coco, camarão seco. Ainda não descobri o que é uma berinjelinha, do tamanho de um jiló, sem amargor, rija, deliciosa. Era bom que chegasse logo aqui.

Para variar comprei um panelório, muita cesta de palha para fazer arroz fragrante, sacos de curry, misturas de temperos, tijolos de tamarindo. Com grande dificuldade, pegamos do chão da quitanda umas oito sacolas e fomos para o hotel, minha filha com certeza maldizendo a sina de ter mãe cozinheira.

No hotel, turista feliz com o butim, comecei a inspecionar as compras. Mistério! Que diabo disto é aquilo? Um dos pacotes viera conosco por engano, provavelmente também no chão pousado.

Eram doze vídeos tailandeses, bem velhos, surrados, já muito vistos, roubados inadvertidamente. Voei para o telefone, avisei o tailandês do fim do mundo e, como se estivesse carregando uma bomba-relógio, desci a muamba para a portaria.

Como me arrependo do gesto precipitado! O que seria aquilo? Perdi a chance de conhecer a família do homem que tão bem desossava patos? Ou seriam vídeos eróticos, mais eróticos por serem tailandeses? Ou melhor, cursos de comida tai, com todos os segredos para lá de explicadinhos? Segredos apimentados, sepultados para sempre.

Londres

Em honra aos leitores, em Londres saí à cata de bons restaurantes. Um dos meus sonhos era conhecer Nico Ladenis, famoso chef de boa cozinha e mau humor, que já fez uma peregrinação pelos bairros de Londres, mudando de endereço várias vezes. Escreveu um livro muito interessante nos anos 1980 e agora, para meu gosto, enlouqueceu. Está cozinhando no Chez Nico at Ninety, em Park Lane, no Grosvenor Hotel. É aquela história de restaurante de hotel metido a chique, cadeiras Luís XV, linho engomado, garçons à antiga, coisa que eu só aguento se a comida for do outro mundo, mas não era. Pesada, sem imaginação, bruta, até, toda trufada e com bifões de foie gras untuosos. Detestamos a pretensão e a jequeira do lugar. Inglês, quando dá para jeca, ninguém bate. É dose.

Fomos ao The River Café, um restaurante simpaticíssimo, à margem do Tâmisa, entre Putney e Hammersmith. As proprietárias eram duas mulheres e uma delas, Ruthie Rogers, é casada com Richard Rogers, o arquiteto conhecido por seus projetos para o Centro Pompidou em Paris e o edifício do Lloyds em Londres. Há uns seis anos, Rogers comprou uns galpões para transformar em escritórios de arquitetura, estúdios para desenhistas, firmas de publicidade. Era preciso que as pessoas tivessem um bom lugar para almoçar. Desenhou o restaurante, e Ruthie quis tomar conta dele. Havia aprendido a cozinhar com a sogra florentina, arranjou sócia toscana, tomou o peão na unha, e já em 1989 receberam o título do melhor restaurante italiano de Londres, pelos críticos do The Times.

O menu, escrito à mão, é pequeno, mas a comida é ótima, e o lugar bonito, branco, claro, com um relógio projetado em sombra na parede, caminhando para a última hora, onze da noite, quando o restaurante fecha. Uma experiência informal de boa comida, alto-astral, gente simpática, alegre.

Comemos *insalata di copa di Parma*. Os verdes eram uma misturinha de dente-de-leão (*Taraxacum officinale*), azedinha, rúcula, segurelha. Depois, *linguine con granchio,* massa com siri fresco, pimenta, salsa, coentro. Experimentei um ossobuco de vitela à milanesa, cortado mais grosso, com bastante tutano, feito em fogo brando, a carne se desmanchando de macia. O acompanhamento era nosso velho arroz de forno de guerra, com abóbora cortada em cubos mínimos, temperadinho, gratinado. Tudo perfeito.

A sobremesa me assustou um pouco, mas enfrentei. Polenta com sorvete. Não que eu quisesse comer angu com sorvete, mas, e a curiosidade? Leve desaponto. Era um bolo de fubá e limão, vaporoso. As sobremesas não são as de grandes *pâtissiers* franceses, mas sim caseiras, gostosas, geralmente comida de alma.

A emoção, mesmo, veio com o restaurante <u>Alastair Little,</u> que leva o nome do proprietário e chef. Segui a carreira dele, o enfant terrible, o autodidata da cozinha inglesa. Para não ficar enrolando, ele é do tipo genial. Você lê o menu, que muda todo dia, é curto e pouco explicativo, e não fica muito tentado. O lugar é mais do que simples, guardanapo de papel, mesa sem toalha, nada que inspire muito. Mas, quando chega o prato, há que se ficar agradecido e comovido. Ah, fi-

Aventureiro, anda pelo mundo, se arrisca e ainda é considerado o pai da nova cozinha britânica.

camos mesmo, minha filha e eu. Aquele toque leve e único de intuição e gênio. Sempre tenho medo das misturas esdrúxulas de uma nouvelle cuisine mal digerida. Esse homem é pura graça, bom gosto, coerência, simplicidade. Mediterrâneo? Japonês? Eclético? Não. Pessoalíssimo. Usa técnicas e ingredientes japoneses, tailandeses, chineses, franceses, ingleses e sintetiza tudo em comida boa e simples. Falar é fácil. Mas foi lá que entendi de verdade o que é essa síntese. Um estar à vontade entre técnicas e ingredientes e usar de tudo um pouco sem privilegiar uma corrente étnica ou um modismo. Os ingredientes, maravilhosos, sem dúvida, são a alma da coisa. Os molhos perfeitos, tempero cuidadíssimo, criatividade domada. É demais.

Comemos um bacalhau fresco, posta grossa, sobre molho de carne ferruginoso, com um pouco de grão-de-bico. Costelas de carneiro com feijão-branco. Tudo parece tão óbvio, mas, que bonito e bom! Muita gente acha que Alastair Little é o melhor restaurante de Londres, ou da Europa. Não conheço tantos, mas aposto que é verdade. Informal, simples, ingredientes espetaculares, uma alma aventureira e um grande resultado.

Alastair Little é um gênio!

Comprei o livro do Alastair Little, *Keep It Simple*, que é bom, até ganhou o prêmio Glenfiddich de melhor livro do ano. É feito sob medida para uso caseiro, para quem falta a aparelhagem sofisticada dos restaurantes modernos. Muito bem ilustrado. Fiquei encantada com a coisa mais boba, um prato com um triângulo de pizza de mussarela acompanhado por uma salada de rúcula e tomates bem vermelhos, em quartos, folhas de manjericão, azeitonas pretas. Tira aquela pobreza da pizza de domingo, no papelão. Pode até ser a própria, mas o disfarce dá uma boa levantada.

Outra foto que faz pensar é um aïoli de salmão, bom para fazer no verão, ao ar livre, vinho rosé, vasilhas bem rústicas, uma diferente da outra, camponesas.

AÏOLI DE SALMÃO

De Alastair Little, em *Keep It Simple*.
Para 8 ou 10 pessoas.

2¼ litros de *court-bouillon*; 1 salmão inteiro, de cerca de 2½ kg, limpo e sem cabeça; 1,300 kg de batatinhas inglesas; 450 g de vagens; 2 cabeças de brócolis; 450 g de cenouras; 4 fundos grandes ou 8 pequenos de alcachofras; caldo de 1 limão; 8 a 10 ovos; 200 g de ótimas azeitonas

MAIONESE DE ALHO (AÏOLI): 4 dentes de alho; 2 gemas; 300 ml de azeite extravirgem; 300 ml de óleo de semente de girassol; caldo de 2 limões; sal e pimenta-do-reino branca; um pouco de água fervida resfriada

UTENSÍLIOS: batedeira, panela de peixe, prato enorme para servir, algumas panelas grandes

Faça o aïoli bem antes; amasse o alho com um pilão pesado e ponha numa tigela ou no processador com 2 gemas. Ligue e bata com 1 colher (chá) de sal e 1 colher (chá) de pimenta-branca. (A pimenta-preta deixa manchinhas pretas, mas se você não se importa vá em frente e use.) Comece a juntar o azeite em fio fino. Depois de ter incorporado a metade, junte a metade do caldo de limão. Vá colocando aos poucos o óleo de semente de girassol. Se a maionese começar a endurecer demais, junte 1 colher de água quente. Repita o processo, usando o restante do azeite de oliva, o restante do caldo de limão e do óleo de girassol. Lembre-se de pingar a água, se ficar muito dura, em qualquer estágio. A consistência deve ser mais para espessa do que para mole, nunca uma consistência de despejar. Se, por acaso, se separar, ponha uma terceira gema no liquidificador e bata com a maionese que separou, juntando-a aos pouquinhos, até "pegar" outra vez. Experimente. Ponha mais caldo de limão se achar necessário e mais sal e pimenta-do-reino. O alho cru vai ficando mais forte com o passar do tempo, mas tudo bem, pois é um molho enfático. Despeje numa tigela e ponha na geladeira.

Faça um court-bouillon *e deixe esfriar completamente (receita a seguir).*

Prepare o peixe, cortando as nadadeiras com tesoura e guardando a cabeça para a próxima sopa de peixe. Lave, descasque os legumes, torneando e cortando aqueles que quiser.

Cozimento: ponha o salmão na panela de peixe, cubra com o court--bouillon (pondo mais água se necessário) e leve a ferver. Deixe ferver por 1 minuto, apague o fogo e deixe esfriar no líquido. Quando estiver frio, retire do líquido e tire a pele da parte de cima. Ponha num prato de servir bem grande.

Enquanto o peixe estiver esfriando, cozinhe os legumes em água salgada até que fiquem cozidos, mas al dente. Escorra e deixe esfriar. As alcachofras devem ser cozidas em grande panela de água quente à qual se juntou o caldo de 1 limão. Estarão boas quando as folhas se soltarem com facilidade. Refresque na água fria e escorra de cabeça para baixo. Retire as folhas mais grossas, de fora, as fibras centrais, com uma colher de café.

Cozinhe os ovos por 7 minutos e deixe esfriar em água fria.

Para servir: se você tiver um pratarraz, ponha o salmão no meio com os legumes e ovos (gosto deles com casca), à vista, arrumados por cor em pequenas pilhas, de modo que a mesa toda tenha acesso a todos os ingredientes.

COURT-BOUILLON

900 g de aparas de peixe; 2 cenouras; 1 pé de salsão; 2 cebolas; 1 garrafa (750 ml) de vinho branco (não importa que ele esteja avinagrado); 2 colheres de vinagre de vinho branco; 1 folha de louro; uns galhos de salsinha; 12 pimentas-do-reino; 1 colher de sal marinho

Prepare os legumes: descasque as cenouras e corte em rodelas de 3 mm de espessura. Corte os talos de salsão em pedaços finos. Descasque e corte as cebolas em rodelas finas.

Ponha todos os legumes e demais ingredientes na panela sobre fogo médio e leve a cozinhar sem deixar ferver por 20 minutos. Tire do fogo até ficar em temperatura ambiente. Ajuste os temperos, se necessário. O líquido deve ser salgado e ácido. Acrescente mais sal e vinagre, se necessário.

Chá das cinco

De tardezinha, uma tarde acetinada em Battersea Park, sentei num daqueles bancos grandes, de madeira, defronte para o rio. Ali, assisti a uma revoada de velhinhas inglesas fazendo o quilo depois do chá. Eram velhinhas dali mesmo ou do interior, hospedadas no bairro para as férias de verão.

Pequenas, recurvadas, de meias grossas, sapatos ortopédicos, chapéu com redinha, colares de contas de âmbar e coral, pequenos fios de pérolas. Contentes, a boca satisfeita, o estômago levemente estufado pelo chá perfeito, cruzavam as margens do rio, observando-se, cumprimentando-se na cumplicidade do chá tomado.

Do meu lado, sentaram-se uma moça-velha de vestido de crepe, jabô e boca amarga, e uma velha-velha, mesmo, cheirando a lavanda. A velha-velha perguntou o preço do chá e com os dedos deformados pelo reumatismo e unhas recurvadas mexeu na bolsa de pano que a outra carregava, juntando todas as moedas. "Quanto foi?", quis saber. Contou com cuidado, esfregando o dinheiro entre os dedos, e sentiu falta de uns pences. A de boca amarga explicou que dera uma gorjetinha ao garçom, mas fechou mais a cara, sentindo que desconfiavam dela.

A velha pôs o troco na própria bolsa, de fecho, clapt, e aquietou-se com o queixo apoiado no cabo da bengala, olhando para a frente, esperando alguma coisa.

Nós três nos concentramos no rio, de uma beleza de matar, àquela hora. A moça, ereta, depois de algum tempo sem dar palavrinha, remexeu-se no banco duro, arrotou levemente e começou a falar, num tom inexpressivo.

"O chá estava bom. O bolo, melhor do que o de ontem. Tinha passas de Corinto, bem pequenas." A velha aprovou com a cabeça e a amarga continuou: "As gaivotas estão indo atrás de um barco, umas cinco, ao todo. Não consigo reconhecer a bandeira dele, mas é pequeno e pintado de novo. Verde e branco. Dois marinheiros estão rindo e abanando a mão para nós". A velha segurou a bengala com força e levantou-a a meio pau, respondendo à saudação.

Olhei para cima e para baixo do rio e senti um frio na barriga. No mesmo banco, no mesmo minuto, eu não via nada, só o rio e uma ou outra gaivota perdida. Estou louca ou cega, pensei, enjoada. Mas, não. Cega era a velha. A dama de companhia, daquela pobreza *genteel*, orgulhosa, pagava o chá com descrições, um pouco mais vivas, do cenário. Um *crumpet* com manteiga valia um marinheiro; uma fatia de Dundee cake, um capitão de boné; sanduichinhos de pepino, um bote lançado n'água. *Muffins, buns, scones, jams* valiam detalhes de flores e nuvens ao vento.

Foi só naquele dia, em meio à revoada de velhinhas entupidas de doces, obsessivas, que entendi o chá inglês em toda a sua enormidade. Em Bloomsbury, em Hampstead, em Cambridge, em repartições públicas, em Cingapura, no Ceilão, na Arábia, nas montanhas de Michoacán, no Taj Mahal, em lombo de elefante, sobre a grama real e nas trincheiras de todas as guerras.

Uma vez, recebi em casa umas inglesas, para um chá de trinta mulheres, e quis fazer uma homenagem a elas, incluindo um pouco de tudo que entra num *five o'clock tea*. A infinidade de detalhes é de assustar, mas o resultado, uma beleza. Haja pote, potinho, louça misturada, flores, peneiras, pratinhos, colheres, pratos de bolo, e isto e mais aquilo. Mas são coisas importantíssimas para levantar o espírito da ocasião.

Dianna Kennedy é inglesa e mora nas montanhas de Michoacán, no México. Escreve muito sobre comida mexicana, mas é claro que jamais se esqueceu do chá das cinco. Lembra os "apetrechos para um pequeno chá":

"Bandeja de prata ou madeira, ou carrinho de chá. Toalha bordada à mão ou adamascada, ou com uma frescura qualquer. Bule de chá sobre um tripé. Os bules de louça são preferíveis aos de metal e seria bom que tivessem coador interno, no bico. E interessante ter bules de vários tamanhos, que sejam convenientes para um certo número de xícaras de chá. Uma jarrinha para o leite frio. Uma vasilha para restos de folhas que ficam no fundo da xícara, quando se vai repetir, e um coador de prata ou arame, junto. Um açucareiro para tabletes de açúcar com sua pinça especial. Chaleira de água quente para temperar o chá. Um abafador de bule, para o chá não esfriar muito depressa. Xícaras e pires e pratinhos de bolo, de louça, de preferência. Faquinha para manteiga. Vasilhas para pedaços individuais de manteiga e potes para geleias. Se for servido um bolo inteiro, uma linda espátula para cortá-lo. Guardanapos de pano. Os de papel, só numa emergência. Pratos de três andares para bolinhos e sanduíches. Garfos, colheres e facas, pequenos.

"O chá que é posto na xícara é geralmente muito forte. É preciso ter a chaleira de água perto, para temperá-lo, fazê-lo mais fraco. O leite deve ser integral e frio."

RECEITA DE CHÁ DE ANTHONY BURGESS

"A melhor providência, quando se descobre um cadáver no chão da cozinha, e esse cadáver é o de seu marido, é preparar uma xícara de chá bem forte e tomá-lo."

1 bom bule de chá; 1 chaleira; água; chá

Aqueça a chaleira e ao mesmo tempo aqueça o bule em banho-maria, pois deve estar completamente seco e quente, quando receber as folhas de chá. Coloque no bule quente 1 colher de chá para cada xícara e 1 para o bule. (É claro que se pode variar conforme o gosto e o costume.) Despeje a água quente da chaleira no bule. Mexa um pouco. Tampe o bule e deixe ficar por cerca de 5 minutos. Sirva.

Este é um assunto vasto e muito interessante. Dá para ser estudado, pois o custo dos chás não é exorbitante, e é um pouco como o vinho. Um chá para cada ocasião, o *bouquet*, com que acompanhá-lo. Fascinante. Aqui, no Brasil, é difícil tirar a conotação de que chá é coisa para doente... Coisas do clima, também, que não pede um chá a toda hora.

Livros sobre o assunto:
Teas of the World, de Nancy H. Woodward (Collier Books);
A Proper Tea, de Joanna Isles (Collins & Brown);
The Book of Tea, de Alain Stella, Gilles Brochard et al (Antologia da Flammarion);
A Decent Cup of Tea, de Malachi McCormick (Clarkson Potter).

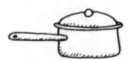

No dia a dia, podemos fazer sanduíches do tamanho que quisermos, mas, esteticamente falando, uma pilha alta de sanduíches do tamanho de uma unha, que se podem comer de uma bocada só, é mais engraçado. Inventamos vários, com pão de miga, daquele bem fino, que vem em pacotes, branco ou preto. Com eles, fazemos os seguintes sanduíches: pepino; agrião; salmão; chocolate com pimenta-verde. O último é para escandalizar, mas é uma delícia.

SANDUÍCHE DE PEPINO

1 pepino japonês; sal marinho ou sal comum e pimenta-do-reino a gosto; 3 fatias de pão de miga; manteiga salgada batida na batedeira

Passar uma faca afiada na casca do pepino, de alto a baixo, várias vezes. Cortá-lo em rodelas finíssimas. Temperar, numa tigela com o sal e a pimenta. Colocar sobre a superfície de trabalho 3 fatias de pão. Podem ser todas brancas, ou brancas e pretas, ou todas pretas. Passar a manteiga de um lado só das 3. Escorrer o pepino e cobrir 1 fatia com ele. Colocar a outra por cima. Apertar um pouco. Mais pepino sobre ela. Fechar completamente com a última fatia. Apertar um pouco. Levar à geladeira por algumas horas, para que seja cortado com mais facilidade. Para um acabamento perfeito, retirar as bordas com faca bem afiada. Cortar o quadrado de pão em 4 tiras, e as tiras em pequenos retângulos exatamente iguais.

BOLO LEVÍSSIMO PARA O CHÁ

Leve, gostoso, nada enjoativo.
Pode ser feito em camadas, em assadeira ou em fôrma redonda
com furo no meio. Também em forminhas, como *muffins*.

Preaquecer o forno a 325°C para fôrmas altas, ou 350°C para forminhas ou assadeiras baixas.

Separar 4 ovos.

Peneirar: 1 xícara de farinha de trigo; 1½ colher (chá) de fermento em pó; ¼ de colher (chá) de sal.

Bater as claras em neve. Juntar ¼ de xícara de açúcar.

Sem lavar a batedeira, bater as gemas até que fiquem encorpadas e juntar: 1½ colher (chá) de essência de baunilha; 1½ colher (chá) de água fria, 1½ colher (chá) de caldo de limão; ¾ de xícara de açúcar.

Despejar sobre as claras e misturar, levemente mas bem misturadas. Juntar a mistura de farinha de trigo. Pôr em assadeiras de 20 cm ou em fôrma de anel de 20 cm. É difícil calcular o tempo. Cerca de trinta minutos para o bolo grande. O tempo vem com a experiência, pois não pode ficar muito seco, nem cru.

Uma boa ideia é juntar à massa 1 xícara de nozes picadas, levemente passadas em farinha de trigo. Costumo abri-lo ao meio e recheá-lo com chantilly e morangos frescos.

BOLO DE LARANJA CARMEM MOTTA

Pegar 1 laranja, tirar as sementes e passar inteira, com casca e tudo, na máquina de moer carne, com 100 g de passas. Bater bem ½ xí-

cara de manteiga com 1 xícara de açúcar mascavo. Juntar 3 ovos, ½ xícara de leite, 1 pitada de sal, 1 colher de café de bicarbonato, 2 xícaras de farinha de trigo, e a laranja moída com as passas. Colocar em fôrma de bolo inglês untada com manteiga e farinha de trigo. Assar em forno médio por 45 minutos.

Os bolos secos de Maria Helena, a seguir, podem ser feitos com bastante antecedência e ser guardados sem perder o sabor.

BOLO DE CANELA

Rendimento: 7 bolos em fôrma redonda com furo no meio.

½ kg de margarina; ½ kg de açúcar mascavo; 8 ovos; 900 g de melado; 8 colheres de canela em pó; 350 g de castanhas-do-pará em lascas grossas; 1 kg de farinha de trigo peneirada; 8 colheres de leite amornado; 3 colheres (café) de bicarbonato

Tirar a margarina da geladeira, abrir os pacotes e colocar em vasilha para amolecer. Quando a margarina estiver amolecida, bater com o açúcar mascavo em batedeira. Depois de tudo muito bem misturado, colocar os ovos, a canela, o melado, sempre batendo em batedeira. Juntar a farinha e mexer com colher de pau. Juntar a castanha-do-pará. Por último, o leite amornado com o bicarbonato. O peso de cada bolo é de 600 g. Levar ao forno por 1h20. Despejar em fôrmas de bolo inglês untadas, forradas com papel-manteiga untado.

BOLO DE GENGIBRE

Rendimento: 9 bolos.

½ kg de margarina; ½ kg de açúcar mascavo; 9 ovos; 1,100 kg de melado; 240 g de gengibre em calda passado no liquidificador; 240 g de passas enfarinhadas; 1 kg de farinha de trigo peneirada; 8 colheres de leite amornado; 3 colheres (café) de bicarbonato; 4 colheres (café) de gengibre em pó

Tirar a margarina da geladeira, abrir os pacotes numa vasilha para amolecer. Quando a margarina estiver amolecida, bater com o açúcar mascavo na batedeira. Estando tudo muito bem misturado, colocar os ovos, sempre batendo. Depois o gengibre batido com o melado, despejando aos poucos. Acrescentar a farinha peneirada e mexer com colher de pau. Juntar as passas. Adicionar o leite amornado com o bicarbonato.

Untar as fôrmas de bolo inglês, com capacidade de 600 g, forrar com papel untado e assar em forno médio. Teste do palito.

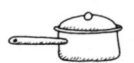

Estes bolos secos são gostosos assim, tomados com um bom chá, mas ficam melhores ainda se você bater uma manteiga, juntar açúcar e um pouco do seu rum ou licor favorito.

GENGIBRE EM CALDA

É difícil encontrar gengibre em calda para comprar.
Faça você mesma.

Corte o gengibre em fatias finas de cerca de 0,5 cm. Descasque.

Coloque em panela. Acrescente bastante água. Deixe ferver, tampado, até ficar macio, quando espetado com a ponta de uma faca. (Mais ou menos vinte minutos.) Acrescente açúcar à água misturando até dissolver e a água recomeçar a ferver. Tampar, tirar do fogo e deixar em temperatura ambiente por uma noite. No dia seguinte, levar à fervura novamente. Manter em fogo baixo, tampado, por quinze minutos. Destampar. Ferver mais quinze minutos. Mexer durante esse tempo com colher de pau. Tirar do fogo e deixar tampado até o dia seguinte. Guardar em vidros na geladeira.

BRASIL, MEU BRASIL BRASILEIRO

Patriotismo

É só alguém tocar no país da gente, falar uma bobagem qualquer, como, por exemplo, o hábito de comer doce com queijo, e o patriotismo sobe ao peito, o rosto se incendeia. Num dos poucos, se não o único livro estrangeiro sobre comida brasileira, a autora afirma que comemos pizza com farinha de mandioca e que a farinha vem para a mesa em saleiro. É que é por isso que, quando vamos aos Estados Unidos, tantas vezes enchemos a pizza de sal, pensando ser farinha.

Girei sobre as tamancas, queria provas, escrever para a editora, mas deixei para lá. A ignorância deles é o reflexo da nossa. No ano que vem vou prestar atenção no Brasil.

Recebi uma carta de um inglês, Alan Davidson, que está organizando o *Oxford Companion to Food*. Pede socorro para resolver pequenas dúvidas, ou *puzzles*, como diz ele. Quer saber se a fruta biribá é importante o bastante para constar do livro, quer saber as diferenças de aparência e textura da fruta-do-conde, da condessa, da pinha, da ata, do araticum, da anona, da siricaia, da cherimólia. Rollínias deliciosas? *Annonas squamosas?*

E eu lá sei? Quem foi criado e mora em São Paulo não conhece fruta no pé, conhece fruta de apalpar no supermercado, quando muito na feira. Manga? Só a háden, musse dourada e resplendente. Nossos filhos jamais engasgaram com o gosto de terebintina da manga sapatinho e tentaram arrancar dentre os dentes seus milhares de fibras. Nunca viram nem sentiram o cheiro levemente passado das bourbons com as manchas pretas amolecidas, cedendo ao toque dos dedos.

E se tentamos conhecer as coisas, assim pela rama, não conseguimos. Afinal somos apenas gente comum, que vai à feira, que cozinha, que quer aprender sem precisar entrar numa biblioteca especializada. Experimente perguntar ao feirante se sabe de onde vem a batata que ele vende. Qual o melhor tipo para assar, fritar ou cozinhar? Quais as cerosas, quais as pulverulentas?

Quem conhece nossas frutas silvestres? Só o Silvestre Silva, autor de *Frutas Brasil frutas*.

Vamos testar por ordem alfabética. Abiu, araçá, bacuri, biribá, cabeludinha, cagaita, cajá, cambuci, grumixama, guabiroba, ingá, mangaba, murici, pequi, pitomba, umbu? E peixes? Ganha um prêmio quem souber o nome de dez. De rio ou de mar, tanto faz. Quem já comeu lambreta? Quem não comeu perdeu.

Pelo menos as quitandas e os bolos deveríamos fazer em casa para tomar com café ralo, se não pela tradição, pela graça dos nomes. Beijos de freira, caboclos, amanteigados.

O que está acontecendo conosco, com nossas raízes? (Sem falar da dificuldade em diferenciar o cará do inhame.)

Sobrou alguma coisa de pajé na sua cultura? Para que serve chá de mastruço, capim-santo, flor de sabugueiro, casca de catuaba, flor de melancia, quebra-pedra, jurema-branca?

Meu Deus, somos brasileiros ou uma raça híbrida que não sabe nomear seus comes e seus bebes?

Neste ano que entra, vou me dedicar à comida mineira, pelo menos, e Nova York que se dane. Vou aprender a fazer ora-pro-nóbis com cebola batidinha, salsa e pimenta-cumarim. Vou descolar um pé de jurubeba e fazer conserva para comer com arroz, feijão e bife. Vou me dedicar a angu sem sal e frango ensopado com quiabo al dente. Comprar maxixe na feira, cortar bem fino e temperar para salada. E ficar em paz com minha consciência alimentar, ó pátria amada.

Coisas que aprendemos com as mães, as empregadas, as amigas e fomos pouco a pouco esquecendo.

CAMARÃO NO BAFO

Comprar camarão bem fresco, com casca, lavar, colocar numa panela de alumínio grosso, em fogo baixo, com sal grosso, à vontade. Tampar a panela e sacudir de vez em quando. Se os camarões estiverem rosados, estão bons. Tirar do sal.

Comer, descascando com as mãos. Até aí é coisa de pescador brasileiro, mas o patriotismo não impede de se servir mergulhando cada um em maionese feita em casa com 3 gemas e 3 dentes de alho amassados. Superprovençal ou brasileiro, ou brasi-provençal?...

BOLO DE FEIJÃO

É a maior delícia para tomar com café, à tarde, num sítio caipira.
Fica bom por muito tempo em lata fechada.

1 kg de feijão-fradinho inteiro ou quebrado (quebrado seria melhor, porque é mais fácil de descascar); 1 ovo; sal
e pimenta vermelha fresca a gosto

Colocar o feijão de molho. No dia seguinte tirar toda a casca. É bastante trabalhoso. Passar na máquina de carne, na peça lisa, por 2 vezes, adicionando a pimenta e o sal. Aparar o caldo e adicionar à massa. Juntar o ovo. Bater na batedeira ou com colher de pau. Ele cresce. Fritar às colheradas, em óleo. Não se pode colocar a colher suja de óleo na massa, para não azedar. Escorrer em papel e guardar em lata fechada. O horrível desta receita é que não é possível precisar a quantidade de pimenta e há que se ficar provando sem parar. Primeiro, porque é a gosto mesmo; segundo, porque cada pimenta tem um grau de força e não há como saber o grau daquela que estamos usando. Tem de ser muito apimentado, senão não tem graça. Só se descobre a quantidade certa de pimenta depois de muito ensaio e erro e boca esfolando.

XINXIM DE GALINHA

Limpe a galinha e parta pelas articulações. Tempere com sal, alho e limão. Faça um refogado com azeite de dendê, cebola, alho, 300 g de camarão seco passado no processador e peneirado e 100 g de amendoim torrado também moído e peneirado. Junte a galinha ao refogado, frite um pouco, junte água, pouca de cada vez, até cozinhar a galinha e formar um bonito molho. Deve ser servida com farofa de dendê.

Faço esta galinha com muito cuidado, vou dosando os ingredientes, para não ficar com gosto muito forte. Não é um sacrilégio juntar um pouco de leite de coco fresco. Fica um prato delicadíssimo.

FEIJÃO-TROPEIRO

Refogar cebolinha verde, pimenta-do-reino, sal socado com alho. Adicionar o feijão inteiro, sem amassar, cozido, pagão. Refoga-se bem. Juntam-se cebola cortada em rodelas, torresmo fresco, couve picada. Mexe-se com farinha de mandioca. É gostoso acompanhado de ovos fritos ou cozidos.

FRANGO CAIPIRA DA RUA GUARARÁ

Frango de Paulo Duarte.
De caipira não tem nada, mas é gostoso.

Refogar um pouco o frango, só para dourar, e colocar todos os ingredientes numa panela: 1 frango grande, cortado em pedaços maiores ou menores; 1 cebola grande cortada em rodelas; 3 dentes de alho cortados no sentido do comprimento em fatias finas; 4 tomates pelados e cortados em pedaços; 1 pimentão pelado, cortado em pedaços; pimenta-do-reino branca, em grão; 1 maço de salsinha; 1 envelope pequeno de açafrão, todo o suco de 1 limão, 1 bom copo de vinho branco seco. (Jerez Tio Pepe seria o ideal.)

Tampar em fogo lento até abrir fervura. Aumentar o fogo e reduzir o molho. Retirar a salsa e o louro.

Acompanhamento: arroz ou batata cozida. Vinho leve, pode ser rosado, sempre seco.

AFOGADO PAULISTA

Pode-se servir com couve, ovo frito, arroz, feijão, alface.

300 g de carne em pedaços; tomate; cheiro-verde; sal; pimenta; cebola picadinha; alho socado; farinha de milho

Refogue a carne em todos esses ingredientes e deixe cozinhar bem, pingando água de vez em quando, até estar bem macia.

Em um prato ponha uma camada de farinha de milho, outra de carne, outra de farinha de milho. Despejar o caldo fervente da carne sobre o prato, para escaldar a farinha.

BARREADO

Comida típica do Paraná, que adotamos.
Ou, dizem outros, o contrário, comida paulista que
os paranaenses adotaram. Lavo as mãos.
No Paraná, é feita numa panela de barro, barreada de massa
de farinha de trigo, para que o vapor não se solte.
Eu costumava fazer na Crock Pot, que era uma panela que obedecia às
regras de cozimento muito vagaroso, hermeticamente fechada.
Depois as panelas sumiram e só sobrou a de pressão.
Pode ser feito nela, mas é claro que não é a mesma coisa...

800 g de toucinho cortado; 2 kg de patinho cortado em pedaços; 2 kg de alcatra cortada em pedaços; 1 kg de tomates cortados; 1 xícara de água; 5 maços de cheiro-verde picadinho; 1 colher (sobremesa) de coentro ou manjerona; 2 colheres (sopa) de cachaça; pimenta vermelha a gosto; sal a gosto

Frite o toucinho para dourar um pouco, sem ficar duro. Retire a panela do fogo e acrescente a carne cortada em pedaços quadrados,

2 cm × 2 cm, e todos os outros ingredientes. Misture bem. Experimente o tempero. Deixe cozinhando 12 horas em panela comum, 7 horas na Crock Pot, o tempo necessário na pressão. Quando cozida na pressão, depois de pronta, mexo muito com colher de pau, para desfiar um pouco. Fica uma carne toda desmanchada, amalgamada com os outros ingredientes, e boa de se comer com farinha e pimenta.

Acompanhamentos nem tão tradicionais: arroz bem fresco, laranjinhas-da-china em compota, picles agridoce de pepino, farinha de mandioca, banana, pinhão.

Massa para barrear:
Se quiser barrear uma panela, faça uma mistura de farinha de trigo e água, dura o bastante para não cair ao ser usada para unir a tampa à panela.

Use 1 kg de farinha de trigo e água. Ponha a farinha de trigo numa pequena tigela. Faça um buraco no meio, vá juntando a água e mexendo com os dedos, juntando mais água se necessário, até obter uma pasta macia o bastante para ser manipulada. Não bata, pois a mistura se torna elástica e racha durante o cozimento.

Vire sobre uma superfície de trabalho com as mãos enfarinhadas. Faça uma corda do tamanho do perímetro da panela de barro em que vai estar a carne. Com a panela tampada, ponha a massa em volta da tampa e aperte. Vá enfarinhando as mãos e apertando até que a panela esteja bem vedada. A pasta endurece rapidamente e impede que o vapor escape.

COMPOTA DE LARANJA-DA-CHINA

Uma das receitas com que acompanhamos o barreado, no bufê, é a compota de laranja-da-china em calda, que dá um doce-amargo muito gostoso.

¼ de kg de laranja-da-china (*kumquat, kinkon*); 2 xícaras de açúcar; 1 xícara de água

Lave as laranjinhas. Seque. Corte uma tampa do lado do caule sem ir até o fim, deixando-a presa. Retire a polpa e as sementes com uma colherinha de café de prata, bem forte, senão a colher entorta.

Faça ferver a água e o açúcar na panela e deixe fervendo por 10 minutos. Junte as laranjinhas ao caldo e cozinhe em fogo muito baixo, por 30 minutos ou até ficarem macias. Se for necessário, vá pingando mais água aos poucos.

CAMARÃO ENSOPADO

Fazer um bom refogado de cebola batida e alho e fritar em óleo comum. Deixar dourar bem. Juntar 4 tomates sem pele e sem sementes, picados. Cozinhar muito bem. Se quiser, acrescentar um pouco de água. Reduzir bem o molho, pois os camarões soltam água. Acrescentar os camarões sem casca, muito limpos, e deixar no fogo pouco tempo, pois não podem ficar moles. Salgar. Colocar salsinha.

PALMITO MARÍLIA SPINA

Colocar o palmito fresco, em rodelas, numa fôrma baixa, refratária. Polvilhar por cima alho espremido, um pouquinho de pão desmanchado na mão, azeite bom, cheiro-verde e parmesão. Levar por uns minutos ao forno, até o palmito cozinhar. Ítalo-brasileiro!

BOFETÃO DA NEUZINHA

¼ de kg de carne de vaca; ½ kg de carne de porco;
¼ de kg de banha de porco da barriga; 2 cebolas de médias
para grandes, bem picadinhas; noz-moscada; cebolinha
picada; pimenta vermelha picadinha; um pouco de páprica
ou urucum; sal

Moer tudo junto, mexer com as mãos. Enfiar o dedo na massa 2 vezes e encher os buracos de sal. Misturar tudo de novo. (Esse método de enfiar o dedo na massa me parece perigoso. É melhor calcular o sal e se quiser experimentar levar ao fogo 1 colherada, numa frigideira, para não comer carne de porco crua.)

Juntar a cebola, a noz-moscada, a cebolinha, a pimenta vermelha e um pouco de páprica ou urucum.

Fazer um bolinho como um hambúrguer grosso. Deixar em forno muito baixo até que fique dourado por cima. Quem quiser come com feijão-preto, farofa de farinha de milho com couve cortada bem fina.

PICADINHO DA IVANIRA

1 kg de coxão mole, cortado em quadradinhos; sal;
pimenta-do-reino; farinha de trigo; óleo; molho inglês;
1 pitada de açúcar; 3 tomates bem maduros; salsa
picadinha; 1 cebola; 3 batatas (ou cebolinhas e batatinhas
pequenas e redondas); ervilhas frescas

Temperar a carne com sal e pimenta e passar na farinha de trigo. Colocar em boa panela 2 colheres de óleo e dourar a carne com 1 pitada de açúcar, até ficar bem morena. Dourar também a cebola. Cobrir com os tomates batidos no liquidificador. Deixar ferver. Tampar a pa-

nela. Diminuir o fogo e deixar cozinhando 2 horas. Juntar as batatas ou cebolinhas e ervilhas, então deixar que cozinhem. Deixar esfriar. Toda a gordura que subir, retirar. Passar o caldo por pano ou peneira fina. Se o molho estiver ralo, engrossar com um pouquinho de farinha de trigo em ¼ de xícara de água e deixar cozinhar mais um pouco. Temperar na hora com umas gotas de molho inglês e a salsa.

BOLO DE POLVILHO DE MAZÔ

Todo mundo adora esta receita.
Infalível, rápida, com gosto de fazenda mineira.
É um bolo-biscoito de polvilho, delicioso.
Ótimo para se tomar com café passado na hora ou para acompanhar rosbife, como se fosse um *Yorkshire pudding* caboclo.

1 copo de polvilho doce; 3 ovos; ½ xícara (café) de água;
1 pitada de sal; ½ copo de óleo e mais um pouquinho;
queijo ralado (opcional)

Bater tudo no liquidificador e levar a forno quente de 20 a 30 minutos, em fôrma de furo no meio. Desenformar. Cresce, fica desigual e feio, mas muito bom. Servir imediatamente.

BOLO DE FUBÁ

É salgado e vem de Capivari, de Doninha, mãe de
Maria Júlia Lopes e Elsie Lessa. No tempo de Doninha,
era assado tampado com brasa por cima.

1 xícara de fubá e 1 xícara de farinha de milho, misturadas;
1 litro de leite fervido com 1 colher de erva-doce; 100 g de manteiga; 1 colher (chá) de sal; 1 colher (chá) de açúcar;

1 colher de fermento em pó, dissolvida em um pouco de
leite; 4 ovos, as claras em neve; ½ queijo de minas em fatias

Escaldar as farinhas com o leite fervendo. Juntar a manteiga, o fermento, o açúcar, o sal, as gemas, depois as claras em neve. Arrumar em fôrma lisa bem untada e polvilhada de fubá. Arrumar as fatias de queijo bem distribuídas, sendo algumas por cima do bolo. Assar em forno, por volta de 180°C, até a prova do palito. Comer quentinho, com café fresco, à moda antiga. O sal e o açúcar podem ser a gosto.

DOCE DE UVA DE MARINA

3 kg de uvas pretas; para cada xícara de caldo de uvas,
1 colher (sopa) cheia de maisena; açúcar a gosto

Amassar as uvas e colocar para cozinhar com uns 3 copos de água ou mais. Depois que a uva estiver bem cozida e mole, retira-se do fogo, coa-se e mede-se em copos. Para cada copo, juntar 1 colher de maisena. Voltar ao fogo e mexer até cozinhar bem. Colocar em fôrma, deixar esfriar e levar à geladeira. Fazer uma boa gemada e servir junto.

Pequi, umbu e feijão-de-corda

Enquanto espero um ita para o Norte, o próprio Norte, e o Nordeste e o Sudeste, de cambulhada, me alcançaram no largo da Batata, em Pinheiros. Ingênua dos seus tesouros, atravessei o largo para pegar um táxi e caí de boca na safra de pequi espalhada no chão, aos montes. Não reconheci, de imediato. São como uns abacates pequenos, casca dura, amarfanhados. Mas um, aberto ao meio, mostrava sua semente da cor de gema de ovo caipira ou de açafrão. O cheiro é inconfundível, entre manga e bicho no cio. Comprei uns trinta, mais ou menos.

"Umbu, umbu para umbuzada, um real o saco! Tira a semente, bate com leite, fica uma coalhada, uma vitamina e tanto, dona."

Já dentro do táxi, arrematei o fundo de uma saca de feijão-de-corda.

Cheguei em casa encalorada, carregada de pacotes, já arrependida da voracidade compulsiva.

A empregada nova, novíssima de duas semanas, vinda de Capelinha, Minas, me encarou com a mesma serenidade com que enfrentou o aspirador. Para ela, nada mais normal do que aquela compra. Umbu, não conhecia, mas veio para São Paulo a fim do desconhecido, e um ARROZ DE PEQUI era a segurança, Capelinha de volta, o mato, o ribeirão.

Foi cortando os frutos ao meio, lavando os caroços comestíveis e pondo numa panela para refogar junto com o arroz. Parece que notou meu respeito curioso e soltou uns causos. "Pequi dá no campo. Eu adorava catar, mas não podia ir sempre, porque ficava com as pernas todas cheias de 'broto', esfoladas de capim-navalha. Tem uma mulher lá que agora, a esta hora, deve tá maluca pegando pequi pra fazer óleo. Mas ela pega é muito, carga mesmo, e vai juntando. Aí cozinha na água e depois escorre. Põe aqueles pequi no pilão e vai socando devagar, com jeito, pra soltar a massa, sem romper o caroço espinhento por dentro. Aí, ela pega a massa e vai pros tacho, no fogão de lenha. Fica lá até secar a água todinha. Sobra o óleo por cima, com a massa por baixo. Ela pega o óleo, põe nos vidro e vende. A gente come de molho, em cima do feijão, do arroz, de um ensopadinho de abóbora…"

A essa altura o arroz dela estava solto, amarelado, com as frutinhas enterradas nele. Perguntei se era para tirar os pequis ou deixar. "É sim, é não. Se quiser roer os caroços não tira, não."

O feijão foi debulhado e cozido em vinte minutos e refogado na manteiga, com um pouco de farinha de mandioca. "Xi, este feijão é bom, mas difícil de colher. Plantam ele na mesma cova do milho e naquele calorão andar pelo milharal catando as vagens é fogo."

O almoço foi regado a refresco de umbu, que coalhada era demais.

A família comportou-se bem. Gostou do feijão, achou o umbu com cheiro de mato e o pequi foi polidamente classificado como um gosto a ser adquirido. Posso concordar, mas eu amei na hora em que provei pela primeira vez. Foi um gosto adquirido à primeira prova. Acho que depois que se revela é melhor que o açafrão. Vou comprar toda a safra de pequi do largo da Batata, como a maluca de Capelinha, e colocar em vidros cheios de óleo para preservar.

    Nesse afã de brasilidade saí lucrando. Ganhei seis mangas ubá e quatro mangas coquinho. Provei um doce de jaracatiá, doce da raiz de mamãozinho do mato, gostoso para comer às colheradas com queijo fresco. O povo reclama quando esse doce não aparece na Folia de Reis. Isto é, reclama lá em São Sebastião do Paraíso, de onde o doce veio. No resto do mundo, não sei.

Rio de Janeiro

Amo o Rio de Janeiro com toda a força de meu coração. Há cidades assim, que nasceram para ser amadas gratuitamente, pelo seu cheiro, pelo que resta de seu passado, pela sua sensualidade à flor da pele, pelas palmeiras-reais, pelos morros, vielas, ruas estreitas, lagoas e praias. Para não falar das gaivotas.

Em Copacabana e no Centro criou-se um Rio paralelo, de camelôs, de gente que faz bico, que luta. Mas que inventou um novo modo de se relacionar com o mundo, com os outros, naquela grande feira ao ar livre. São naturais, espontâneos, articulados. Regime dominante? Não existe, eles é que mandam. Relações hierárquicas? Inventaram outras mais humanas. Regras, privilégios e tabus? Estão moldando os próprios. Nesta hora de crise, os copacabanenses criaram para si uma comunicação material, sensível, sem barreiras. É a velha, o velho, o malandro, o aleijado, o lorde, o padre, todos na mesma, ombreando entre o mar e o mato, vivendo ferozmente. Sente-se isso, definitivamente. Existem normas de etiqueta e de decência, mas são outras. A velha de bengala é carregada pelo zelador, com carinho, e é ela que lhe cozinha os feijões do almoço. O gay divide o apartamento com o aposentado paralítico e na manhã ensolarada empurra seu carrinho, e se divertem com a pelada na praia. É uma grande feira livre de velhinhas com cheiro de pelo de gato, de turbante, bocas pintadas de vermelho. De velhos de bermuda, aposentados, pernas tortas, interessadíssimos nas meninas. A democratização das idades, a suprema ventura de poder mostrar os estragos do corpo sem pudor, numa aposentadoria minguada, naquele sol morno da manhã, naquela sensualidade cálida.

E como se namora no Rio! Namora-se sem lenço, sem documento. O funcionário público, barrigudo, cinto apertado, bigodes, cabelinho curto, anelado, engole a moreninha com os olhos enquanto fala em partilha de bens. Não passa pela cabeça dela reclamar que está sendo assediada. Está é adorando a atenção, sapinho hipnotizado pela cobra grande.

E os cheiros... Como uma sinfonia com a frase do refrão repetida, de porta em porta. O elevador que cheira a óleo de peroba e limpador de metais, o onipresente cheiro do condutor de lixo, azedo, da área de serviço, os perfumes baratos, as lufadas de maresia.

Quanto à comida, é assunto para muitas vezes. Comecemos pela Colombo, que está sempre linda e não perguntem de quem é, porque vão responder que foi comprada pela Arisco e está sendo administrada pelo Almanara. O que diria disso o português Lebrão! O fundador!

E pelo Rio, espalhado em botequins, em casas, em bares de praça, o grande estandarte da comida brasileira. A comidinha. O prato alto de arroz muito branco, o feijão-preto e a farinha, o bife e a salada de alface. Às vezes, uns quiabos. Para os dias de luxo, o belo bacalhau, os frutos do mar misturados ao arroz, a sardinha portuguesa grelhada. Numa casa ou outra, subindo à Santa Teresa, comida do Norte, caprichada, com manteiga de garrafa. Em todos os lugares, sem exceção, a coxinha de galinha, a empada, o camarão recheado, o quindim e o mil-folhas. Afinal, o carioca é um clássico, é bonito, é chique de nascença...

Depois de casada, fui começar minha vida de dona de casa no Rio, em Copacabana. E aí eu chorava quase todo dia, chorava de verdade, sentia falta das verduras, do espinafre, do agrião de São Paulo. Gravei para sempre a feira de sábado, cheinha de camarões-de-sete-barbas, fresquíssimos. Eu os levava para casa e passava a manhã inteira descascando enquanto Silvio tomava sol na praia cheia, com aquele mar, com aquele sol. Jurava nunca mais chegar nem perto do camarão e no sábado seguinte era a mesma coisa.

Agora, o que me ficou na cabeça, mesmo, quando penso no Rio, é uma fantasia de Corte, de salgadinhos da Colombo, de palmiers, muito doces, priscas eras. E sorvetes, também da Colombo, finos, em taças e colherinhas de prata.

Da penúltima vez que estive lá, antes das reformas e tal, fui puxar uma saudade. Pedi uma taça de sorvete de fruta... que veio com garfo. Fiquei lá, conformada, o único garçom atarefado com a formatura de normalistas em penca. Achei até graça, tentei pescar o que pude com o garfo, mas ia ser mesmo uma desilusão, que importa.

Da última vez, fomos, minha filha e eu, imediatamente depois de um enterro, de táxi voador para a Colombo. Ela já se emocionara com o Cristo sereníssimo, olhando o túmulo, a tarde de uma beleza doída. Na confeitaria, a mulher da mesa ao lado recebeu seu sorvetão e parou, boquiaberta. Murmurou, sem acreditar no que estava vendo: "... E a cereja?".

Pois faltava a cereja, e ela que fora ali, também, só para se lembrar da menina de luvas tomando sorvete com o pai e da súbita dor no cérebro ao encostar a colherinha de prata nos dentes!

Comungamos alto com a indignação dela. Há coisas que não se mudam. A cereja. Justo a cereja!

Estas receitas de sorvete são de um livrinho que minha sócia e eu publicamos, a convite de um jovem editor. Uma catástrofe qualquer aconteceu à editora, acho que o metrô passou por cima dela, faliu e ficamos com centenas de milhares de livrinhos só para nós. As receitas são ótimas, feitas para geladeiras comuns.

Mas bem que todo mundo poderia ter uma sorveteira dessas italianas, caseiras, maravilhosas. Não são muito caras, e o sorvete feito ali é um sonho de leveza.

SORVETE DE CHOCOLATE

É o favorito. Da receita básica, pode-se variar, mudando o chocolate, juntando amendoim, licores, nozes, amêndoas, castanhas, avelãs, passas, ameixa-preta, farofa de caramelo... A lista não tem fim.

> 3 gemas; 3 colheres de açúcar; 70 g de chocolate em barra meio amargo; 3 claras em neve; 200 g de creme de leite levemente batido

Derreta as gemas, o açúcar e o chocolate em banho-maria, misturando bem. Deixe esfriar. Junte ao creme de leite levemente batido. Coloque em fôrma, bata uma vez durante o congelamento. Quando estiver quase firme, junte as claras em neve, volte à fôrma até ficar bem firme, desenforme e sirva.

SORVETE DE CAFÉ

Delicioso quando servido com uma calda de chocolate quente.

4 gemas; ⅔ de xícara de açúcar; 1½ xícara de café feito com leite em vez de água; 1 xícara de creme de leite

Faça um café utilizando leite fervente em vez de água e deixe esfriar um pouco. Bata as gemas com açúcar até ficarem bem claras. Misture o café com o creme de leite e acrescente às gemas batidas, mexendo para obter consistência homogênea. Esquente essa mistura numa panela em fogo baixo, mexendo constantemente até engrossar um pouco, sem ferver, para não talhar. Retire do fogo, coloque numa fôrma e deixe esfriar totalmente. Leve ao congelador, batendo três vezes durante o congelamento. Antes de servir, deixe na geladeira durante alguns minutos até atingir a consistência de servir com colher.

SORVETE DE DAMASCOS

É feito com damascos secos. Como eles serão transformados em purê, não é necessário usar damascos da melhor qualidade, já que são mais caros e o sabor é o mesmo.

250 g de damascos secos; 3 xícaras de água; 1 xícara de açúcar; 1½ xícara de creme de leite

Deixe os damascos de molho em 2 xícaras de água durante 2 horas, acrescente ⅔ de xícara de açúcar e ferva até ficarem macios. Deixe esfriar, bata no liquidificador até formar um purê e passe por uma peneira. Ferva 1 xícara de água com ⅓ de xícara de açúcar durante 5 minutos, até formar uma calda rala, e deixe esfriar. Misture bem o purê de damascos com a calda. Bata o creme de leite até ficar fofo e acrescente ao damasco. Coloque numa fôrma e leve ao congelador, até ele começar a ficar firme nas beiradas. Retire do congelador, bata e leve em seguida ao congelador novamente. Repita esse processo mais duas vezes durante o congelamento. Antes de servir, retire o sorvete do congelador e coloque-o na geladeira, até adquirir a consistência desejada.

SORVETE DE AMEIXA COM CALDA

Os sorvetes de frutas secas ficam cremosos, espessos, com sabor acentuado, como uma musse gelada.

20 ameixas de uma lata de compota de ameixas escorridas; ½ xícara de água; ½ xícara de calda de compota de ameixa-preta; ½ xícara de creme de leite levemente batido

Tire o caroço das ameixas, junte a calda da compota e a água e bata no processador de alimentos. Junte o creme de leite e coloque na fôrma do congelador, batendo uma vez, depois de espesso. Se ficar muito duro, deixe na geladeira até ficar com consistência de servir com colher.

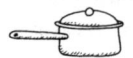

No restaurante do Daniel Boulud, tomei sorvete de ameixa-preta acompanhado de ameixas enormes recheadas com musse de ameixa. Parece demais, mas não é.

SORVETE DE ABACAXI

O sorvete de abacaxi é dos mais saborosos e apreciados,
se a fruta estiver madura e suculenta.

⅔ de xícara de açúcar; ⅔ de xícara de água; 1 abacaxi bem
maduro; 1½ colher de caldo de limão

Faça uma calda rala com o açúcar e a água, fervendo em fogo baixo por 5 minutos. Deixe esfriar. Descasque o abacaxi, retire o miolo, pique a fruta. Bata bem no liquidificador ou processador e misture esse purê à calda com cerca de 1½ colher de caldo de limão. Gele em 2 fôrmas de gelo, até ficar firme mas não excessivamente duro. Bata em processador ou batedeira e volte ao congelador por cerca de 3 horas até ficar firme. Deixe na geladeira para amolecer um pouco, antes de servir.

SORVETE DE MARACUJÁ

Muitos sorvetes de frutas ficam mais leves com a adição
de um merengue italiano, feito com 1 clara (ou mais).
Reserve a polpa com as sementes de 1 maracujá
para enfeitar na hora de servir.

polpa de 2 kg de maracujá; 1½ xícara de água;
¾ de xícara de açúcar; 1 clara

Faça a calda básica juntando a água e o açúcar e deixando ferver em fogo baixo por 5 minutos. Esfrie. Bata a polpa do maracujá no liquidificador, passe por peneira (deverá dar 2 xícaras de suco), acrescente à calda e leve ao congelador até ficar quase firme. Bata no processador de alimentos e acrescente um merengue italiano feito da seguinte maneira: dissolva ½ xícara de açúcar em 3 colheres de água, acrescente 1 pitada de cremor de tártaro e ferva sem mexer até a calda ficar em ponto de bala mole. Acrescente essa calda, lentamente, a 1 clara batida em neve, batendo sem parar com a batedeira, até o merengue esfriar. Deve ficar bem grosso. Leve ao congelador novamente até atingir a consistência de servir com colher.

SORVETE DE UVA PRETA

É preciso aproveitar a época da uva preta, que parece feia e é pouco valorizada, para preparar um dos sorvetes mais saborosos, de uma bela cor arroxeada.

⅔ de xícara de açúcar cristal; ½ xícara de água;
½ kg de uvas pretas; ½ xícara de creme de leite

Ponha o açúcar e a água numa panelinha sobre fogo médio e mexa de vez em quando até derreter o açúcar completamente. Lave as uvas em água fria, passe por peneira com a calda. (Não se usa o processador ou liquidificador para não partir as sementes, que desprendem um óleo amargo.) Bata o creme levemente e incorpore-o à mistura de calda e suco de uvas. Deixe esfriar bem. Coloque a mistura no congelador. Se o sorvete endurecer demais, deixe-o na geladeira antes de servir.

SORVETE DE CARDAMOMO

2 litros de leite; 10 favas de cardamomo (5 com casca, 5 sem casca); 4 colheres de açúcar; 40 g de amêndoas peladas e picadas

Coloque o leite na panela grossa até abrir fervura. Abaixe o fogo *para que o leite continue em falsa ebulição sem derramar. Acrescente os cardamomos e deixe o leite reduzir ⅓ do volume inicial, ou seja, até cerca de 700 ml. Mexa de vez em quando com colher de pau. Cada vez que se forma nata por cima, misture ao leite. Quando o leite estiver reduzido, descarte os cardamomos. Adicione o açúcar e metade das amêndoas. (Para pelar as amêndoas, jogue-as em água fervente, escorra-as e descasque-as.) Misture as amêndoas ao leite e deixe ferver por mais 3 minutos. Deixe esfriar bem. Coloque em fôrmas e leve ao congelador. De 15 em 15 minutos, retire o sorvete do congelador, misture com garfo para quebrar os cristais de gelo.*

Restaurante brasileiro

Fiquei fascinada com a crítica feita a um restaurante brasileiro que apareceu na *International Gourmet* americana. Foi escrita pela famosa e lúcida Mimi Mofarrej, dona de uma opinião que vale ouro na cena gastronômica americana.

"Recentemente, de 1992 para cá, vários chefs conhecidos trouxeram para a comida de San Francisco o toque sapeca e criativo, a intimidade com a comida sul-americana tão típica de Los Angeles. Esses talentosos chefs e suas ideias muito novas intrigaram um pouco o público, até que Maúcha e Clóvis Manoto abriram o Green Parrot.

"O Green Parrot não poderia ter chegado em hora melhor. Numa cidade ainda traumatizada por uma sequência de desastres naturais, as pessoas querem lugares sérios para comer, que valorizem mais a substância do que o espetáculo, enfim, que ofereçam ótima comida a preços razoáveis — coisa a que o pessoal de San Francisco está acostumado. O Green Parrot oferece tudo isso, num lugar sofisticado na sua extrema simplicidade.

"As paredes são caiadas de branco, as janelas, azuis, e o chão de tábuas largas, lavadas. As mesas têm toalhas de linho, um pequeno arranjo de flores silvestres, e as cadeiras, confortáveis, com o assento de palha de banana trançada. Os quadros na parede, enormes e vívidos, são do artista paulista Aguilar, e não se escuta 'Garota de Ipanema', mas um fundo com as 'Bachianas'. Mais tarde, com todas as mesas cheias, percebe-se que os clientes estão lá para comer e não para ver e ser vistos. É fácil saber o porquê. O casal Manoto, brasileiro, do Rio de Janeiro, os dois com menos de quarenta anos, já correu o Norte e o Sul do Brasil e mais meio mundo. Sua comida é leve, criativa, cheia de novidades. Molhos picantes e pratos sem design especial, mas extremamente cuidados, frescos e saborosos.

"Entre as entradas mais interessantes estão as de camarões-de-sete-barbas, fritos com casca em pouca gordura, crocantes e secos, servidos com um *dip* de tomate picante, cheio de brilho e sabor. O caldo de feijão, com pedaços de lagosta e *croûtons* por cima, numa tigela mínima, rende umas seis colheradas e prepara o estômago para tudo o mais que há de vir... Simpaticíssima a pequena torta de galinha, 'empadinha', com massa que se desfaz na boca e recheio cremoso, sobre uma cama de agrião e rúcula. É interessante que nós, americanos, que nos orgulhamos de nossas tortas, jamais tenhamos tido a ideia de fazê-las assim minúsculas.

"Já que estou dando notas, é um dos poucos restaurantes da cidade que sabem lidar com um lombo de porco. A carne, macia e bem temperada, vem acompanhada por um purê de marmelo, levemente ácido, ou um *gratin* de batata-doce, ou ainda um espinafre picadinho, preparado à moda portuguesa como um esparregado.

"Mas, se você não come porco, não se preocupe. Nada igual ao pato ao tucupi, num molho totalmente exótico. E Maúcha Manoto sabe lidar com peixe. Desde os *amuse-gueules*, de entrada, piabinhas passadas no fubá e fritas, ou o pintado assado na brasa, ou o bacalhau (servido aos domingos), até a especialidade amazonense de postas de tambaqui com farofa. A farofa é um acompanhamento que se repete até que o paladar estranho a ela aprenda a apreciar seu gosto sutil e a consistência granulosa. Vicia.

"Os sorbets de manga e caju rivalizam com as sobremesas barrocas, quase todas à base de ovos e coco, com evidente influência portuguesa. A minha sobremesa preferida é servida em prato fundo, para ser comida de colher. Leite com uma colherada de guava *jam cascao*, com pedaços da casca de fruta. Logo o leite se adoça e fica tingido de rosado, com o típico sabor da fruta. Para uns poucos entendidos, já adeptos e conhecedores, a pedida é farinha de mandioca regada com um leve fio de melado, doçura cortada logo pelo café preto servido em pequenas xícaras."

Não dá orgulho ver a comida brasileira tratada como gente, lá fora? Tratada como a chinesa, a indiana, a tailandesa… Reconhecida, afinal.

Que mentira, que lorota boa, que mentira, que lorota boa… Ora, peguei vocês direitinho. Não existe o Green Parrot, nem o formidável casal. Mas confessem que sentiram uma ponta de alegria ao ver o nosso gosto reconhecido na audaciosa San Francisco. Uma complacência para com esses americanos que só agora haviam descoberto o que era bom? Juro, tenho certeza de que no dia em que a cozinha brasileira entrar na moda em outro mundo, sair nas revistas, invadir a mídia, seremos os segundos, com muito orgulho, a enxergá-la com bons olhos, a reconhecê-la com orgulho e a adotá-la integralmente como nossa. Ah, mas que pena ser preciso esse caminho torto… Na realidade, cabe a nós levar para eles a boa nova, e não esperar que ela chegue aqui falando inglês e francês. *Anos depois apareceu no Bufê um casal que queria um casamento.*

Na realidade, espremendo o que escrevi acima sobraria a frase "No dia em que nossa comida fizer sucesso no exterior, criaremos con-

Me contaram que tinham aberto um restaurante em LA inspirado no meu Green Parrot.

fiança e passaremos a ter orgulho dela". Mas o excesso das palavras não foi em vão. Os leitores se divertiram, porque sentiram no peito aquele orgulhozinho, aquela felicidade de se saberem reconhecidos.

O único problema é que me tornei, à revelia, sem querer, uma expert em Comida Brasileira Revisitada. Antes fosse. Fiquei tão encantada com Alastair Little em Londres, especializado em "nada que se come me é estranho". *Fusion food. Woks, pigeonneaux*, bacalhau, tudo misturado, fazendo uma sinfonia de bom gosto e gosto bom. Fui convidada a dar palestras (!), a escrever sobre o assunto e daqui a pouco eis que me tornarei mesmo uma expert em comida brasileira, da qual entendo pouquíssimo, com muita dor no coração. Mas tenho pensado um pouco sobre o assunto, o que é bom. Vamos lá a uns exemplos de comida revisitada:

CAMARÃO FRITO

Lavar em água fria 2 kg de camarão-de-sete-barbas.

Escorrê-lo bem, secá-lo em papel ou pano e colocá-lo em peneira para escorrer completamente, por cerca de 1 hora.

Se quiser fritá-lo de uma vez só, vão ser necessárias umas 3 frigideiras fundas, cada uma com 1 xícara de óleo e 1 colher de sal e 1 alho inteiro, com casca.

Quando o óleo estiver bem quente, juntar o camarão e mexer para que todos os camarões fiquem com a mesma cor, rosados e crocantes.

Servir com um molho de pimenta e alguns molhos diferentes, ao lado.

Falo muito em chutneys, mas não há coisa melhor do que um chutney de tomate, de limão, de coentro, para acompanhar uma fritu-

rinha brasileira. Compre o livro de comida indiana de Madhur Jaffrey e vai encontrar mais comida brasileira do que pode imaginar.

MOLHO DE TAMARINDO

500 g de damascos secos; 1 xícara de polpa de tamarindo; 1½ colher de cominho em grão tostado e moído; 1½ colher (chá) de pimenta vermelha em pó, se quiser; 3 pimentas-malaguetas; ½ colher de açúcar; 1 colher (chá) de sal

Cubra os damascos com água e leve ao fogo até começarem a desmanchar. Deixe esfriar, passe pelo processador. Junte ao restante dos ingredientes. Misture bem. Dá cerca de 3 xícaras.

MOLHO DE CASTANHAS-DE-CAJU

Rende 1¼ de xícara.
As castanhas são difíceis de encontrar no sul do país.
É só começar a pedir que elas aparecem.

1 xícara de castanhas-de-caju frescas, em pedaços ou metades; 1 colher (chá) de caldo de limão; 1 colher (chá) de sal; 1 cm de gengibre fresco, sem casca e picado; 2 pimentões picados, sem sementes; ½ xícara de água; 2 colheres de coentro fresco

Misture as castanhas-de-caju, o caldo de limão, o sal, o gengibre, os pimentões e a água. Coloque no processador ou liquidificador até ficar homogêneo. Adicione mais água, se necessário. Deve ficar um purê. Junte o coentro fresco. Dura uns 3 dias na geladeira. Vai engrossando com o tempo. Junte água.

Tomei uma sopa caribenha de feijão com camarões pequenos e lascas de lagosta. São impressionantes as liberdades que tomam com o feijão, mundo afora. Cama de feijão-preto com uma posta de salmão, apimentada, por cima. E para nós o gosto não é estranho, com o feijão velho de guerra servindo de base.

No bufê fazemos, principalmente para estrangeiros, o que apelidamos de "sinfonia de palmito". É o palmito fresco, desfiado, que não tem segredo. É chegar ao núcleo do palmito, quando ele próprio começa a se desfiar, em fita. Não é necessário juntar limão, nada, aos fios, que se parecem com espaguete. Na hora de servir, tempera-se como salada. Geralmente acomodamos o palmito como um ninho, à volta de um prato de sobremesa. Junto a ele, toletes de palmito cozido, polvilhado com cebolinha francesa. No centro, uma empadinha de palmito, com ou sem tampa, morna, recheio bem úmido.

Uma bela comida de Natal é um frango ensopado, com muito caldo, e castanhas portuguesas. Se quiserem, um pouquinho de pimenta ou curry. Acompanhando, talhadas de mangas cruas, firmes e doces. É bom demais.

Salmão cozido acompanhado de um molho suave de vatapá.

Nhocão austríaco servido com carne assada no molho de ferrugem.

Charutinhos de folha de uva aquecidos no vapor em *steamers* de bambu japoneses.

DOCE DE ABÓBORA SÃO MARTINHO

Fomos fazer uma festa em uma fazenda paulista e a caseira Noêmia era daquelas cozinheiras que não se encontram mais, intuitivas, rápidas, cozinhando com o maior prazer, alegria, inventividade. Fez este doce de abóbora em menos de meia hora, com pequenas inovações, como o creme de leite.

1 pescoço fino de abóbora, cortado em rodelas grossas de 2 cm, mais ou menos; açúcar a gosto; creme de leite fresco

Colocar as rodelas de abóbora no fundo de uma panela, sem sobrepô-las. Polvilhar o açúcar por cima até cobri-las. Ligar o fogo e tampar. A abóbora começa a soltar água e o doce vai se caramelizando. Quando estiver quase grudando no fundo da panela, virar com cuidado. O fundo da panela estará "pegando" um pouco, e o doce ficará caramelado, escuro por fora e macio por dentro. Ao caramelar, perde muito do sabor doce. Servir com creme de leite muito grosso e fresco.

E vai por aí, muita coisa para se inventar, sem forçar a barra.

Dos cadernos das avós

A ausência diminui as pequenas paixões e aumenta as grandes, como o vento apaga as velas e dá larga aos incêndios.
(*Do caderno de receitas de
Ernestina Carneiro Guimarães, Ouro Preto*)

Eram doceiras e quitandeiras as avós e bisavós do fim do século XIX. Os cadernos de cozinha têm quase sempre uma capa de couro lavrado com o título em letra gótica: "Doces".

É interessante pesquisar a personalidade da mulher através de indícios como a letra, a escolha das receitas, os comentários. Dá para ver as mãos finas, os dedos compridos, os punhos de renda, as veias azuladas e o ritual de molhar a pena, escorregá-la na borda do tinteiro para assegurar a quantidade exata de tinta. Não há borrões, nem falhas. A letra sobe e desce, igual, contida, ocupando o espaço e o tempo desocupado. A maioria desses cadernos, pelo que vejo, era feita como tarefa de alguma matéria do currículo, como economia doméstica, por exemplo. As receitas se repetem de caderno para caderno, e a letra é caprichada demais para serem receitas usadas na cozinha. De vez em quando, no entanto, há uma pequena anotação ao lado de um bolo: "Já fiz".

Outras avós eram nitidamente quituteiras, afeitas aos tachos, administradoras, com qualidades herdadas das tetravós alemãs, holandesas, inglesas, pernas rijas, canelas grossas, mãos mais grosseiras, força nos braços para bater a massa e controlar o bando de empregados.

As receitas falam de tudo. "Suflês, *Krampfs, Kuchen*, madeleines, *trifles*" e, de repente, um inesperado "gambá, do qual é necessário extrair umas glândulas de cheiro muito ativo", e mais *nougats* e furrunduns, *berliner Luft* e mungunzá, *massepain* e doce de mangaba, *muffins* e cavacos. Bolo da Imperatriz e pichuá de farinha de milho.

A mãe do escritor positivista Ivan Lins (Maria Leonor) é bem ousada em seu caderno. Gosto dela. Logo se esqueceu dos doces e biscoitos de praxe e passou para bifes napolitanos e sopa de tomate. Não conseguiu esconder a vaidade, que explodiu entre o Bolo Majestoso e o Peixe Recheado, numa receita de Creme Pérola para a Cútis. Era uma senhora prudente: quando a receita manda escaldar sonhos, ela os coloca entre aspas, "sonhos", como que para indicar que não se escaldam sonhos de amor ou os que se sonham dormindo.

A baronesa de Bananal, entre os biscoitos, agradece ao seu anjo da guarda e implora que ele a proteja do pecado, para que um dia gozem juntos, na vida eterna.

Eram bisavós colonizadíssimas, absorvendo tudo o que vinha de fora. No meio do caderno se distraem e aprendem a conjugar o *past tense*, em pequenos exercícios: *I saw with my eyes, you saw with your eyes*. Francês, nem se diga, escreviam na perfeição, e capengavam no português. Faltam vírgulas, sobram acentos ("óvós", "gélêias", "crémes"). O fermento é "formento"; o polvilho, "porvilho"; e as argolas, "algolinhas".

O caderno de Maria Generosa Souza Gonçalves (1902), de São José dos Botelhos, sul de Minas, é um tratado de culinária cosmopolita. Como podia essa mulher, nos confins do mundo, administrar uma fazenda grande, encher armários inteiros de conservas, fazer linguiça, defumar carnes, preparar presuntos, galantinas, patês? E ainda dar conta da passarinhada trazida pelos filhos com seus bodoques certeiros?

É incrível como a comida caseira desandou de lá para cá. Vamos às fontes. Abaixo vem uma ideia geral de um caderno de época com a grafia modernizada e corrigida.

DOCE DE NOZES

Gertrudes Alves Galvão Corrêa (Jaú, 1900).

½ kg de açúcar mulatinho; ½ kg de açúcar branco; ½ kg de amêndoas; 60 nozes raladas; 18 gemas

Faz-se a calda em ponto de juntar e mistura-se a ½ kg de amêndoas e 60 nozes raladas. (As amêndoas devem ser peladas em água fervente e raladas bem finas.) Juntam-se ainda 18 gemas e vai-se cozendo em fogo brando até aparecer o fundo da caçarola.

FEIJÃO DE COCO

Mme. Alvarenga, *née* Mina Rodrigues Alves (São Paulo, 1908).

leite de 1 coco; ½ kg de feijão-mulatinho; 1 colher de açúcar; sal

Use o leite grosso de 1 coco e reserve. Junte 1 xícara de água quente ao bagaço, esprema e guarde. Cozinhe ½ kg de feijão-mulatinho, junte um bom refogado e passe tudo na peneira. Molhe com leite ralo, 1 colher rasa de açúcar, sal e deixe no fogo, mexendo sempre até aparecer

o fundo da panela. Junte o leite grosso, deixe mais um pouquinho e sirva com bacalhau ensopado ou carnes salgadas.

FERMENTO

Albertina Pinto da Silva Prado (1869).

farinha de trigo e vinagre

Toma-se um pouco de farinha de trigo, amassa-se com água morna até ficar bem branda, deitam-se umas gotas de vinagre, mistura-se bem e deixa-se fermentar. Eis o fermento.

BREVIDADE

Baronesa de Bananal (1903).

500 g de açúcar; 750 g de polvilho; 10 gemas; 5 claras

Junta-se tudo numa gamela, bate-se com colher de pau até mudar de cor e leva-se ao forno brando para assar em pequenas fôrmas untadas.

SEQUILHOS DE COCO

Mercedes Marcondes Sampaio (Pindamonhangaba, 1903).

leite de 1 coco; 3 gemas; 1 colher de manteiga lavada;
9 colheres rasas de açúcar refinado; polvilho

Extrai-se o leite de 1 coco em uma vasilha enxuta e põem-se as ge-

mas, a manteiga lavada e o açúcar refinado. Mistura-se bem e vai-se pondo o polvilho coado numa peneira fina, vai-se mexendo até ficar em ponto de amassar. Ficando bem fina a massa, fazem-se os sequilhos em formato de argolinhas.

CONSERVAÇÃO DA CARNE

Maria Generosa Gonçalves (São José dos Botelhos, Minas Gerais, 1902).

Se quiserem conservar fresca durante três, quatro ou mesmo seis dias a carne de vaca, envolvam-na em uma camada de carvão em pó, embrulhem-na num pano e pendurem-na em um lugar fresco e arejado. O carvão não permite o contato do ar e atua, também, como desinfetante e antiparasitário.

LAÇOS DE AMOR

Ernestina Carneiro Guimarães (Ouro Preto, cerca de 1890).

Tomam-se, pelo menos, 250 g de boa farinha. Faz-se um buraco e põem-se dentro 2 ovos inteiros, um bocado de manteiga do tamanho de 1 ovo, 1 colher de açúcar, 1 de aguardente, algumas gotas de água de flor de laranjeira e 1 pitada de sal. Mistura-se tudo ao mesmo tempo, até formar uma massa compacta, mas branda de se tocar. Estende-se essa massa com o rolo, corta-se em fitas de 10 a 12 cm de comprido e 2 cm de largo. Fazem-se laços e frigem-se em boa manteiga. Ao retirar-se, com a espumadeira, vai-se logo salpicando com açúcar e canela. É bom que ao estender-se não se deixe a massa grossa, que é para fofar bastante ao frigir-se.

CREME PÉROLA PARA A CÚTIS

Maria Leonor Monteiro de Barros Lins (junho de 1918).

14 colheres (café) de alvaiade; 2 colheres (chá) de glicerina; 10 g de subnitrato de bismuto; 100 g de água de rosas

Tomam-se 14 colheres (café) de alvaiade, ferve-se por três vezes, numa quantidade de água indeterminada, sendo que se deve deitar fora e mexer a água todas as vezes que se ferver. Reúnem-se depois 2 colheres (chá) de glicerina, 10 g de subnitrato de bismuto e 100 g de água de rosas. Quando for se servir, agite o vidro. Se ficar muito ralo, tire um pouco de água quando assentar; se ficar muito grosso, ponha mais água de rosas.

CUSCUZ DOCE DA BISAVÓ DA CELUTA

Ralem 2 kg de mandioca crua, à mão, em ralo fino. Lavem a mandioca dentro de um pano para tirar a goma. Esfreguem bem com a mão para que a mandioca fique bem solta. Adicionem aos poucos fubá, só o bastante para colorir a massa. Temperem com erva-doce, sal e açúcar.

Preparem o cuscuzeiro e coloquem uma camada de mandioca, outra de nozinhos de manteiga e outra de fatias de queijo de minas fresco. A última camada deve ser de queijo. Levem a cozinhar por cerca de 1 hora.

Sirvam bem quente, em fatias, acompanhado por cafezinho fresco.

Frio e quente

"Você saberia alguma coisa sobre a natureza fria e quente dos alimentos?", me pergunta um inglês, por carta. Minha vontade é cruzar as mãos nas costas, esfregar os pés no chão, baixar a cabeça, olhar de viés e responder: "Sei não, nhor".

Mas me lembrei de um trecho de Pedro Nava, em *Balão cativo*, quando fala da Justina, preta velha, cozinheira mágica.

"Era, também, frequentemente consultada pelas patroas, sobre a natureza 'quente' ou 'fria' do que se ia comer — para não assanhar as entranhas ou encher a pele de urticária e de espinhas. Justina, mamão é quente ou frio? Que mamão, sinhá? Esse amarelos aí da chácara, comidos maduro são frios; apanhados verde, pra fazer doce, são quentes. Agora, mamão vermelho, esses que chamam de baiano e que tem na casa dos Gonçalves, é sempre quente. Laranja-seleta era quente. Laranja serra-d'água, fria. Jaca, abacate, manga, cajá-açu, cabeluda, araçá, grumixama, jatobá — quente. Abóbora, quente. Lima, carambola, cajá-mirim, chuchu, abobrinha — frio. Coco? depende. A água do verde é fria, a do seco, quente. Já o miolo, mole ou maduro, é sempre quente. Carne de porco, quente. De galinha, peito, frio; coxa, quente. Tanajura? Isso é tudo que há de mais quente, advertira ela ao Antonico Horta um dia em que o vira estalando a bunda dos formigões na gordura, para comer que nem pipoca."

Vou correndo à dona Olga, que trabalha conosco há trinta anos, foi criada em Araraquara e, como uma inglesa, só se manifesta sobre o tempo, assim mesmo se perguntada. Juntei ao universo de interrogados a menina de Capelinha, recém-chegada, para dar mais peso à pesquisa.

"Vocês sabem o que é comida 'quente' e comida 'fria'?"

Não se espantaram nem vieram com respostas bobas, de comida esquentada na panela, ou deixada no sereno. Na maior naturalidade possível se puseram a tratar do assunto. Era como se eu tivesse quebrado um coco duro e dele jorrasse uma água límpida, inocente, fria, insuspeitada. Duas discípulas de Lévi-Strauss, estruturadas, desenhando labirintos de oposições, variantes, sincronias, diacronias.

DEPENDE era a palavra-chave. Depende do tempo, da hora, do lugar.

"A senhora não vê manga no tempo? O chão fica coalhado, que as crianças não dão conta. É preciso fazer um buraco e enterrar as frutas por causa das galinhas que podem morrer da quentura. É nessa época que os meninos ficam com os olhos remelentos e de manhã se tem que passar um paninho úmido, senão nem conseguem abrir os olhos."

"E laranja, Olga?"

"Laranja-pera é quente, é ácida, a senhora não vê?"

Não, não vejo, a cidade me cegou, mas quem terá transmitido esse conhecimento, de geração em geração, à Olga e à menina de Capelinha?

Essa coisa de quente e frio corresponde à teoria dos humores, da doença como resultado do desequilíbrio dos humores... Os árabes traduziram os textos indo-arianos sobre o assunto, textos que foram adotados pelos médicos gregos e que correram mundo nas caravelas descobridoras do século XVI. Pedro Nava, médico, percebeu que os alimentos "quentes" favorecem a gota úrica, e recente pesquisa indicou que adultos alimentados com "quentes" apresentam uma alteração no equilíbrio ácido-alcalino do corpo. De Hipócrates, de Galeno, à negra Justina e à menina de Capelinha foi um pulo.

Escuto o meu xereta sábio inglês a informar que consultou uns alfarrábios, um cientista de Berkeley, e que esses conceitos já existiam na América do Sul, antes que pé de branco aqui tocasse. Concordo, sr. Alan Davidson. Sem nenhuma base, concordo. Quase posso jurar de pés juntos que dona Olga e a Geralda hauriram esses conhecimentos de um velho pajé e não de um grego, mas poupe-me da pesquisa! *I'm just your humble cook and servant, sir*!

Carta de leitora

Ione Estela de Melo, do fundo de sua rede, em Araras, no interior de São Paulo, me mandou uma carta tão bem escrita que deu vontade de fechar a banca e entregar o lugar a ela, que leva muito mais jeito. Falou sobre comida de Itapeva, sul do estado, quase fronteira com o Paraná, comidas que ninguém mais fazia. É claro que pedi que pulasse da rede e fosse arranjar as receitas para nós. Acontece que sumiu. Pensei que a preguiça tinha ganhado a causa, quando chegou a matéria de hoje, já pronta.

"Depois de dois meses estou respondendo à sua carta, desculpe o atraso. É que tive que mobilizar a família para que escrevessem as receitas comentadas por você (itapevenses, lembra?), e só agora as consegui. Aqui em Araras, moro numa casa com quintal grande onde crio patos, galinhas, gansos, lebre..."

Fico pensando na leitora, que tem 31 anos e é fiscal de rendas. Acho que as galinhas dela são avermelhadas, outras carijós, e que já se acostumaram à lenga-lenga da rede e chegam ao terraço, como quem não quer nada, ressabiadas, movimentos rápidos de pescoço, comendo bichinhos. Sujam toda a pedra fazendo cocô, com aquela falta de cerimônia, tão própria das galinhas. A Ione fala em lebre. Não sei direito o que é lebre. É a fêmea do coelho? Será uma lebre só? Ela põe tudo no plural e deixa a lebre no singular, sozinha no meio dos bichos de pena. Ione, você quer uma receita de lebre? Terrine de *lièvre*, feita em fôrma de ferro esmaltada. Ah, não tem coragem...?

"Vou passar às receitas", continua a carta. "Se for dar crédito, os dê a Albina Fernandes Rezende, quituteira de primeira e muito querida, que foi quem compilou a sabedoria dos iniciados. Um beijo na escritora e na cozinheira. E se cuide." Vou me cuidar, Ione, obrigada, e você se cuide também, mas já comecei a encucar. Como será a dona Albina? Meia-idade, magra, grisalha, de coque e óculos? Ou gorducha, cheia de risadas, chinelo e meias grossas para varizes?

Um beijo, um beijo, vou dando as receitas aos poucos, estão ótimas, resgatadas!

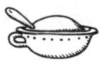

Ione se tornou uma amiga de verdade, até o dia em que sumiu de vez. Tenho muita saudade, me ajudou em momentos difíceis, de luto, é uma mulher inteligente para danar. Nunca nos conhecemos. Espero que esteja feliz em algum lugar do mundo, com o marido e a filha, comendo *nougat*, que era a coisa de comer que mais felicidade lhe trazia.

QUIBEBE

Pode-se fazer com costela de porco defumada, se preparada em casa, ao sol. Dispensando a defumação, o sabor ficará muito mais delicado. É claro que haverá o aspecto prático, moscas etc. Mas, se for colocada dentro de algo telado, isso será evitado. Tempere ½ kg de costelinha de porco inteira, com sal, alho, manjerona, ½ limão. Deixe passar a noite nesse tempero. Dependure ao sol para enxugar durante 3 ou 4 dias, virando a carne; aí é que entra a proteção telada. Depois desse período, pique a carne e lave-a em água morna. Leve para fritar em uma quantidade mediana de óleo, colocando sempre um pouco de água para que a carne não fique ressecada e ao mesmo tempo cozinhe até ficar macia. Depois acrescente cerca de 2 kg de abóbora madura em pedacinhos. Não deixe secar muito e, estando cozida, coloque 1 galho de manjerona, pimenta-do-reino e uma colher (sobremesa) de açúcar. (Diz dona Albina: "Eu prefiro sem açúcar"; diz Ione: "Eu prefiro com".)

Sirva com arroz.

CARACU

Caracu é o tutano do osso da perna traseira do boi. Compra-se já serrado em 3 ou 4 pedaços. Leve os ossos ao fogo num caldeirão com água e 1 pitada de sal durante 2 horas, para que o tutano fique bem cozido. Rapidamente — a velocidade é importante; do contrário, fica ensebado — tire o tutano do osso em um prato fundo, amasse com um garfo, junto com 1 pitada de sal e pimenta-do-reino, tudo muito rápido. Em seguida, junte 2 xícaras de farinha de milho, amassando muito bem. É importante que a farofa não esfrie. Come-se como refeição avulsa, com café ou café com leite.

PIRÃO

Do caldo em que se cozinhou o caracu, pode-se fazer um pirão. Junte 250 g de carne picada em pedacinhos e deixe cozinhar. Em seguida, coloque 1 prato bem cheio de couve rasgada, deixando ferver por 8 minutos. Então, devagar, vá colocando farinha de milho para engrossar o pirão. Não ponha demais, porque ao engrossar fica duro. Coloque cheiro-verde. Sirva com feijão.

ENCAPOTADO DE FRANGO

Este prato deve ser feito com 1 frango grande, melhor ainda seria galo e, depois deste, galinha. Para fazer o recheio, refogue o frango, já com sal e alho. Se for galinha ou galo deve-se fazer na panela de pressão. Quando estiver pronto, desfie grosseiramente, quase em pedacinhos. Então essa carne é temperada novamente com 2 cebolas batidinhas, cheiro-verde e pimenta-do-reino, alfavaca e manjerona, porém não vai mais ao fogo.

Para preparar a massa, coloque 2 litros de água no molho em que o frango cozinhou e leve ao fogo para ferver. Em uma bacia, coloque 1½ kg de boa farinha de milho e despeje sobre o molho, mexendo bem com uma colher de pau para pegar bem o molho. Deixe esfriar. Dissolva em água fria 250 g de polvilho azedo em 3 vezes seu volume. Quando a farinha estiver fria, misture ao polvilho e amasse até dar ponto de enrolar com a mão. Se a massa ficar dura, coloque água fria aos poucos até poder enrolar. Na massa vai 1 colher (sopa) de pimenta-do-reino e cheiro-verde. Depois de bem amassada a massa, coloque uma colherada na mão, abra, coloque um pouquinho de recheio, feche e enrole. Frite em óleo não muito quente. Sirva bem quentinho.

PAÇOCA

Este é, na verdade, o prato mais típico. Talvez, na minha terra, tenha sido mais forte a sua presença pela tradição dos tropeiros, fundadores da cidade, que provavelmente se utilizam deste alimento em suas viagens, devido ao seu demorado tempo de perecimento.

Para preparar este prato são necessários ½ kg de carne de vaca (pode ser de segunda), ½ kg de carne de porco e ½ kg de charque. O charque precisa ser gordo e deve ser picado em pedaços pequenos, deixado de molho durante a noite e, no dia seguinte, deve ser aferventado por 15 minutos. Troque a água e cozinhe até ficar macio. Coe e frite, mas não muito, para não ressecar. Isso se aplica às outras carnes também. As carnes serão cozidas com tempero a gosto, porém não pode faltar cebola, cebolinha verde e pimenta-do-reino. Junte todas as carnes num pilão e coloque aos poucos 1 kg de farinha de milho. Alguns gostam de acrescentar torresmo, o que dá um sabor muito mais forte. Ao ir socando, ponha mais cebolinha verde a gosto.

SOPAS

Mafalda, a burguesinha argentina

A editora Martins Fontes lançou um álbum com todas as tiras da Mafalda, a burguesinha argentina dos anos 1960, criada por Quino, levemente aparentada com Aninha e Luluzinha, nos cabelos compactos e bocas enormes, sempre prontas a protestar. E o que mais oprime, o que mata, o que destrói a Mafalda e seu humor é a sopa de todo dia. Vai ao dicionário ver se sopa é palavrão. Lá, deve estar escrito "porcaria repugnante". Como? "Prato de caldo com pão, massas, farinhas etc., do alemão *Suppe*"? Mafalda joga o dicionário no lixo. Para ela, a sopa é o símbolo da opressão, da pobreza de espírito. A menina perigosa leu Che. A sopa é contra os seus princípios. "Que mal fizeram as galinhas? De que são culpadas? De nada! Mãe, tuas mãos estão tingidas pelo sangue dos inocentes! Mãe, será que você não está confundindo alimentação com ração? Mamãe, você trabalha como escrava na cozinha! E para fazer o quê? Sopa! E hoje é de cubinho? Mas que decadência sofreu a geometria, Senhor! Mãe, recortando receita de sopa de peixe do jornal? Abaixo a liberdade de imprensa!"

Para se ter direito à sobremesa era preciso primeiro tomar a sopa, e as Mafaldas da vida faziam a negociação, a permuta, depois de uma violenta primeira reação: "Não tomo e não tomo. Estou perdendo o respeito pela prepotência. Eu seria a mais vil das meninas se houvesse algum soberano capaz de me fazer desistir dos meus princípios, trair minhas opiniões, vender minhas convicções!... Ah, temos crepes de sobremesa... glup... glup... às vezes tenho asco de mim mesma!".

Nem todo mundo é como Mafalda. De repente chega o inverno e há que mudar menus. O telefone toca sem parar e os clientes não pedem um prato ou outro. Pedem calor. É preciso cabeça preparada, como nas descobertas científicas. Prontidão para inventar e *serendipity*. Essa palavra vem do livro *Os três príncipes de Serendip*. O que fizeram os três filhos do rei de Serendip? Saíram atrás de uma coisa, cada um para o seu lado. Não encontraram o que buscavam, mas, no caminho, abertos, disponíveis, acharam mais do que esperavam. Alguém apelidou a descoberta acidental na ciência de *serendipity*. Vai daí que não há melhor lugar para se exercer a abertura para o inesperado do que as sopas.

Para começar, o que é preciso? Uma combinação de conhecimentos básicos acumulados e a disposição para perceber o extraordinário. A nossa bagagem burguesa conta com centenas e centenas de sopas, geralmente servidas como primeiro prato. A indefectível canja de galinha, as perversas sopas de semolina, sagu, tapioca, aveia, tablete, pedaçuda, e a sopa que minha sócia tomava no Chile, quando pequena. A sopa de *papas abajo*. Era um caldo ralo com batatas moídas que, de tão pesadas, desciam e cimentavam o fundo da tigela.

Salvam-se as simples, rústicas, como a de feijão fresco, que tem como base o próprio líquido de cozimento, uma cenoura picada, umas ervas, uns tomates, se quiserem um pouco de macarrãozinho ou arroz. Se à volta existir alguma coisa de porco, como um osso de presunto cru, ou um paio, uma linguiça defumada, *serendipity*! Descobre-se outra vez o que o povo já descobriu há séculos, o casamento talhado no céu, do porco com o feijão.

Também simples, a pavesa de todo dia nos dai hoje: o prato quente e no fundo, bem-arrumadas, duas fatias grossas de pão. Cavados nelas, dois buracos para a gema crua. Despeja-se o caldo de uma galinha gorda por cima e remexe-se a gema com o garfo para que cozinhe e se solte em minúsculos pedaços.

Uma sopa de batatas-inglesas, maçã verde e alho-poró, temperada com aguardente de maçã, o calvados. E a de abacate, *sudamericana*, mexicana, que não tem segredo. É só um bom caldo da galinha, creme de leite fresco, coentro, muita pimenta e o abacate, é claro.

E há o que inventar. Peguemos a própria sopa de feijão, por exemplo. Está lá o caldo batido preto ou mulatinho. O que fazer com ele, para colocar uma pitada de graça e humor no nosso costume mais arraigado, que é o feijão?

PEQUENAS ENTRADAS DE SOPA
Em pratos ou cumbucas individuais.

Caldo de feijão-preto ou mulatinho com abóbora cozida al dente, dentro, arrumada de jeito que apareça quase toda para fora, para o contraste da cor, e polvilhada com sementes de abóbora verdes, salgadinhas e tostadas, para o contraste da consistência.

Caldo de feijão-preto com imenso camarão cozido, descascado, cauda apontando para fora do prato fundo. Uma pimentinha vermelha, fresca, boiando ao lado.

Caldo de feijão-preto, coberto de macarrão japonês frito em muito óleo quente. É só colocar no óleo e ele se transforma em uma nuvem parecida com mandiopã em cerca de um segundo. O macarrão pode ser de massa de arroz ou feijão, vem escrito na embalagem.

Caldo de feijão-mulatinho com pera. Cozinha-se a pera, com casca, cabinho em pé, no próprio caldo do feijão. Ela desprende toda a sua doçura. Na hora é servida no meio do prato, inteira, com o cabo para cima, e rega-se o feijão com vinagre balsâmico, ou vinagre simples, ou limão. Na Espanha isso é feito com lentilhas.

Serendipity é o nome da coisa.

Logo que me casei, fazia uma SOPA DE LENTILHAS gostosa, mas nada que se pudesse apresentar ao cardiologista da família. Ficava espessa, aveludada à custa de muito creme de leite, uns pedaços de bacon frito e quadradinhos de queijo mole, derretidos no fundo.

Mas há a possibilidade de uma sopa de lentilhas leve e até mais saborosa. Cozinham-se uns trezentos gramas de lentilhas em um litro de caldo de galinha e passa-se no processador. Coa-se. Volta-se para a panela, junta-se um copo de vinho tinto, uma folha de louro, salsinha e tomilho. Deixa-se ferver, retira-se o tempero de ervas, e espalha-se por cima um pouco de tomates frescos picados.

Tenho um problema sério com sopa, mas não tão sério com cremes. Até que gosto de cremes. Até que aprecio uma boa sopa, também, se sou obrigada a tomá-la, mas é a ideia de tomar sopa que não me agrada. Vá entender...

Um creme que vem fazendo sucesso nos grandes restaurantes do mundo todo, que retomaram vários pratos de cozinha camponesa, reinterpretando-os, é a SOPA DE ABÓBORA. Jantei o mais saboroso creme de abóbora do mundo no Boulud, em Nova York, comprei seu livro e fui à cata da fórmula. Mas aí é que jaz o pulo do gato. Na receita havia caldo de galinha e isto e aquilo. Mentirinha branca. Até que entendo. Você tem um restaurante da moda, um prato de sucesso e não vai dar a receita daquela temporada tim-tim por tim-tim, para não banalizar, não perder a graça.

Mas, nessas pesquisas, descobri a mina. Saem dois livros de chefs badalados e concorrentes. Procure num as receitas mais famosas do restaurante do outro e vai encontrar. Vai, com certeza.

Em casa, reproduzo a sopa do Daniel, assim: uma abóbora-japonesa, bem saborosa, cortada em cubos e cozida no *steamer* de bambu, no vapor, para não perder nem um pouco do gosto. Bato a abóbora no processador, tempero com um pouquinho de sal e açúcar. Por cima, um fio de creme de leite fresco que estava em infusão com pimenta-da-jamaica. Salsinha picada por cima. (Lá era cerefólio, que tem um gosto diferente.) E no centro do prato fundo, três belas castanhas portuguesas. Atualmente já estão sendo vendidos em lata creme de castanhas e castanhas sem açúcar.

Bem brasileira é a SOPA DE MILHO VERDE COM CAMBUQUIRA, mas a cambuquira é <u>difícil de ser encontrada</u>. Se encontrada, limpar, descascar os talos mais finos, separar os brotos. Picar talos e brotos bem miúdos e cozinhar em água fervente. Escorrer, separar a cambuquira da água que a cozinhou e guardar tanto a cambuquira quanto a água. Fazer um refogado de manteiga, alho, sal, salsa, cebolinha e o milho

> *Agora é fácil.*

verde fresco de umas seis espigas, ralado ou processado. Depois de refogado, ir juntando a água do cozimento até conseguir a consistência desejada, que pode ser mais grossa ou mais fina. Juntar a cambuquira. Na hora de servir, regar com caldo de limão.

Assim, bem caprichada, até que uma sopinha tem sua vez e seu lugar. A minha implicância maior é com a sopa obrigatória, como primeiro prato, e com a panela borbulhando restos, couves, repolhos, ossos, o cheiro, ai, o cheiro da previsibilidade e da fome aplacada...

E as sopas doces? No frio, para aquecer a alma... SOPA DE MARMELO... Marmelos descascados e picados, água, açúcar, canela em pau. Botar tudo para ferver em fogo brando, com as sementes, para dar a cor rosada. Quando estiver mole, bem mole, forrar a terrina com pedaços de queijo de minas e de pão francês amanhecido. Despejar a sopa de marmelo por cima.

SOPA DOCE E FRIA DE MORANGO
Receita de Jane Grigson.

De 1 kg de morangos, tirar os 10 mais bonitos. Amassar grosseiramente os restantes para que cozinhem mais depressa. Juntar ½ xícara de açúcar e 1 pingo de água só para começar o cozimento. Quando abrir fervura e os morangos começarem a soltar o suco, adicionar menos de ½ xícara de água e 1 colher (chá) rasa de maisena.

Continuar em fogo baixo por 10 minutos, mais ou menos. Passar no liquidificador ou na peneira. Deixar esfriar numa vasilha, mexendo de vez em quando. Provar frio e corrigir o açúcar. Gelar e servir em cumbucas, taças ou prato fundo, colocando por cima de cada prato 1 morango escolhido partido ao meio e 1 bola de sorvete de creme ou creme chantilly.

A consistência deve ser tal que os morangos e o sorvete não se afoguem. Em vez de água, pode-se usar um bom vinho tinto.

É uma ótima sobremesa para um jantar delicado e fraco.

Origens do cozido

O Rio de Janeiro da minha infância era o paraíso de uma menina em férias, na casa da avó. A hospitalidade de uma tia, porém, com seu hall de mármore escorregadio, cachorro bravíssimo e, como comida de "luxo", chuchus cortados ao meio e servidos frios recheados com salada de nozes e passas, empalidecia um pouco o brilho da cidade.

Eu morria de medo do cachorro, um medo profundo, atávico, primordial, o que não me impedia de admirar o pedaço de músculo cozido que ele comia no almoço e no jantar. Era cozido até que as fibras se soltassem quase sozinhas, macio, quente, sem sal. Um dia, tive um momento de fraqueza e confessei à tia chique que estava com desejo da comida do cachorro. Ela estatelou os olhos, não acreditou no que ouviu, dona de casa perfeita que era. Foi um golpe de morte nas suas pretensões culinárias. Contou para todo mundo, entre chorosa e irônica, e me botou sentada na copa, com um pratarrão de músculo. Foi uma humilhação e tanto, mas aquela carne saborosa que eu ia desfiando com a mão, e polvilhando com sal, nunca mais me saiu da lembrança. Convenhamos que o chuchu frio também não.

Daí para apreciar um bom cozido, foi um passo.

Outro dia, uma cliente veio pedir um casamento numa fazenda, e casamento de quatrocentas pessoas, com cozido. Enrolamos, enrolamos, pensamos nos percalços. A que horas chegar para cozinhar cada carne, cada legume, no seu ponto? Sua hora?

Era daquelas mulheres sedutoras que não aceitam "não" como resposta e acabamos cedendo ao desafio, não sem antes fazer um curso de *bollito misto*. Fomos ao Fasano, Ca'd'Oro, comemos cozidos espanhóis, alemães, portugueses. Descobrimos que nada cozinhável é estranho ao cozido. Tudo ou quase tudo é possível.

Em matéria de carnes: músculo, carne de peito, linguiça, chouriço, paio, frango, rabada, tutano, vitela, presunto, ganso em conserva, vitela, língua, perdiz, pombos, ossos de suã, cara de boi, *zampone, cotechino*.

Em matéria de legumes, o infinito é pouco: cenouras, nabos, alho-poró, salsão, cebola, couve-flor, feijão-branco, grão-de-bico, favas, batatas-doces e inglesas, milho verde, couve-tronchuda, abóboras, quiabos, vagens, maxixes, abobrinhas, bananas-da-terra.

Mas o segredo são os molhos de acompanhamento, que dão um certo tchã ao cozido. Sempre me interessei em fazer a mostarda de cremona, mas como leva nos ingredientes essência de mostarda (como essência de rosas ou baunilha), e não sei onde encontrá-la, faço com mostarda mesmo. Cozinho peras, figos, cidra, compro pacotinhos de frutas glaçadas, misturo uma boa mostarda com um pouco da calda bem rala de pera e, suprema heresia, junto umas cebolinhas mínimas, de conserva. Fica um agridoce ótimo para acompanhar as carnes defumadas, de porco, mais fortes.

O molho verde nada mais é que muita salsinha picada, um pouco de alcaparras, seis boas enchovas, meio alho, vinagre de vinho tinto e azeite, tudo bem misturado na hora de servir.

O molho de raiz-forte não pode faltar. Feito em casa com raiz-forte ralada, é facílimo de fazer. Mais fácil ainda é comprar um potinho de boa marca e diluir com um pouco de creme de leite, ao gosto da família.

Servir em dois tachos, um com as carnes umedecidas no caldo, outro com os legumes, também umedecidos. Os tachos cobertos com folhas de couve, para segurar o calor e por pura beleza.

Agora, o ideal, mesmo, para o noviço, é começar com o músculo cozido (a carne do cachorro), três legumes e um molho. Aos poucos vai-se aprimorando o gosto, percebendo o gosto rude e simples das coisas cozidas n'água, os sabores misturados, os tempos de cozimento, os al dente. Ah, e para os muito brasileiros, vai bem o caldo sobre a farinha de mandioca, num patriótico pirão.

FEIJOADA DO PIRES AZANHA

A feijoada é um grande cozido, e em Pernambuco leva legumes e tudo.

Feijão: escolher. Cuidado especial. Não ponha de molho, senão o caldo fica marrom.

Carnes salgadas: lave muito bem. Não pique, corte em grandes pedaços. Pode-se dividir o pé de porco em dois e o rabo também. Ponha de molho, pelo menos por 4 horas.

Carne-seca: repita a limpeza. Corte em grandes pedaços e ponha de molho durante o mesmo tempo que as carnes.

Paio e linguiça: apenas lave. Não precisa ficar de molho. Corte o paio em 2 pedaços e a linguiça em 3.

Preste atenção, porque fazer feijoada é arte. Luís da Câmara Cascudo preconiza a pena de morte para quem estraga uma feijoada. Liturgia:

Cozinhe as carnes salgadas do seguinte modo: dê uma fervura de 15 minutos e jogue fora toda a água. Agora ponha mais e bastante, e deixe cozinhar. Quando as carnes amolecerem, ponha a água numa vasilha e deixe esfriar. Cuidado com essa água. Ela não é mais água, é o pré-caldo da feijoada. As carnes não precisam derreter.

Cozinhe a carne-seca separadamente. Dê a primeira fervura e jogue a água fora. Depois cozinhe e reserve a água. Se faltar água na feijoada, é essa que você deve pôr. A carne-seca pode ficar bem mole.

Quando as carnes estiverem cozidas, vai-se cozinhar o feijão. Preste atenção: cozinha-se o feijão na água que cozinhou a carne salgada. Não acredite que o feijão encrua. Encrua nada, apenas demora mais para cozer.

Quando o feijão estiver cozido, faça o tempero: alho, cebola, gordura de torresmo e, escondido de quem não gosta, 1 folha de louro, folha moça.

Depois de frito o tempero, pegue uma espumadeira, para tirar o feijão sem caldo. Frite-o bem, e esmague um pouco. Volte para o caldo. Aí, tudo cozido, junte as carnes salgadas e secas. Está composto o prato. Deixe no fogo baixinho por 1 hora pelo menos.

Não fique mexendo. O paio e a linguiça você cozinha separadamente e junta no momento em que juntar as carnes. A água você deixa de lado e põe só um pouco no caldeirão da feijoada. A água da carne-seca você também só usa um pouco, se precisar.

Só desligue a feijoada na hora de servir. Não separe as carnes na hora de servir. Além de esfriá-las, acabam moendo tudo, se as carnes estiverem cozidas como devem.

Couve cortada muito fina e salgada antes de ir para a frigideira. Um pouquinho de óleo, alho, a couve salgada, zás, e está pronta.

Chegou a hora de comer. Sirva em prato fundo e com colher. Feijoada é caldo. É aí que está a sua essência, e garfo, não deixa pegar, a não ser com muita farinha e arroz. O que não vale a pena. Aliás, preste atenção no pessoal comendo. Quem encher o prato de arroz você não convida na próxima.

Agradecimentos

Agradecimentos aos que contribuíram com receitas. Nem todas puderam ser aproveitadas.

Adriana Figueiredo; Ana Maria Marques; Carmen Vergueiro; Cecília Levy; Celuta Brandão de Almeida; Charlô Whately; Daisy Pinto; Dora Pascowitch; Dorothy Lembo; Dulce Horta Vainer; Edilah Maria Biagi; Edith Oslo; Eduardo Strumpf; Elizabeth Rocha Pimenta; Francesca Ricci; Gleidson Garcia; Glorinha Baumgart; Helena Giorgi Migliori; Irene Kantor; Irene Siffert; José Mário Pires Azanha; Lelia Ulhoa Cintra Galvão; Leonardo Sisla; Lia Golombek; Lila Egydio Martins; Liliane Wladimirschi; Luci Barmak; Luci Pilli; Lúcia Argollo; Maria Cecília Marcondes; Maria Júlia Pinheiro Lopes; Maria Lydia Pires e Albuquerque; Maria do Socorro Santos Moreira; Maria Theresa Abucham; Maria Theresa Sampaio Cintra; Marina Lafer; Marina Maia Benedetti; Mila Schreiber; Milton Bergamin; Neka Menna Barreto; Nilu Cozac; Noêmia Cristófoli; Patricia Melo; Rebecca Pinho; Regina Faria; Regina Taylor; Rita Herman; Rodrigo Argollo; Rosana Azanha; Ruth Reitzfeld; Sila Rosenfeld; Silvia Poppovic; Sueli Batista

Cardoso; Sylvia Percussi Cossenza; Terezinha Neves; Therezinha Leopoldo e Silva; Wilma Kovesi; Yvonne Vainer.

E a Celso Fioravante, amigo-inimigo que tão bem cuidou da minha coluna na *Folha*.

Bibliografia

Dividi a bibliografia em:

HISTÓRIA DA COMIDA

DICIONÁRIOS, ENCICLOPÉDIAS E ANTOLOGIAS
Utilíssimos para quem precisa pesquisar, traduzir e comparar.

LIVROS ESCRITOS POR DONOS E CHEFS DE RESTAURANTES
A moda na comida aparece mais nítida nos menus dos restaurantes, nas preferências dos chefs, nas fotos da época.

MUITO BOA PROSA E RECEITAS
Indispensáveis. Livros escritos por quem escreve bem e que entende do assunto.

LIVROS DE RECEITAS E TÉCNICAS
Escolhi os que acho mais precisos, mais abrangentes e esclarecedores. Gostaria de ter mencionado um livro para cada país, mas é impossível. Uma coleção muito boa é a "Foods of the World", Time Life Books, de 1970.

LIVROS BRASILEIROS
Separei numa categoria diferente por serem tão raros. Merecem destaque.

LIVROS CITADOS
Dados bibliográficos sobre livros mencionados en passant.

HISTÓRIA DA COMIDA

APICIUS. *Cookery and Dining in Imperial Rome*. Nova York: Dover, 1977.
CASCUDO, Luís da Câmara. *História da alimentação no Brasil*. São Paulo: Global, 2011.
COE, Sofhie D. *America's First Cuisines*. Austin: University of Texas Press, 1994.
MACCLANCY, Jeremy. *Consuming Culture*. Nova York: Henry Holt, 1993.
MENNELL, Stephen. *All Manners of Food*. Oxford: Basil Blackwell, 1986.
PORTINARI, Folco et al. *À Manger des Yeux* (*Actes du Colloque de Lausanne, 1987*). Boudry: Édition de la Baconnière, 1988.
REVEL, Jean-François. *Um banquete de palavras*. São Paulo: Companhia das Letras, 1996.
ROOT, Waverley. *The Food of France*. Nova York: Penguin Random House, 1992.
_____. *The Food of Italy*. Nova York: Peguin Random House, 1992.
SAMAT, Maguellone Toussaint. *A History of Food*. Hoboken: Wiley-Blackwell, 2008.
SOKOLOV, Raymond. *Why We Eat What We Eat*. Nova York: Summit, 1992.
TANNAHILL, Reay. *Food in History*. Portland: Broadway Books, 1995.
VISSER, Margaret. *Much Depends on Dinner*. Nova York: Grover Press, 2010.
_____. *O ritual do jantar*. Rio de Janeiro: Campus-Elsevier, 1998.

DICIONÁRIOS, ENCICLOPÉDIAS E ANTOLOGIAS

DAVIDSON, Alan. *Mediterranean Seafood*. Londres: Prospect Books, 2012.
_____. *On Fasting and Feasting*. Londres: Macdonald, 1988.
_____. *North Atlantic Seafood*. Londres: Prospect Books, 2012.
_____. *Seafood*. Nova York: Simon and Schuster, 1989.
DELAVEAU, Pierre. *Les Épices*. Paris: Albin Michel, 1987.
DUMAS, Alexandre. *Grande dicionário de culinária*. Rio de Janeiro: Zahar, 2006.
GRIGSON, Jane. *O livro das frutas*. São Paulo: Companhia das Letras, 1999.
Hering's Dictionary of Classical and Modern Cookery. Londres: Virtue and Company, 1989.
ROOT, Waverley. *Food*. Nova York: Simon and Schuster, 1980.
SILVA, Silvestre; TASSARA, Helena. *Frutas Brasil frutas*. São Paulo: Empresa de Artes, 2005.
SIMON, André L. *A Concise Encyclopedia of Gastronomy*. Nova York: The Overlook Press, 1981.
_____; HOWE, Robin. *Dictionary of Gastronomy*. Whitefish: Literary Licensing LLC, 2013.
STOBART, Tom. *Ervas, temperos e condimentos*. Rio de Janeiro: Zahar, 2018.
_____. *Cook's Encyclopaedia*. Londres: Grub Street Publishing, 2016.

DONOS E CHEFS DE RESTAURANTES

BASSOLEIL, Emmanuel. *Emmanuel Bassoleil, uma cozinha sem chef.* São Paulo: DBA, 1994.
BOCUSE, Paul. *La Cuisine du marché.* Paris: Flammarion, 2016.
BOULUD, Daniel. *Cooking with Daniel Boulud.* Nova York: Random House, 1993.
CARTA, Mino; FASANO, Rogério. *O restaurante Fasano e a cozinha italiana de Luciano Boseggia.* São Paulo: DBA, 1993.
CHAPEL, Alain. *La Cuisine c'est beaucoup plus que recettes.* Paris: Robert Laffont, 2009.
DARIA, Irene. *Lutèce.* Nova York: Random House, 1993.
DUCASSE, Alain; COMOLLI, Marianne. *La Riviera d'Alain Ducasse.* Paris: Albin Michel, 1992.
GORDON, Faith Stewart. *The Russian Tea Room.* Nova York: Clarkson Potter, 1993.
GUÉRARD, Michel. *La Cuisine gourmande.* Paris: Robert Laffont, 2009.
_____. *A nova cozinha que não engorda.* Rio de Janeiro: Record, 1976.
LADENIS, Nico. *My Gastronomy.* Londres: Macmillan, 1997.
LITTLE, Alastair. *Keep It Simple.* Londres: Conran Octopus, 1997.
MEYER, Danny; ROMANO, Michael. *The Union Square Cafe Cookbook.* Nova York: Ecco Press, 2013.
PRUDHOMME, Paul. *Paul Prudhomme's Louisiana Kitchen.* Nova York: William Morrow Cookbooks, 2013.
_____. *The Prudhomme Family Cookbook.* Nova York: William Morrow and Company, 1987.
SENDERENS, Alain. *Figues sans barbarie et autres propos de table et recettes.* Paris: Robert Laffont, 1993.
SIMPSON, Helen. *The London Ritz Book of English Breakfasts.* Londres: Arbor House; William Morrow and Company, 1988.
SUAUDEAU, Laurent. *Laurent, o sabor das estações.* São Paulo: Prêmio Editorial, 1995.
VERGÉ, Roger. *Ma Cuisine du soleil.* Paris: Robert Laffont, 1999.
WATERS, Alice. *Chez Panisse Menu Cookbook.* Nova York: Penguin Random House, 1995.
_____. *Chez Panisse, Pasta, Pizza and Calzone.* Nova York: Penguin Random House, 1995.
WELLS, Patricia. *Simply French: Patricia Wells Presents the Cuisine of Joël Robuchon.* Nova York: William Morrow Cookbooks, 1995.
WHITE, Marco Pierre. *Wild Food from Land and Sea.* Nova York: Melville House Publishing, 2010.

MUITO BOA PROSA E RECEITAS

BEARD, James. *Beard on Food.* Nova York: Bloomsbury, 2012.

BEARD, James. *Delights and Prejudices*. Filadélfia: Running Press, 2005.
COLWIN, Laurie. *Home Cooking*. Nova York: Fig Tree, 2012.
_____. *More Home Cooking*. Nova York: Harper Perennial, 2014.
DAVID, Elizabeth. *An Omelette and a Glass of Wine*. Londres: Grub Street, 2009.
_____. *English Bread and Yeast Cookery*. Londres: Grub Street, 2010.
_____. *French Country Cooking*. Londres: Grub Street, 2011.
_____. *Cozinha francesa regional*. São Paulo: Companhia das Letras, 2001.
_____. *Harvest of The Cold Months*. Londres: Faber and Faber, 2011.
_____. *Cozinha italiana*. São Paulo: Companhia das Letras, 1998.
_____. *A Book of Mediterranean Food*. Londres: Penguin, 2011.
_____. *Spice, Salts and Aromatics in the English Kitchen*. Londres: Grub Street, 2000.
_____. *Summer Cooking*. Londres: Penguin, 2002.
DAVIDSON, Alan. *A Kipper with My Tea*. San Francisco: North Point Press, 1990.
DOMINGO, Xavier; HUSSENOT, Pierre. *The Taste of Spain*. Paris: Flammarion, 1992.
DOUTRELANT, Pierre-Marie. *La Bonne Cuisine et les autres*. Paris: Seuil, 1986.
FISCHER, M. F. K. *Um alfabeto para gourmets*. São Paulo: Companhia das Letras, 1996.
_____. *As They Were*. Nova York: Vintage; Random House, 1983.
_____. *The Art of Eating*. Boston: Houghton Mifflin, 2004.
_____. *With Bold Knife and Fork*. Berkeley: Counterpoint, 2010.
GARMEY, Jane. *Great British Cooking: A Well Kept Secret*. Nova York: William Morrow Cookbooks, 1992.
GOMES, Augusto. *Cozinha tradicional da Ilha Terceira*. Angra do Heroísmo: Secretaria Regional de Educação e Cultura, 1983.
GRAY, Patience. *Honey from a Weed*. Londres: Prospect Books, 2001.
GROOT, Roy Andríes de. *In Search of the Perfect Meal*. Nova York: St. Martin's Press, 1986.
KAFKA, Barbara. *The Opinionated Palate*. Nova York: William Morrow and Company, 1992.
KATES, Joanne. *The Taste of Things*. Toronto: Oxford University Press, 1987.
KENNEDY, Diana. *The Art of Mexican Cooking*. Nova York: Clarkson Potter, 2008.
_____. *Nothing Fancy*. Austin: University of Texas Press, 2016.
LEVY, Paul. *Out to Lunch*. Nova York: Harper and Row, 1987.
_____; BARR, Ann. *The Official Foodie Handbook*. Londres: Ebury Press, 1984.
MCGEE, Harold. *Comida e cozinha*. São Paulo: WMF Martins Fontes, 2014.
QUITÉRIO, José. *Livro de bem comer*. Lisboa: Assírio e Alvim, 1987.
RIPE, Cherry. *Goodbye Culinary Cringe*. Austrália: Allen and Unwin, 1993.
SPENCER, Colin. *Vegetable Pleasures*. Londres: Fourth State, 1992.
THORNE, John. *Simple Cooking*. Nova York: North Point Press, 1996.
_____; THORNE, Matt Lewis. *Outlaw Cook*. Londres: Prospect Books, 1998.

TOKLAS, Alice B. *The Alice B. Toklas Cookbook*. Nova York: Harper Perennial, 2010.
TRILLIN, Calvin. *Alice, Let's Eat*. Nova York: Random House, 2006.

RECEITAS E TÉCNICAS

ARTUSI, Pellegrino. *A ciência na cozinha e a arte de comer bem*. São Paulo: Ed. Bandeirantes, 2009.
BEARD, James. *American Cookery*. Boston: Little Brown and Company, 2010.
_____. *Theory and Practice of Good Cooking*. Nova York: Penguin Random House, 1995.
BEETON, Isabella. *Mrs. Beeton's Book of Household Management*. Nova York: Skyhorse, 2020.
BETTOJA, Jo; CORNETTO, Ana Maria. *Italian Cooking in the Grand Tradition*. Nova York: Fireside Book, 1991.
BONI, Ada. *The Talisman Italian Cookbook*. Londres: Crown, 1988.
BRACKEN, Peg. *Eu odeio cozinhar*. Rio de Janeiro: Verus, 2011.
CARRIER, Robert. *Feasts of Provence*. Nova York: Rizzolli, 1993.
CASAS, Penelope. *The Food and Wines of Spain*. Nova York: Alfred A. Knopf, 1983.
CHILD, Julia; BECK, Simone. *Mastering the Art of French Cooking*. Nova York: Particular Books, 2011.
CHU, Grasse Zia. *The Pleasures of Chinese Cooking*. Nova York: Simon & Schuster, 1975.
CREASY, Rosalind. *Cooking from the Garden*. San Francisco: Sierra Club Books, 1988.
ESCOFFIER, Auguste. *Le Guide culinaire*. Paris: Flammarion, 2009.
_____. *Ma Cuisine*. Paris: Éditions Ducourt, 2020.
_____. *The Escoffier Cookbook*. Nova York: Crown Publishers, 1989.
GRIGSON, Jane. *Charcuterie and French Pork Cookery*. Londres: Grub Street, 2008.
_____. *English Food*. Londres: Penguin Random House, 2009.
_____. *Fish Cookery*. Londres: Penguin, Random House, 1998.
_____. *O livro das frutas*. São Paulo: Companhia das Letras, 1999.
_____. *Good Things*. Londres: Grub Street, 2013.
_____. *Jane Grigson's Vegetable Book*. Nova York: Penguin, 1998.
_____. *The Mushroom Feast*. Londres: Grub Street, 2007.
_____. *The Observer Guide to British Cookery*. Londres: Michael Joseph, 1984.
HAZAN, Marcella. *Fundamentos da cozinha italiana clássica*. São Paulo: WMF Martins Fontes, 2013.
HOLT, Geraldine. *French Country Kitchen*. Londres: Fireside, 1990.
JAFFREY, Madhur. *A Taste of India*. Londres: Pavillion, 2001.
_____. *Madhur Jaffrey's Indian Cooking*. Nova York: B.E.S Publishing, 2003.

KAFKA, Barbara. *Microwave Gourmet Healthstyle Cookbook*. Nova York: Random House Value Publishing, 1993.
_____. *Microwave Gourmet*. Nova York: William Morrow Cookbooks, 1998.
LENÔTRE, Gaston. *Desserts traditionnels de France*. Paris: Flammarion, 1991.
MÉDECIN, Jacques. *Cuisine niçoise*. Londres: Grub Street, 2016.
MODESTO, Maria de Lourdes. *Cozinha tradicional portuguesa*. Lisboa: Verbo, 2011.
OLNEY, Richard. *Simple French Food*. Boston: Houghton Mifflin, 2014.
_____. *The French Menu Cookbook*. Glasgow: Collins, 2010.
OWEN, Sri. *Indonesian Food and Cookery*. Londres: Prospect Books, 1980.
PERKINS, Wilma Lord (Org.). *The All New Fannie Farmer Boston Cooking School Cookbook*. Boston: Little Brown and Company, 1959.
PHILIPPON, Henri. *La Cuisine provençale*. Paris: Robert Laffont, 1966.
POMIANE, Edouard de. *Cooking in Ten Minutes*. Londres: Serif, 2014.
RODEN, Claudia. *A Book of Middle-Eastern Food*. Nova York: Knopf, 2000.
_____. *The Food of Italy*. Londres: Square Peg, 2014.
ROMBAUER, Irma S.; BECKER, Marion. *Joy of Cooking*. Nova York: Scribner, 2019.
SARAMAGO, Alfredo. *Doçaria conventual do Alentejo*. Sintra: Colares, 2000.
TYRER, Polly. *Just a Bite*. Nova York: Prentice Hall Press, 1986.
WELLS, Patricia. *Cozinha de bistrô*. São Paulo: Ediouro, 2009.
WILLAN, Anne. *French Regional Cooking*. Londres: Hutchinson, 1983.
_____. *The Observer French Cookery School*. Londres: McDonald, 1980.
WOLFERT, Paula. *The Cooking of Eastern Mediterranean*. Nova York: HarperCollins, 1994.
_____. *Good Food from Morocco*. Londres: John Murray, 1990.
_____. *Cooking of Southwest France*. Boston: Houghton Mifflin Harcourt, 2002.
_____. *Cozinha mediterrânea*. São Paulo: Companhia das Letras, 1997.

LIVROS BRASILEIROS

BARROS, Adélia Dias de Souza. *Açúcar, coco, mandioca*. Recife: Jornal do Commercio, 1966.
BORNHAUSEN, L. Rosy. *As ervas do sítio*. São Paulo: Bei Editora, 2009.
BRANDÃO, Darwin. *A cozinha baiana*. Rio de Janeiro: Letras e Artes, 1965.
CARVALHO, Ana Judith de. *Comidas de botequim*. Rio de Janeiro: Nova Fronteira, 2003.
CARVALHO, Marcelino. *A nobre arte de comer*. São Paulo: Companhia Editora Nacional, 1978.
CASCUDO, Luís da Câmara. *História da alimentação no Brasil*. São Paulo: Global, 2011. 2 v.
CHRISTO, Maria Stella Libânio. *Fogão de lenha*. Rio de Janeiro: Garamond, 2008.

COSTA, Maria Theresa A. *Noções de arte culinária*. Petrópolis: Vozes, 1966.

_____. *Suplemento de noções de arte culinária*. São Paulo: Saraiva, 1952.

COSTA, Paloma Jorge Amado. *A comida baiana de Jorge Amado ou O livro de cozinha de Pedro Arcanjo com as merendas de d. Flor*. São Paulo: Panelinha, 2014.

Doceira prática. Campos: Ao Livro Verde, 1921.

Doceiro nacional. Rio de Janeiro: Garnier, 1895.

DONA BENTA. *Comer bem*. São Paulo: Companhia Editora Nacional, 2013.

DUARTE, Paulo. *Variações sobre a gastronomia*. Lisboa: Editorial Organizações, 1944.

FERNANDES, Carlos Alberto; LOBO, Luiz. *A cozinha brasileira*. São Paulo: Abril, 1976. (Cozinha experimental de *Claudia*.)

FREYRE, Gilberto. *Açúcar*. São Paulo: Global, 2012.

FRIEIRO, Eduardo. *Feijão, angu e couve*. São Paulo: Itatiaia, 2002.

Guia prático da doceira. São Paulo: Livraria Editora Pauliceia, 1930.

HOUAISS, Antônio. *Magia da cozinha brasileira: Para deuses e mortais*. Rio de Janeiro: Primor, 1979.

_____. *Minhas receitas brasileiras*. Rio de Janeiro: Art Edit., 2000.

JAPUR, Jamile. *Cozinha tradicional paulista*. São Paulo: Fole Promoções, 1963.

JUNQUEIRA, Lígia. *Receitas tradicionais da cozinha baiana*. Rio de Janeiro: Edições de Ouro, 1977.

KUCZYNSKI, Leila Mohamed Youssef. *Líbano, impressões e culinária*. São Paulo: Empresa das Artes, 1994.

LACERDA, Maria Theresa B. *Café com mistura*. Curitiba: Imprensa Oficial-PR, 2002.

LIMA, Constanza Oliva de. *Doceira brasileira ou Nova guia manual*. São Paulo; Recife: Laemmert e Cia., 1899.

LOUREIRO, Chloé. *Doces lembranças*. São Paulo: Marco Zero, 1988.

NETTO, Joaquim da Costa Pinto. *Caderno de comidas baianas*. Salvador: Tempo Brasileiro, 1986.

O COZINHEIRO *econômico das famílias*. Rio de Janeiro: Laemmert e Cia., 1897.

ORICO, Osvaldo. *Cozinha amazônica*. Belém: Universidade Federal do Pará, 1972.

ORTÊNCIO, Bariani. *A cozinha goiana*. Goiania: Kelps, 2004.

PARANHOS, Myrthes. *Receitas culinárias*. Rio de Janeiro: Letras e Artes, 1965.

QUEIROZ, Maria José de. *A comida e a cozinha*. Rio de Janeiro: Forense Universitária, 1988.

_____. *A literatura e o gozo impuro da comida*. Rio de Janeiro: Topbooks, 1994.

QUEIROZ, Maúcha. *Nova cozinha natural*. São Paulo: Harmonia, 1992.

QUERINO, Manuel Raymundo. *A arte culinária na Bahia*. São Paulo: WMF Martins Fontes, 2011.

ROSA MARIA. *A arte de bem comer*. Rio de Janeiro: Livraria São José Editora, 1961. 2 v.

SANGIRARDI, Helena B. *A alegria de cozinhar*. São Paulo: Martins Editora, 1960.
SANTOS, Lúcia C. *Frutas de doce, doces de frutas*. Rio de Janeiro: F. Briguiet & Cia., 1950.
SILVA, Silvestre; TASSARA, Helena. *Frutas Brasil frutas*. São Paulo: Empresa das Artes, 2005.
WEISS, Maria Thereza. *Delícias da cozinha deliciosa*. Rio de Janeiro: Rio Gráfica Editora, 1978.
ZOLADZ, Márcia. *Cozinha portuguesa*. São Paulo: Arte Editora; Círculo do Livro, 1991.
ZURLO, Cida; BRANDÃO, Mitzi. *As ervas comestíveis*. Rio de Janeiro: Globo, 1989.

LIVROS CITADOS

BOXER, Arabella. *Mediterranean Cookbook*. Londres: Penguin, 1990.
BUDGEN, June. *The Book of Garnishes*. Nova York: Penguin, 1986.
HELLMAN, Lilian; FEIBLEMAN, Peter. *Dois na cozinha: Receitas e relembranças*. Rio de Janeiro: Paz e Terra, 1987.
ISLES, Joanna. *A Proper Tea*. Londres: Collins & Brown, 1991.
MCCORMICK, Malachi. *A Decent Cup of Tea*. Nova York: Clarkson Potter, 1991.
MCGEE, Harold. *The Curious Cook*. Nova York: HaperCollins, 1992.
PIQUE, Chantal e Gil. *Papillote*. São Paulo: DBA Artes Gráficas, 1993.
STELLA, Alain; BROCHARD, Gilles et al. *The Book of Tea*. Paris: Flammarion, 2009.
WOODWARD, Nancy H. *Teas of the World*. Londres: Collier Books, 1980.

Índice das receitas

Abobrinha frita à Robuchon, 95
Abobrinha frita Hazan, 94
Afogado paulista, 368
Aïoli de salmão, 349
Ameixas bêbadas, 106
Amêndoas torradas, 115
Angu, 292
Arroz de forno com galinha, 190
Arroz de polvo, 149
Arroz-doce de Maria Helena, 25
Atholl brose, 106

Baba ganoush, 320
Bacalhoada, 247
Bacon and eggs, 56
Bacon, tomates e pão frito, 161
Baingan pakoras, 88
Balas de coco de Dora, 196
Bananada da Zeny, 280
Barreado, 368
Batatas ao murro, 150
Batatas *dauphine*, 269
Bebek betutu, 342
Biscoitinhos de nozes Daisy, 62

Biscoitos Marcella, 62
Biscoitos meia-lua, 63
Biscoitos Siffert, 244
Blackened redfish, 131
Bœuf à la mode, 80
Bofetão da Neuzinha, 371
Bolacha caipira de Ana Maria, 63
Bolachas da vovó Pérola, 64
Bolinho de bacalhau definitivo, 248
Bolinhos de jaca, 306
Bolinhos de sobra de arroz, 269
Bolo de canela, 358
Bolo de feijão, 365
Bolo de fubá, 372
Bolo de gengibre, 359
Bolo de laranja Carmem Motta, 357
Bolo de Natal Maria Helena, 260
Bolo de polvilho de Mazô, 372
Bolo de Savoia, 230
Bolo de trincheira, 137
Bolo formiguinha, 275
Bolo Heleninha, 193
Bolo leveíssimo para o chá, 357
Bolo musse Barmak, 50

Bombom de coco,   197
Brevidade,   396

Caçarola de coelho com nove
   ervas,   329
Camarão ao coco,   191
Camarão com chuchu,   293
Camarão empanado,   193
Camarão empanado *cajun*,   130
Camarão ensopado,   370
Camarão frito,   389
Camarão no bafo,   365
Camarões ao alho,   300
Camarões com três pimentões,   174
Caracu,   404
Caviar de berinjela à moda de
   Liliane,   254
Cebolas curtidas com casca de
   laranja,   206
Cheesecake Lindy's,   321
Chocolate belga,   121
Chocolate líquido,   121
Chocolate mexicano,   122
Chocolate quente variado,   122
Chopped liver,   321
Chutney de coco,   88
Chutney de manga verde,   87
Como derreter o chocolate em
   banho-maria,   145
Compota de damasco,   74
Compota de laranja-da-china,   369
Compota de maracujá-mirim,   165
Compota quente de frutas,   75
Conserva de limões,   97
Conservação da carne,   397
Coscorões,   147
Court-bouillon,   351
Creme chantilly,   133

Creme pérola para a cútis,   398
*Crêpes au miel et aux pignons de
   Provence*,   239
Crisp de pêssegos e amoras,   126
Croquetes de nozes,   198
Cuscuz,   98
Cuscuz doce da bisavó da Celuta,   398

Dal de lentilhas secas,   86
Delícia de banana e chocolate,   175
Doce de abóbora são Martinho,   392
Doce de jaca dura,   289
Doce de laranja-da-terra,   288
Doce de nozes,   395
Doce de uva de Marina,   373

Encapotado de frango,   405
Ervilhas *amah*,   115
Estrogonofe de Theresinha,   192

Faláfel,   318
Farofa de amendoim,   87
Fave dei morti,   244
Feijão de coco,   395
Feijão-tropeiro,   367
Feijoada do Pires Azanha,   418
Fermento,   396
Figos da Pichica,   41
Frango ao curry com uvas
   brancas,   201
Frango ao vinagre,   206
Frango caipira da rua Guarará,   367
Frango com quiabo de dona
   Dulce,   23
Frango da bisavó,   295
Frango quente e crocante de meu
   jeito,   328
French toast,   55

Garam masala, 84
Gelatina rosada de Dora, 22
Geleia de galinha, 22
Gengibre em calda, 359
Germknödel, 77
Granola com morangos e leite, 55

Laços de amor, 397
Lassi, 334
Lombo de porco, 150

Macaroni e queijo Alain
    Senderens, 199
Macarrão à rústica, 303
Macarrão cabelo de anjo, 23
Macarrão para servir dentro da sopa
    de galinha, 254
Manjubinhas fritas, 293
Marzipã meio fingido, 98
Meia de seda, 277
Mingau das sete farinhas, 47
Mingau de aveia, 162
Mingau de aveia de
    micro-ondas, 46
Mingau de farinha de tapioca, 46
Mingau de maisena, 46
Molho de *cappelletti*, 195
Molho de castanhas-de-caju, 390
Molho de gergelim, 319
Molho de limão, 134
Molho de tamarindo, 390
Molho de uísque, 162
Molho de xerez, 131
Molho picante, 320
Moules à la normande, 114
Muffuletta, 310
Musse de atum Daisy, 51
Musse de maracujá, 165

Nhoque romano assado, 24
Non Boston, Non Baked, Non
    Beans, 311
Nozes assadas, 116

Omelete, 103
Omelete de azedinha, 142
O pão da mãe de
    Prudhomme, 132
Orange marmalade, 159
Ossibuchi *in rosso*, 33
Ovos cozidos n'água, 102
Ovos em tigelinhas, 100
Ovos enformados, 102
Ovos frios, 101
Ovos fritos, 102
Ovos mexidos, 100
Ovos mexidos com salmão defumado
    e cebolinha francesa, 160
Ovos mexidos decentes, 128
Ovos moles, 151
Ovos quentes, 101
Ovos recheados, 101

Paçoca, 406
Palffyknödel, 79
Palmito Marília Spina, 370
Panquecas americanas, 57
Panquecas de Vermont, 56
Pão com ovo, cachorra, 269
Pão da Dulce Maria, 139
Pão de guerra, 138
Pão de ló simples, 276
Pão integral da Neka, 138
Pastéis de catupiry Rebecca, 52
Pastel de banana, 298
Pâté camponês do Carlos, 323
Pato com ameixas e maçãs, 188

Pato na cerveja com recheio de cebolas, 189
Pavê Malakov, 50
Peito de frango da Sandra, 200
Penne à la Melo, 154
Pequenas entradas de sopa, 411
Pernil de cordeiro com cebolinhas, 207
Peru à Leonorzinha, 190
Petits pots de crème, 144
Picadinho da Ivanira, 371
Pirão, 404
Poires au beurre, 209
Polenta firme de micro-ondas, 32
Pudim de leite, 143
Pudim de pão, 133
Pulau ou arroz perfumado, 89
Purê de batatas, 29
Purê de cenouras, 207

Quiabo em picles, 39
Quibebe, 403
Quindim Nilu, 51

Receita de chá de Anthony Burgess, 355
Relish da Lina, 322
Risoto de abóbora nova, 299
Risoto de *speck*, 211
Rosca mexicana, 226

Salada de batatas, 29
Salzburger Nockerl, 75
Sanduíche de pepino, 356
Sequilhos de coco, 396
Sequilhos de polvilho de Ribeirão do Ouro, 63
Shamrock whiskey sauce, 107

Sopa de feijão, 292
Sopa de frutas, 240
Sopa de pão com hortelã, 149
Sopa doce e fria de morango, 414
Sorvete de abacaxi, 383
Sorvete de ameixa com calda, 382
Sorvete de café, 381
Sorvete de cardamomo, 384
Sorvete de chocolate, 380
Sorvete de damascos, 381
Sorvete de maracujá, 383
Sorvete de uva preta, 384
Suflê de milho, 40
Suflê quente de chocolate da Ana, 239

Torresmo, 272
Torta de chocolate *tante* Wilma, 74
Torta de galinha de Dora, 198
Torta de galinha do Ritz, 251
Torta de papoula, 241
Torta de queijo e linguiça, 276
Trufa de chocolate, 238
Tutto crudo, 257

Vatapá, 170
Vatapá esquisitão de Paulo Duarte, 171

Welsh rarebit, 160

Xinxim de galinha, 366

Zwetschkenknödel, 81

ESTA OBRA FOI COMPOSTA POR AMÉRICO FREIRIA EM MINION PRO E IMPRESSA PELA GEOGRÁFICA EM OFSETE SOBRE PAPEL PÓLEN SOFT DA SUZANO S.A. PARA A EDITORA SCHWARCZ EM SETEMBRO DE 2020

A marca FSC® é a garantia de que a madeira utilizada na fabricação do papel deste livro provém de florestas que foram gerenciadas de maneira ambientalmente correta, socialmente justa e economicamente viável, além de outras fontes de origem controlada.